高等院校创新创业教育规划教材

公益创业学

Social Entrepreneurship

主　　编　汪　忠　唐亚阳　李家华
副 主 编　施永川　杨　超　张子睿
参　　编　袁　锋　赵　虹　冯丽霞
　　　　　俞金波　徐丽艳　孙晓璇
　　　　　巩佳伟　刘中合　陆秋萍
　　　　　王勇能

机 械 工 业 出 版 社

本书由导论、总论和分论三篇组成，系统介绍了公益创业学的相关理论和方法，内容全面、结构完整、系统性强。本书主要内容包括：公益创业概述、公益创业潮流、公益创业者与公益创业团队、公益创业机会、公益创业资源、公益创业计划书、新社会企业的开办、非营利组织创业管理、志愿公益活动创业管理。本书将理论与实际有机结合起来，既注重公益创业学基础理论的讲解与阐述，又密切联系国际最新成果与中国的本土实践，同时，每章都设置了非常丰富的栏目，以方便学生学习。

本书可作为高等院校创新创业相关课程的教材，也可供公益创业者及相关研究者参考使用。

图书在版编目（CIP）数据

公益创业学／汪忠，唐亚阳，李家华主编．—北京：机械工业出版社，2019.5

高等院校创新创业教育规划教材

ISBN 978-7-111-63233-7

Ⅰ.①公… Ⅱ.①汪… ②唐… ③李… Ⅲ.①大学生-创业-高等学校-教材 Ⅳ.①G647.38

中国版本图书馆CIP数据核字（2019）第144298号

机械工业出版社（北京市百万庄大街22号 邮政编码100037）

策划编辑：裴 泱 责任编辑：裴 泱 孙司宇

责任校对：张 力 责任印制：张 博

三河市宏达印刷有限公司印刷

2019年8月第1版第1次印刷

184mm×260mm·18印张·285千字

标准书号：ISBN 978-7-111-63233-7

定价：49.80元

电话服务

客服电话：010-88361066

010-88379833

010-68326294

网络服务

机 工 官 网：www.cmpbook.com

机 工 官 博：weibo.com/cmp1952

金 书 网：www.golden-book.com

机工教育服务网：www.cmpedu.com

作者简介

汪忠

博士，副教授，硕士生导师。湖南大学社会创业研究中心执行主任。中国机械工业教育协会全国高等院校创新创业教育教学委员会主任委员，团中央全国志愿服务与公益创业比赛公益创业组组长，“挑战杯”全国赛评委，首届中国社会公益创业导师，KAB创业教育项目高级培训师，英国国家创新创业教育中心创业培训师，湖南省教育厅创新创业导师，联合国KAB创业教育年会、中国创新创业大赛、联合国全球可持续发展领袖论坛演讲嘉宾。长期致力于创新创业管理、公益（社会）创业的教学和研究，指导项目获得民政部颁发“2008年中华慈善奖最具影响力奖”，指导学生获得中国第一个“挑战杯”公益创业赛金奖、2018年中国“互联网+”大学生创新创业大赛金奖、2018年“创青春”全国大学生创业大赛银奖等奖项，核心骨干多次获得党和国家领导人接见。

唐亚阳

博士，教授，博士生导师。著名公益创业教育专家，现任湖南商学院党委委员、书记。长期致力于高等教育管理、公益创业教育和生涯发展教育的研究。先后主持国家社科基金项目、教育部哲学社会科学研究重大课题攻关项目等10余项课题项目；出版《公益创业学》等著作10余部；以第一作者身份在《高等教育研究》《教育研究》《人民日报》《光明日报》等报刊发表学术论文30余篇；享受国务院政府特殊津贴；牵头负责的大学生生涯发展教育团队及课程获评为省级教学团队和省级精品课程；在2010年全球创新型经济高层论坛上获评“首届中国社会公益创业导师”。

李家华

教授，博士生导师。著名生涯教育与创业学专家，中央团校、中国青年政治学院原副校长，教育部首届创业教育指导委员会副主任委员，KAB创业教育（中国）研究所所长，全国大学生创新创业联盟副理事长，中国人才研究会青年人才专业委员会理事长，北京高校毕业生就业促进会专家委员会主席。耕耘大学生就业创业教育数十年，致力推动中国特色就业创业教育体系建设。曾获中国职业指导“金手指奖”“推动中国创业教育十大人物”，被评为中国创业创新典型导师、全国青年就业创业教育优秀导师，被誉为“中国创业教育第一人”。

施永川

温州大学创业人才培养学院副院长，教育部创新创业教育指导委员会副秘书长，KAB创业教育项目高级培训师。曾应邀为美国康奈尔大学、韩国成均馆大学、香港城市大学、清华大学、北京大学、厦门大学以及中关村软件园等60多个单位举办过创业教育主题演讲，在《教育研究》《中国高教研究》等核心期刊上发表创业教育论文20余篇，在《人民日报》《光明日报》等报刊发表多篇创业评论。主持国家级精品在线开放课程“大学生创业基础”，编写创业教育教材8部。成果荣获2014年和2016年“创青春”全国大学生创业理论与实践学术研讨会论文一等奖等多项荣誉。

前言

“创业”这个词在中国古代很早就有。《孟子·梁惠王下》中提到：“君子创业垂统，为可继也”。《现代汉语词典》对创业的解释是：创办事业。《辞海》对创业的解释是：创立基业。一般认为，创业的内涵分为狭义和广义。狭义创业为创建新企业。广义创业为创立基业，即指“开拓、开创业绩和成就，包括个人、集体、国家和社会的各项事业”。

公益创业是近年来在全球兴起的全新创业理念。随着我国经济社会发展进入新时代，人民日益增长的美好生活需要和不平衡不充分的发展之间的矛盾已经成为我国社会当前和未来一定时期的主要矛盾。积极发展公益创业，将会在推动社会进步，促进社会和谐发展，提升社会治理能力的过程中发挥越来越重要的作用。

创业教育应注重人创新能力和价值创造能力的培养。公益创业教育是创业教育的继承和发展。公益创业教育，是指进行公益创业所需要的意识、精神、知识、能力及其相应公益创业实践活动的教育。一个完整的公益创业教育组织体系应当包括教学、研究和实践体系。近年来，高校开始逐渐开展公益创业教育，牛津大学、哈佛大学、斯坦福大学都已开设“公益创业”课程。有些大学已经开始培养公益创业博士，如哈佛大学商学院从 2004 年 9 月开始招收第一批公益创业博士生。在我国，公益创业教育还处于起步阶段。在这个过程中，我们在公益创业教学、研究和实践等方面进行了很多探索：2006 年，成立国内第一个大学生公益创业社团；2007 年 4 月 16 日，成立国内第一个公益创业研究中心；2007 年起成功申请以公益创业为主题的系列课题；2007 年举办国内第一次公益创业节；2008 年开设国内第一门公益创业课；2008 年创建国内第一家公益创业网站；2008 年获得国内第一个公益创业挑战杯金奖；2008 年我们的公益创业教育项目获评“中华慈善奖”最具影响力项目；2009 年编写出版国内第一部公益创业教材，制定国内首个高校公益创业教育工作的文件；2018 年获得中国“互

联网 +”大学生创新创业大赛金奖（公益创业类型）。十多年来我们一直坚持公益创业教育，进行多方面探索，取得一定的成果，核心骨干多次受到党和国家领导人接见。新华社、中央电视台、凤凰网等对我们开展的公益创业教育也多次进行相关报道。

为了归纳总结多年来在公益创业教育探索过程中的经验，大力促进公益创业教育理念的传播，构建高校公益创业人才培养模式，我们根据教育部关于本科院校开展创业教育的基本要求和我国公益创业教育的现实情况，邀请专家团队，共同研讨、编写了本书。

本书由导论、总论和分论三篇组成，系统介绍了公益创业学的相关理论和方法，内容全面、结构完整、系统性强。本书主要内容包括：公益创业概述、公益创业潮流、公益创业者与公益创业团队、公益创业机会、公益创业资源、公益创业计划书、新社会企业的开办、非营利组织创业管理、志愿公益活动创业管理。本书将理论与实际有机结合起来，既注重公益创业学基础理论的讲解与阐述，又密切联系国际最新成果与中国的本土实践，同时，每章都设置了非常丰富的栏目，以方便学生学习。

本书的特点主要体现在以下几个方面：

（1）体系完整，结构合理。本书系统地阐述了公益创业者开展公益创业活动所需要的基本知识，另外还增加了具有特色的非营利组织创业管理、志愿公益活动创业管理两个章节的内容。

（2）栏目丰富，可读性强。本书设置了非常丰富的栏目，以方便学生学习。本书在内容体例上设有下列栏目：

【内容提要】 概括本章主旨，明确知识要点，引导学生进行阅读与学习。

【学习目的与要求】 细化学习目标，使学生的学习目标清晰明了。

【开篇案例】 通过具体的案例将本章内容展现给学生，提高学生的学习兴趣，并促进学生掌握相关内容。

【透视】 提供相关阅读材料，扩展学生视野，增强知识与现实的联系。

【复习思考题】 在本章学习完成之后，引导学生对本章内容进行回顾，强化学习效果。

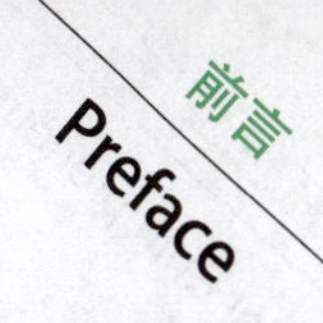

【案 例 分 析】提供相关案例，引导学生利用所学知识进行分析和思考，增加知识的实用性。

【系 列 实 训】设置实训内容，使学生在实践活动中真实感受到创业的各个过程，帮助学生理论结合实践，有效把握相关知识点。

(3) 教材内容“中国化”。本书有意识地把公益创业的普遍原理与我国的公益创业实际相结合，书中选用的案例等内容基本都是国内的，以更好地反映我国公益创业方面的探索和现实状况。

本书由汪忠、唐亚阳、李家华担任主编，施永川、杨超、张子睿担任副主编，全书共分为三篇九章，具体写作分工如下：第1章由汪忠、李家华、施永川编写；第2章由汪忠、唐亚阳、袁锋编写；第3章由汪忠、杨超、冯丽霞编写；第4章由陆秋萍、王勇能编写；第5章由俞金波编写；第6章由徐丽艳、刘中合编写；第7章由孙晓璇编写；第8章由巩佳伟编写；第9章由张子睿、赵虹编写。编写过程中，郑晓芳、袁丹、胡兰、王爽爽、詹旎萍、严毅、周雅婷、陈璐璐、白子依、雷冬娣、唐苗做了大量的辅助工作。

本书在编写过程中借鉴和参考了大量国内外专家学者有关公益创业文献资料，这些资料都是研究者们丰硕的思想成果，在此，我们一并表示诚挚的感谢！

本书可作为高等院校创新创业相关课程的教材，也可供公益创业者及相关研究者参考使用。

由于编者水平有限，书中难免会出现疏漏和不当之处，敬请各位专家、同行和广大读者批评指正。

编　者

目录

目录 Contents

第二篇 总论

目录

Contents

第三篇

分 论

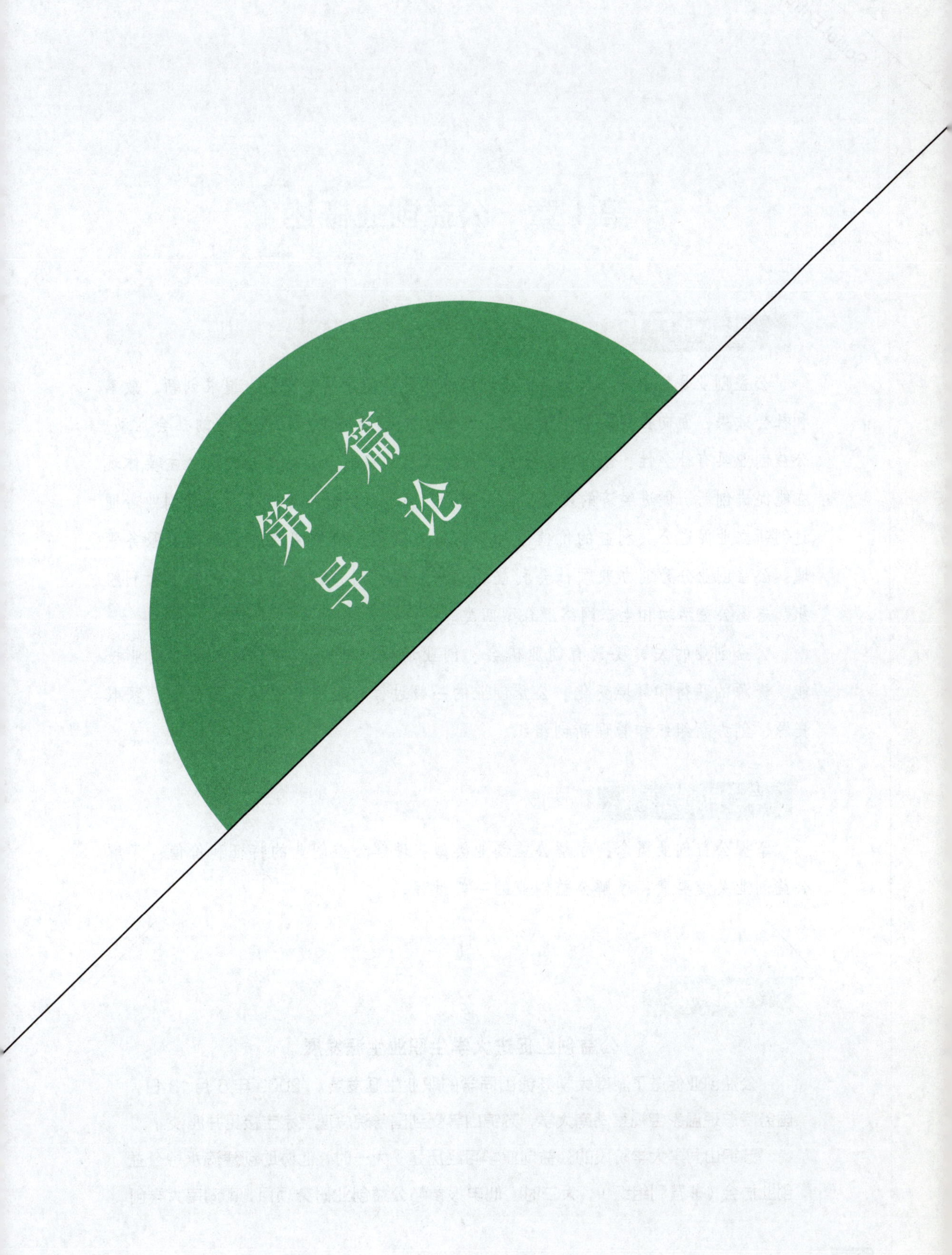
第一篇
导论

第1章 公益创业概述

内容提要

公益创业是指个人、社会组织或网络等在社会使命的激发下，追求创新、效率和社会效果，面向社会需要，建立新的组织，向公众提供产品或服务的社会活动。公益创业具有社会性、创新性、价值性、过程性的特征。公益创业的价值主要体现在能促进创新、促进经济的发展、创造就业、促进社会进步等方面。公益创业者通过创新立业促进公共利益的价值增加。按照公益创业组织实践的主体或者服务领域，公益创业分为创办兼顾社会利益的营利组织、创办兼顾社会利益的非营利组织、志愿公益活动和生态网络混合型四类。

公益创业的关键要素有创业机会、创业动机、创业者与创业团队、创业技能、资源的获得和环境变化。公益创业的一般过程有识别与评估市场机会、获取资源、创办新组织和管理新创组织。

学习目的与要求

掌握公益创业概念；了解公益创业类型；理解公益创业的特征和价值；了解公益创业关键要素；了解公益创业的一般过程。

开篇案例

公益创业促进大学生职业生涯发展

公益创业促进了湖南大学苏锦山同学的职业生涯发展。2009年6月13日，国务院总理温家宝视察湖南大学，苏锦山等受到国务院总理温家宝接见并座谈。

苏锦山同学大学阶段的公益创业学习经历是：大一时，他协助创建滴水恩公益创业协会（非营利组织）；大二时，他申报参与公益创业研究项目，即湖南大学创

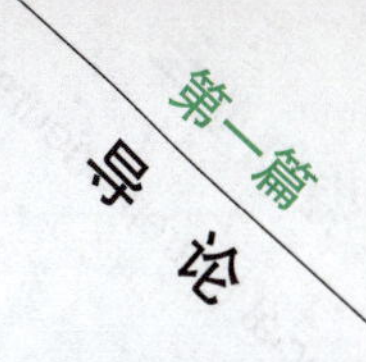

新创业研究项目“校园‘尤努斯’——小额信贷实验室”；大三时，他参与公益创业竞赛项目——“滴水恩大学公益创业孵化有限公司”，获得全国“挑战杯”创业计划竞赛金奖（竞赛活动）；大四时，他运作滴水恩创业孵化有限公司（社会企业）。大学本科毕业以后，他被保送研究生。研究生毕业后作为选调生进入公务员行列，进行在岗创业。

苏锦山同学大学期间获得无数荣誉：被评为湖南大学十大创业典型，获得芙蓉学子个人奖、团队奖，受到温家宝总理和湖南省周强省长的接见，获选湖南省优秀大学毕业生，被推选为年度大学生人物候选人。

哈佛大学校长陆登庭曾指出：“大学该提供这样一种教育，这种教育不仅赋予他们较多的专业技能，而且使他们善于观察、勤于思考、勇于探索，塑造健全完善的人格。”公益创业教育正是教育本质的体现。苏锦山就是公益创业教育的受益者。公益创业促进了他的职业生涯发展。

资料来源：根据《中国青年报》（2012 年 04 月 09 日 T02 版）改编

1.1 公益创业内涵

1.1.1 什么是公益创业

创业这个词很早就有，如《孟子·梁惠王下》中：“君子创业垂统，为可继也。”“创业”（Entrepreneurship）的定义有很多。《现代汉语词典》的解释是：创办事业。《辞海》的解释是：创立基业。

创业的本质是创新，其核心在于超越既有资源限制而对机会的追求。具体包括：新组织或活动创立以及创新和组织内部创业。

创业的含义近年来已从传统意义上的企业创建范畴拓展到非营利组织创业、公共部门等多个层面。

一般认为，创业的概念分为狭义的创业和广义的创业。

狭义的创业概念为“创建一个新企业的过程”，包括两个层次的内容：即创建新企业和企业内部创业。

广义的创业概念为“创造新的事业的过程”，即所有创造新的事业的过程都是创业，既包括营利性组织，也包括非营利性组织；既包括大型的事业，成就国家、集体和群体的大业，也包括小规模的事业甚至“家业”；既包括创办各类组织，甚至创办各类组织混合体，还包括创办过程的各种活动。

公益创业，也译为“社会创新”“社会创业”或“公益创新”。公益创业作为解决社会问题的新方法，已表现出巨大潜力。目前，国内外对公益创业的定义很多，学者主要从公益创业双重性、公益创业活动性质、公益创业运作方式等角度来定义公益创业。

（1）基于公益创业双重性的定义：公益创业是旨在追求社会价值和商业价值并重的创业活动，它不仅涵盖了非营利性机构的创业活动，还包含了营利性机构践行社会责任的活动。

（2）基于公益创业活动性质的定义：公益创业是突破当前资源稀缺约束、追求新的机会、创造社会价值的活动。公益创业产生社会价值，促进社会公共利益。

（3）基于公益创业运作方式的定义：公益创业组织的运作既可以是企业形式，也可以是非营利组织形式。

总的来说，公益创业内涵主要有以下几个方面：

（1）公益创业是弥补市场失灵和政府失灵的手段之一，以社会责任为导向，解决社会问题。

（2）公益创业受社会价值驱动。公益创业是通过创新手段创造社会价值。社会价值是公益创业追求的目标，兼顾社会效益和经济效益。

（3）公益创业往往借助而并非抵制市场力量。公益创业倡导通过借助市场力量，实现自我造血，而并非仅仅局限于依靠输血。

本书借鉴牛津大学公益创业研究中心对公益创业的定义，认为公益创业是指个人、社会组织或网络等在社会使命的激发下，追求创新、效率和社会效果，面向社会需要，建立新的组织，向公众提供产品或服务的社会活动。

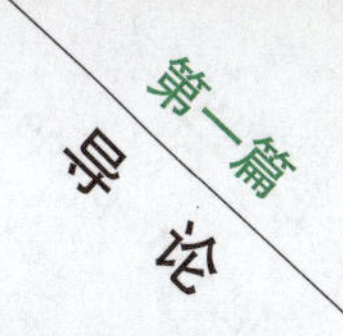

透视

牛津大学公益创业定义

公益创业，是个人、机构和网络通过捕捉新机会，处理社会机构供应不足的问题或者应对社会环境、产品分配不均等现象，挑战传统结构失效的产物。公益创业可以指营利或非营利组织的创新立业，而大多的创业活动是介于两者之间的。另外，在公共部门也存在公益创业。

公益创业的特点有：①社会性（公益性）；②创新性；③市场导向性。

“社会性（公益性）”意味着公益创业是维护公共利益的背景、过程和（或者）结果。

“创新性”意味着新思想的产生和新模式的创建，从而解决社会问题或者环境问题。公益创业的创新性主要体现在三个方面：新产品和新服务（体制创新）；现存产品和服务的更多社会效应的新用途（增量创新）；构造社会问题的新标准、新定义和提出新的解决方案（颠覆性创新）。

“市场导向性”表明了公益创业的绩效驱动、竞争性和前瞻性，这需要更大的责任担当和跨部门合作。

公益创业既针对传统的竞争市场，又拓宽“市场”的概念，超越了新自由主义的私有市场交换价值，嵌入了公益性和社会性。

资料来源：根据牛津大学公益创业研究中心资料整理

1.1.2 公益创业的类型

公益创业必须以满足社会需要为己任、服务于社会利益。按照公益创业组织实践的主体或者服务领域，可将公益创业分为创办兼顾社会利益的营利组织（社会企业）、创办兼顾社会利益的非营利组织、志愿公益活动和生态网络混合型四类（见表1－1）。

表 1-1 公益创业的类型

类型	特点	实例
兼顾社会利益的营利组织（社会企业）	又称社会企业，公益创业的典型运作模式，旨在以商业化运作模式提供社会公共服务或解决某些社会问题，取得盈利用于组织的循环投资，扩大公共服务的受益面	深圳残友集团、四川省旭平兔业有限公司
兼顾社会利益的非营利组织	即非营利组织，不以营利为目的，旨在为社会公众提供服务，具有组织性、民间性、非营利性、自治性、志愿性及公共性等6个基本特征	瀛公益基金会、友成企业家扶贫基金会
志愿公益活动	主要有两类：①营利企业开展社会福利性质的商务活动，或基于提高企业形象承担社会责任而开展的社会活动；②在高校中各种协会、社团开展的志愿服务活动	青年恒好公益创业行动、KAB 创业项目
生态网络混合型	政府、企业和高校以及科研院所等非营利组织合作，构建生态网络混合型公益创业生态系统	英国北安普顿大学教学、研究和实践有机融合公益创业生态体系

资料来源：本章系作者综合整理相关材料

1. 社会企业

社会企业是一种为实现自身社会价值目标而在市场中进行商业活动的特定组织，社会企业是以促进社会进步或对公共财政有所贡献为目标的一个连续体组织，社会企业是介于纯慈善（非营利组织）与纯营利（商业企业）间的连续体，其光谱图如图 1-1 所示。

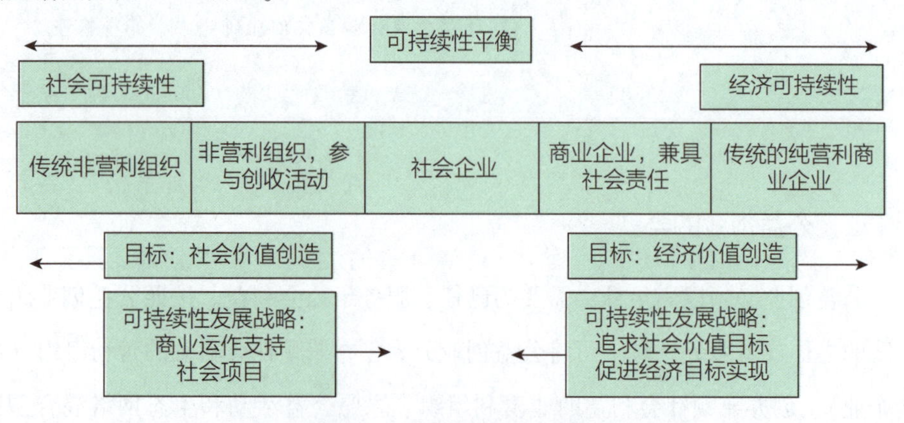

图 1-1 社会企业光谱图

资料来源：本章系作者综合整理 Kim Alter 等相关材料

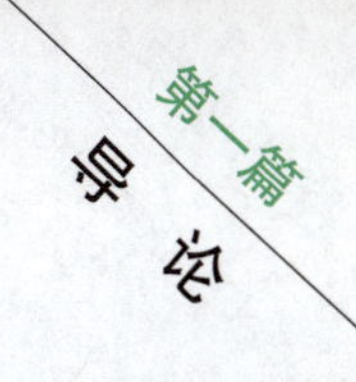

2. 非营利组织

非营利组织是指由各种社会力量或个人自愿组成的、以社会公益为目的的、依法成立的、不以营利为目的的社会组织。

3. 志愿公益服务

志愿公益服务是指志愿者在不为任何物质报酬的情况下，自愿贡献个人的时间、精力、金钱等，从事社会公益和社会服务事业，为改进社会并推动社会进步而开展的服务活动。

4. 生态网络混合型

生态网络混合型，主要由社会企业、高校和科研院机构等非营利组织，在公益创业过程中相互合作、配合，既有物质资本投入产出，也有智力资本、人、机构的优势进行优势互补，从而形成一种社会公益性协同公益创业生态系统。

透视

中外公益创业典范

古今中外都有公益创业的典范。

第一，创办社会企业。1976 年，孟加拉国大学教师尤努斯以 27 美元分别贷款给 42 个农妇。当年，以此为目的的孟加拉乡村银行成立了。1983 年，当局允许其正式注册。这是全球第一家小额贷款组织。孟加拉乡村银行体现的是民间平等的商业合作关系，使贫民自立创业并生活得有尊严。联合国秘书长安南在推展“2005 国际小额信贷年”时，称小额信贷是“激发穷人思想、能量和憧憬的途径”。这一成功模式被复制到世界各地，令无数人受益。2006 年，尤努斯获得诺贝尔和平奖。中国人也在从事类似的公益创业活动。

第二， 创办非营利组织。1913 年，洛克菲勒在纽约正式注册成立了洛克菲勒基金会。创办资金是1 亿美元，到1951 年，资金达到3 亿多美元，2000 年超过33 亿美元。基金会关注教育、健康、民权、城市和农村的扶贫。其捐赠时间跨度长、规模大，成就广泛且显著。 基金会的最初宗旨是：“促进全人类的安康。”绝大部分资金花在美国国内，不过其遍及全球的事业也很庞大，中国在其海外投资中所占比例很大，基金会对中国的医药卫生、文化教育事业也进行关注和投资。

第三，志愿公益活动。20 世纪 40 年代，中国人晏阳初，首创中华平民教育促进会，促进平民教育。晏阳初为推行平民教育，他“走出象牙塔，跨进泥巴墙”“和农民同起同居”，成为一名乡村的“科学布道人”。他认为，中国平民教育的关键在乡村。他先后深入长沙、定县、北碚等地推进平民教育。20 世纪 50 年代之后，晏阳初将他的事业推广到国际上，在泰国、印度、哥伦比亚、危地马拉、加纳等国继续从事平民教育和乡村建设，被誉为“国际平民教育之父”。1943 年 5 月，晏阳初与爱因斯坦等被选为“现代世界最具革命性贡献的十大伟人”。

第四，生态网络混合型。湖南大学公益创业（社会创业）研究中心认为，创业教育要进行升级，即从教育的 1.0 模式升级到教育的 2.0 模式，甚至升级到教育的 3.0 模式，并将社会创业教育分为四个层次：①授人（己）以鱼（公益）；②授人（己）以渔（志愿服务）；③授人（己）以业（创业）；④授人（己）以智（研究）。湖南大学积极借鉴国内外公益创业教育经验，构建了“公益创业生态网络混合型”。教学方面，在已有通识平台教育课程基础上，增设公益创业课程；实践方面，学校积极组织开展各类公益创业大赛，培养和增强学生的公益创业实践能力；研究方面，以研究机构“湖南大学中国公益创业研究中心”为平台，开展相关研究。

资料来源：本章系作者综合整理相关材料

1.1.3 公益创业的特征

从公益创业的内涵可知，公益创业是对传统商业创业的扬弃，主要有以下特征。

1. 社会性

公益创业的首要特点是社会性，它具有明确的社会目的和使命。公益创业的主要目标是解决社会问题，实现社会目标。公益创业是为大众公共利益服务的创

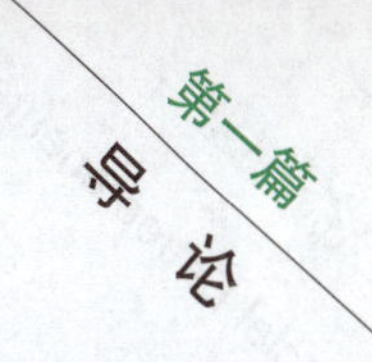

业，其特征之一就是不单纯以营利为目的，即不以追求利润的最大化作为根本目标。公益创业的要求是，在创业过程中不能损害社会利益。公益创业并非不涉及经济商业利益，相反，公益创业还必须遵循市场原则，但是社会性与商业性二者并不矛盾。这正如亚当·斯密在《国富论》中所述：在“看不见的手”的自由市场机制的作用下，在追逐个人财富的过程中，社会财富也在源源不断地被创造出来。

透视

公益模式的商业与商业模式的公益

杰出的商业发展创造了每年 GDP 的增长，真切地提高了每个人的生活水平。公益行动不断使城市和农村、沿海和内地、富有和贫困缩小差距，让居者有其屋，老者有所养，幼者有可学。商业创造财富，公益优化财富。

一个孟加拉人选择了公益模式的商业，而另一个美国人则选择了商业模式的公益。前者叫作穆罕默德·尤努斯，创建了孟加拉乡村银行，这个“穷人的银行家”获得了 2006 年诺贝尔和平奖。后者叫作约翰·伍德，被《时代周刊》评为亚洲英雄，并荣登《快速公司》杂志 20 大“社会企业家榜”。

约翰·伍德，一名微软高管，离开微软进行公益创业。他给公益所带来的借鉴意义非常重大。约翰放弃了微软的高薪职位，创建了非营利组织“阅读空间”，旨在提高尼泊尔、印度、柬埔寨、老挝、越南和非洲等国家和地区的文教水平。

约翰在 35 岁人生高峰时急流勇退，用他在微软 7 年所培养的商业理念和方法论创新地提出了“合作投资”的概念。约翰建立了一种受捐赠者必须付出的模式，这种模式可以让他捐赠建立的学校、图书馆运营得更好。

资料来源：唐亚阳，汪忠，等. 公益创业学概论[M]. 长沙：湖南大学出版社，2009.（有删改）

2. 创新性

公益创业同传统的商业创业一样，其本质是创新。公益创业的“创新性”意味着新思想的产生和新模式的创建。公益创业的创新性体现在三个方面：新产品和新服务；现存产品和服务的更多社会效应的新用途；构造社会问题的新标准、新定义和提出新的解决方案。当我们进行公益创业时，要把握机会，应用更好的产品、工序、观念和组织等，要表现出创新性。

3. 价值性

公益创业具有价值性。公益创业是为了抓住创新机遇，创造价值。通过公益创业，新产品、服务、交易、方法、资源、技术和市场被创造出来，从而贡献社会价值。公益创业追求社会价值创造高于经济利益追求，公益创业过程涉及个人、组织、社会、国家乃至人类的价值利益。公益创业应该遵循价值性，努力达到互补和兼顾。

4. 过程性

公益创业是创造社会价值的过程。它包括从创业伊始，到组织或活动的经营管理等各类决策和行动。公益创业解决社会问题，社会环境变化差异将影响公益创业。公益创业是一个不断变化的过程。

1.1.4 公益创业的价值

公益创业的价值主要体现在以下方面。

1. 公益创业促进创新

创新是创造新事物的过程，是创业过程的核心。

熊彼特曾表达过创新的重要性。熊彼特把创业者们开发新产品和新技术并随时间推移不断淘汰当前产品和技术的过程称为创造性破坏。创造性破坏的过程改进了当前的产品或技术，创造性破坏者被称为“创新者”或“变革推进者”。创造性破坏过程并不局限于新产品和新技术，也包括新的组织、活动、制度或者模式。公益创业组织内创业也对创新活动具有十分重要的意义。

公益创业要善于利用生态网络创新。例如，英国大学，将公益创业的教学、研究和实践有机融合。例如，北安普顿大学号称英国公益创业教育的第一大学，也是英国第一个加入全球公益创业阿育王网络的大学，连续多年获得英国“创业型大学奖”，多位领导者获得英国“女王创业奖”。其公益创业组织结构是网络

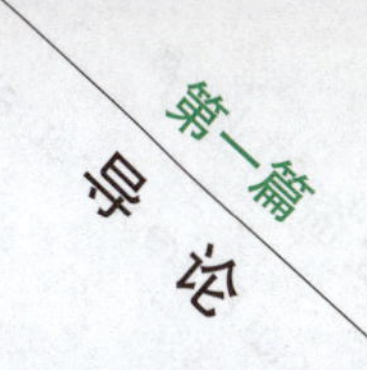

生态组织，有公益创业沟通联络和项目部、公益创业俱乐部、公益创业调查研究和战略招标办公室、公益创业研究中心。

2. 公益创业促进经济发展

创办社会企业在工作创造和经济发展中起着日益重要的作用。英国文化协会中国办公室指出，调查显示，2013 年英国有超过 7 万家社会企业，雇员多达 100 万人，这些企业为英国经济贡献了 240 亿英镑收入。在英国所有初创企业中，有 1/3 是社会企业，其增长速度和创新步伐超过传统中小型企业，其对未来也抱有更乐观的态度：63% 的社会企业预计未来 3 年营业额会出现增长，而这个比例在中小型企业中只占 37%。

在我国，经过 40 年的改革开放，创业高潮促进了经济发展。近年来，我国非营利组织迅速发展，如非营利的医院、学校、科研机构等组织规模、数量已经相当可观。公益创业是中国新的增长点，对促进我国现代化建设起到了重要作用。

3. 公益创业创造就业

著名管理学家德鲁克认为，创业型就业是美国经济发展的主要动力之一，是美国就业政策成功的核心。大量的研究证明：平均雇员少于 100 人的小企业创造了美国经济中大多数新就业机会。美国学者的研究昭示，各国非营利部门就业人口平均占非农就业人口的 5%，占服务业就业人口的 10%，相当于公共部门就业人口的 27%。非营利组织已经成为多元化时代社会发展与改革的生力军。从 1977 年到 2001 年，美国非营利部门就业年增长率为 2. 5%，而企业部门和政府部门的就业年增长率则分别为 1. 8% 和 1. 6%，非营利部门吸纳劳动力的增长速度明显高于政府和企业。美国非营利部门就业人数在过去 25 年翻了一番，到 2001 年达到 1250 万人，占美国总就业人数的 9. 5%。各国经验显示，非营利组织的就业速度较经济部门的就业速度要快得多。

公益创业对工作机会的创造起着十分明显的作用。各国的经验都说明，公益创业对增加就业有重大作用。我国有大量的剩余劳动力需要转移。因此，我们应该鼓励公益创业，改变就业观念，促进就业。

4. 公益创业促进社会进步

20 世纪 70 年代，德鲁克就宣称美国已经由管理资本主义社会向创业型社会转变。创业活动和创新精神在影响和改变着社会。首先，公益创业活动的兴起将“人”推向了整个社会关注的中心。公益创业活动更依赖于人的创造性和主动性，因此整个社会更加关注人的发展。其次，公益创业活动将使人们能够逐渐从工作本身获得满足感和成就感。

古人把仁放在“仁、义、礼、智、信”之首。古老的中华文化滋养了深厚的慈善、自主、互助和志愿精神的传统。公益创业组织以公益（同情和利他主义）为轴心，为全社会提供准公共产品。无论是在发达国家还是在发展中国家，公益创业组织都致力于各种社会问题的解决，为社会提供了新的资源配置体制，满足了社会多元化的需求。公益创业以人为本，继承和发扬人类社会文明成果，促进和谐社会建设，促进社会进步。

1.2 公益创业要素

1.2.1 迪蒙斯模型

学者对创业构成要素分析模型很多，限于篇幅，在此主要介绍迪蒙斯模型。

迪蒙斯在《21 世纪的创业学》中提出创业理论模型，认为创业是高度动态的过程。其中，商机、资源、创业团队是创业过程最重要的驱动因素，如图 1－2 所示。

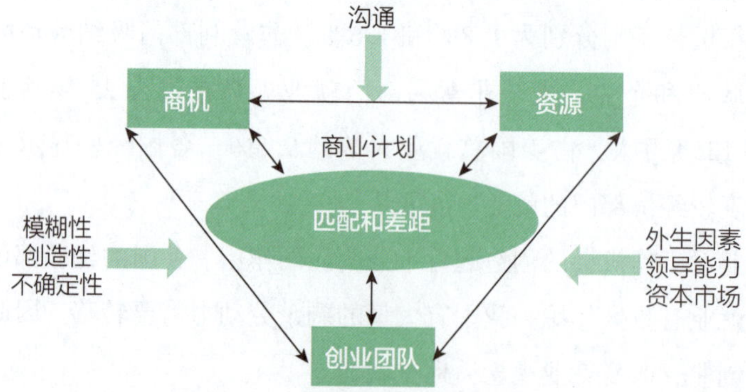

图 1－2　迪蒙斯的创业理论模型

资料来源：Timmons，JA. New Venture Creation: Entrepreneurship for 21 Century［M］. Illi-nois: Irwin, 1999.

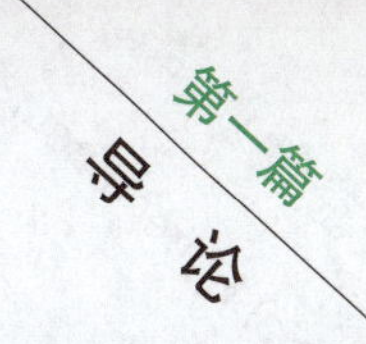

（1）商机　迪蒙斯强调了机会在创业过程中的重要作用，他认为这是创业成功的首要元素。特别是在创业之初，是否抓住机会是成败的关键。真正的商机比创业团队的智慧和技能、可获取的资源都重要得多，所以创业者应当投入大量的时间和精力去寻找最佳的商机。

（2）资源　迪蒙斯认为，成功的创业组织着眼于最小化使用资源并控制资源，而不是试图完全拥有资源。为了合理利用和控制资源，创业者要竭力设计精巧的创意、采用谨慎的战略。

（3）创业团队　创业团队是创业组织的关键组成要素。事实上，在选择合适的投资项目时，吸引投资家们的往往是创业团队的卓越才能。

迪蒙斯强调了适合和平衡，把上述三个核心要素有机地组合在一起。这些核心驱动力都是创业过程中的可控因素，可以被评估、影响。

在创业过程中，创业领导者及创业团队的任务就是反复探求更大的商机和资源的合理运用，使整个三脚架保持平衡。

1.2.2　公益创业要素

在各研究者研究成果的基础上，本书将公益创业要素的关键要素归纳如下。

1. 公益创业机会

公益创业机会是指开创公益创业事业的可能性以及通过努力达到公益创业成功的可能性。在非管制经济条件下，公益创业的进入壁垒很少，机会比较多。

透视

滴水恩公益创业机会的感觉与把握

滴水恩公益创业项目灵感来源于加拿大一个 6 岁男孩小瑞恩创办“瑞恩的井”基金会的故事。

瑞恩是加拿大一个普通家庭的男孩。 1998 年 1 月的一天，加拿大学校的老师告诉一年级孩子们非洲的生活状况：他们没有玩具，没有足够的食物和药品，很多人甚至喝不上洁净的水，成千上万的人因为喝了受污染的水死去。我们的每一分钱都可以帮助他们：一分钱可以买一支铅笔，60 分钱够一个孩子两个月的医药开销，两块钱能买一条毯子，70 块钱就可以帮他们挖一口井……

6 岁的小瑞恩深受震惊，为非洲的孩子捐献一口井成了他强烈的愿望。那天放学回家，小瑞恩将他的愿望告诉了妈妈，他的妈妈并没有直接给他这笔钱，也没有把这事当成小孩子头脑发热时的冲动。妈妈让他在所承担的正常的家务之外自己挣钱：哥哥和弟弟出去玩，他清理了两小时地毯挣了两块钱；全家去看电影，他留在家里擦玻璃赚到第二个两块钱；帮爷爷捡松果；帮邻居捡暴风雪后的树枝……

他坚持了 4 个月，终于攒够了 70 块钱，交给了相关的国际组织。然而人家告诉他：70 块钱只够买一个水泵，挖一口井要 2000 块。瑞恩的梦想只得继续着。一年多以后，通过家人和朋友的帮助，他竟筹集到了足够的钱，在乌干达的安格鲁小学附近捐助了一口水井。

事情到此并没有结束，因为有很多人喝不上干净水，所以攒钱买一台钻井机，以便更快地挖更多的水井让每一个非洲人都喝上洁净的水成了瑞恩的梦想。

小瑞恩继续坚持了下去。5 年后，千千万万的人参加了进来，其中包括当时加拿大国家最高领导人。2003 年，“瑞恩的井”基金会筹款已达 75 万加元，为非洲 8 个国家建造了 30 口井。这个普通的 6 岁小男孩瑞恩，被评选为“北美洲十大少年英雄”，被人称为“加拿大的灵魂”，影响着越来越多的人去爱和帮助他人。

受此案例故事灵感启发，湖南大学师生 2004 年起从创办滴水恩资助贫困大学生基金开始，走上了公益创业教育道路。

在中国，古人把仁放在“仁、义、礼、智、信”之首。中国迎来公益方式对社会财富第三次分配。中国公益创业已经具备了发展的土壤。

一些人的公益创业机会敏感来自耳朵，一些人来自眼睛，还有一些人来自自己的两条腿。有些人的公益创业感觉是天生的，而更多人的公益创业感觉则是依靠后天培养。如果你有心做一个公益创业者，你就应该训练自己的公益创业感觉。良好的公益创业感觉，是公益创业者成功的最好保证。

资料来源：唐亚阳，汪忠，等. 公益创业学概论[M]. 长沙：湖南大学出版社，2009.

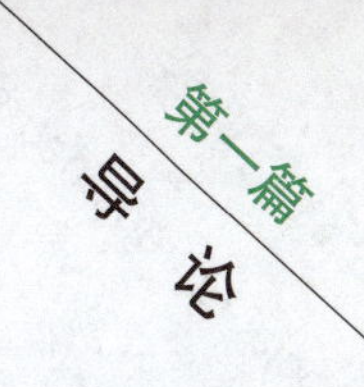

2. 公益创业动机

公益创业者的个人心理和行为特质对公益创业动机有影响。例如追求成就、具备创新能力和自律性、倾向于承担社会责任等。此外，公益创业动机受社会、经济环境影响。公益创业动机是指一个人从潜在公益创业者变为实际公益创业者的期望，具体的公益创业动机包括：做自己喜欢做的事、发现一个好的机会、为改善家庭经济状况、失业或下岗、才能得不到发挥、为了更大的社会价值与社会使命等。

3. 公益创业者与公益创业团队

公益创业的素质与能力是公益创业成功的关键要素。德鲁克认为："事实上，因为少数所谓的'创业家'的无知，缺乏管理方法、违反管理规律，从而给创业精神的发挥蒙上风险的色彩，高技术创业家尤其如此。"因此，投资人乔治·多里奥认为："宁可考虑向有二流主意的一流人物投资，绝不向有一流主意的二流人物投资。"

同时，公益创业过程中选择合适的公益创业合作伙伴也是一个至关重要的因素。首先，要确定与合作伙伴有共同之处。例如有共同的理想、共同的人生哲学。其次，要确定合作伙伴之间有互补之处。这个公益创业团队最起码要包含四个方面的素质：①公益创业团队中要有具备高超的领导艺术的人，能用正确的方法激励所有人共同实现目标；②有专业化的管理水平，一个公益创业组织光有理想、没有管理水平是不行的；③有强大的拓展能力；④有战略思考的能力，对组织要往哪个方面发展、每一步怎么走等进行战略思考。

所以，公益创业的时候，更重要的还是要找到有共同点、有互补之处的人，只有这样，公益创业团队长期的团结、协作才是可以预期的。

4. 公益创业技能

公益创业技能是指创建和管理公益创业新事业的技术、知识和能力。公益创业组织之所以存在，是因为社会的需要；公益创业者要寻找能够满足社会需要的技术，并将技术付之应用。对于公益创业者来说，应该以社会需要为选择的中心。既不要太超前的技术，也不要落后的技术。比较适宜的选择是：在市场中已经显现出应用前景，但还没有应用的技术；或是在市场上刚刚出现的技术，即技术只需超前于市场半步。

由于公益创业新组织容易遭到社会忽视，所以公益创业者除了技术技巧与公益创业计划、公益创业产品开发等各种管理技能外，还需要具备一些“政治性”公关和战略性筹划的能力。只有具备了公益创业技能，才能抓住机会，进而启动公益创业新事业的创建和管理。

5. 公益创业资源的获得

公益创业资源的可获得性是实施公益创业的关键特征。在初次公益创业的时候，我们常常都面临着资源不足的状况，使公益创业成功的概率降低，但要有完全充分的资源也是不可能的。在公益创业资源方面，一般来说要符合两个条件：一是要有起码的资源，二是要具备差异性资源。

公益创业的资源条件主要包括八个方面。①公益创业业务资源：公益创业运行的模式是什么；②公益创业客户资源：谁来购买；③公益创业技术资源：凭什么赢取客户的信任；④公益创业经营管理资源：经营能力如何；⑤公益创业财务资源：是否有足够的公益创业启动资金；⑥公益创业行业经验资源：对该行业资讯与常识的积累；⑦公益创业行业准入条件：某些公益创业行业受到一些政策保护与限制，需要进入资格条件；⑧公益创业人力资源条件：是否有合适的公益创业专业人才。

以上资源公益创业者也不需要全部具备。但至少应具备其中一些，其他条件可以通过多种方式来获取。

透视

公益创投促进公益创业

传统的公益事业缺乏商业导向的经营，特别是非透明化运作、高额的管理费用、欠缺测试和评估标准，以及基金会的赞助只注重短期项目，很少考虑受助机构的可持续发展等问题。类似于企业市场的运作离不开股票、投资银行、项目计划、项目运营、研究机构、管理顾问等基本制度、基本结构和基本人才一样，规范的

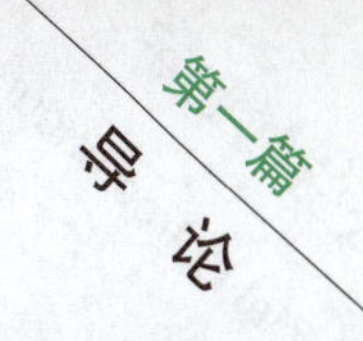

慈善市场也要有自己的基本制度、基本结构和基本人才。

2001 年，高盛（Goldman Sachs）首席经济学家加文·戴维斯（Gavyn Davies）与银行家彼得·韦勒（Peter Wheeler）合建新的慈善投资咨询机构，命名为“新慈善资本”（New Philanthropy Capital，NPC）。此后，公益创投成为一个新名词，一些大银行和基金会纷纷设立了公益创投基金。公益创投利用商业模式导入公益事业，以灵活的方式利用资源杠杆作用使其发挥最大效用。例如，提供诱因来吸引合伙人，借此获得赞助资金并且将这些资金发展为长期、稳定和有收入的基金。公益创投组织关注投资对象、基础结构和社会投资报酬率（Social Return on Investment, SROI），以最大限度地扩大社会投资的收益。

2004 年，高盛基金会（Goldman Sachs Foundation）、Pew 基金会（The Pew Charitable Trusts）和美国耶鲁大学非营利组织研究中心共同合作，设立了一个“全美 NPO 创业计划比赛”，凡获奖者可以得到10 万美元左右的公益创投基金。公益创投的主要特点是：①视慈善捐赠为社会投资，慈善事业为进行社会投资的社会市场；②以结果——慈善投资的回报为度量标准，促进对慈善投资行为的再选择，以求有效运用慈善资源；③为了有效运用慈善资源，建设慈善市场上的新形态机构，包括管理顾问公司、公益投资银行、慈善家网络等等；④多角化、多元化、多样化的慈善投入。动员及集成跨国的私人资源包括金钱、时间、社会资本、专业技术、媒体、销售人才，以及政治关系等等所有可能动员的力量来改变世界。传统公益只能治标，即减轻苦难的严重性，而现代公益要以投资来解决根本问题。透过慈善投资的方式，可以摆脱以往的“施舍性质的济贫院方式”，更能突显自由、个人价值以及企业精神。

中国公益事业发展面临三大障碍：①缺乏具公信力的标准与有利的政策环境，税收减免政策缺位；②缺乏管理支持体系；③政府发起的 NGO 占据公益领域的主导地位，规模较小的民间组织难以获得足够资助，影响了整体事业的健康发展。因此，中国也需要公益创投促进公益创业。

资料来源：本章系作者综合整理相关材料

6. 公益创业环境

当有利于公益创业条件存在时，突发情况的出现就会促进公益创业行为的产生。突发性事件包括：公益创业管理层的变化、竞争者改变、新技术的发展和成本降低、需求的变化以及经济变化等。此外，还包括公益创业组织因素如组织结构和管理层的价值观变化。公益创业环境或组织变化会促成或引发公益创业。

不同公益创业者的不同公益创业目标和模式，以及其在公益创业过程中的不同，都会有着不同的感受和体会。成功公益创业也各不相同，失败的公益创业更有各自千差万别的失败决定因素。因此，没有一个“放之四海皆准”的公益创业成功标准，每个公益创业组织都应该根据自己的特点审时度势，在公益创业实践中不断成长、成熟。

1.3 公益创业过程

1.3.1 创业过程分析模型

从创业过程的流程与阶段入手，结合生命周期理论来探讨创业过程相关活动的逻辑顺序，研究者提出创业过程分析模型，具有代表性的模型是Holt模型、Olive模型以及Christian模型。

1. Holt模型

Holt模型从企业组织生命周期出发，认为创业过程经历了以下四个阶段：

（1）创业前阶段。创业者应做好创业计划及前期工作，包括筹集资金与创建企业组织。

（2）创业阶段。创业者需要确认企业组织定位，并为确保新组织存活而进行适当调整。

（3）早期成长阶段。创业者需要应对市场、资金与资源使用方面的变化。

（4）晚期成长阶段。创业者应构建专业管理体系，以提高新企业组织的活动效果与效率。

2. Olive模型

Olive模型从创业者个人事业发展角度，将创业过程分为以下八个阶段：

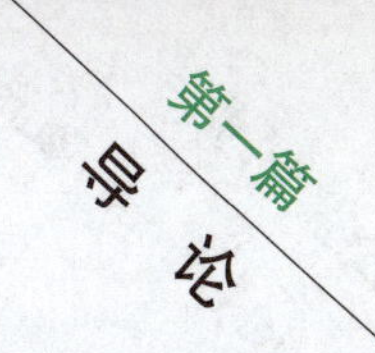

（1）决定成为创业者。

（2）精选创业机会。

（3）进行初步分析。

（4）组建创业团队。

（5）制订创业计划。

（6）拟订行动计划。

（7）早期的运营和成长。

（8）取得个人与公司的成功。

Olive 模型显示了创业者从最初的一项创意到创建新企业组织、再到新创企业组织成长为成熟企业组织的过程，归纳创业过程的一般规律。

3. Christian 模型

Christian 模型提出了基于创业者和新创组织互动的创业过程理论模型（如图 1－3 所示），认为创业者与新创组织是创业过程的关键构成要素，创业过程实质上是在外部环境作用下的创业者与新创组织的紧密互动过程，将新创组织创立、随着时间变化的创业流程管理，以及影响创业活动的外部环境网络之间的衔接协调与平衡等视为创业者在创业过程中的主要活动内容，是创业过程的核心问题。

该模型揭示了创业的过程性与创业过程中要素的作用。正是创业的各要素在各阶段过程中的互动作用推进了创业的进展。

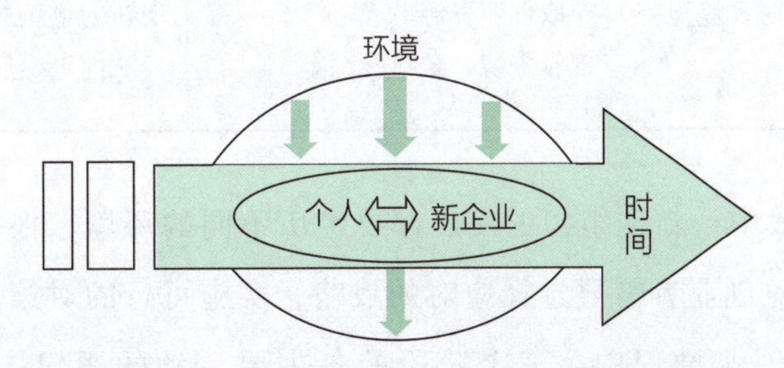

图 1－3 Christian 模型的创业过程理论模型

资料来源：Christian Bruyat, Pierren Andre Julien. Defining the Field of Research in En-trepreneurship [J]. Journal of Business Venturing, 2000, 16.

1.3.2 公益创业过程

关于公益创业过程，在研究基础上，本部分将公益创业过程主要限制在创办管理社会企业的过程上。

广义的公益创业过程通常包括一项有价值的机会从最初的构思到形成新创社会企业，以及新创社会企业的成长管理过程。

狭义的创业过程往往是指新社会企业的创建。

创业过程常指广义上的含义，然而新组织的创建确实是创业一般过程中最为核心的一个部分。如表 1－2 所示，完整的创业过程通常按时间顺序划分为三个阶段：识别与评估公益创业机会，获取资源、创办新社会企业和管理新创社会企业。

表 1－2　公益创业过程的三个阶段

第一阶段 识别与评估公益创业机会	第二阶段 获取资源、创办公益创业组织	第三阶段 管理新创公益创业组织
创新性 机会的估计与实际价值 机会的风险与回报 机会、个人技能与目标 竞争状态和战略环境分析等	组建创业团队 撰写创业计划 营销计划、财务计划、运营计划等 获取创业资源 现有资源、缺口资源等	新创组织文化建设 创业管理（包括组织与人力资源、技术、营销、财务管理等管理职能） 新创组织战略管理 新创组织危机管理

在每一阶段中，新创组织的发展都要经历不同的环境。根据每一阶段的不同情况，公益创业者需要选择应对的战略，实施可行的对策，推动新创组织向前发展。创业过程中，三个阶段的各主要活动的逻辑关系如图 1－4 所示。

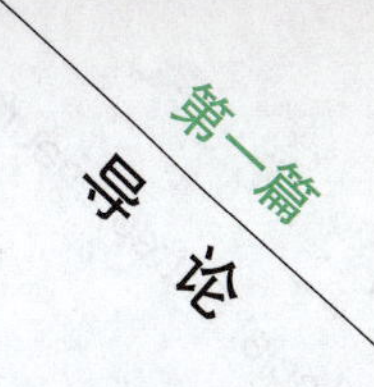

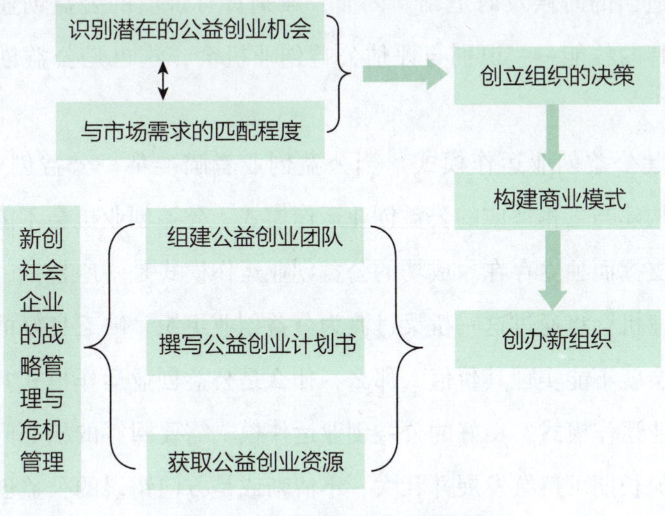

图1-4　公益创业的一般过程

1. 识别与评估公益创业机会

识别与评估公益创业机会是公益创业过程的起点，也是公益创业过程中一个具有关键意义的阶段。许多很好的公益创业机会并不是突然出现的，而是对于“一个有准备的头脑”的一种“回报”，或是在一个识别公益创业机会的机制建立起来之后才会出现。

（1）识别与评价公益创业机会　公益创业者是由公益创业机会驱动来进行公益创业的，而公益创业机会来自于现存的环境中存在的某种不足。以更好的方式提供更好的产品或服务来弥补这种不足并获取收益的可能性，就是公益创业机会。公益创业者通过发现和开发公益创业机会，与现有的组织，甚至是已确定地位且实力雄厚的组织展开有效的竞争或者合作。

通过某些来源往往可以获取意外的并识别公益创业的机会，这些来源包括顾客、营销人员、专业协会成员或技术人员等。无论公益创业机会的设想来源于何处，都需要经过认真细致的评估，对于公益创业机会的评估，或许是整个公益创业过程的关键步骤。

公益创业者的动力往往是发现了一个新需求，或者认为新产品能够开启新的需求。但是，并不是每个机会都需要付出行动去满足，而是评估这个机会所能带来的回报和风险，评估这个机会所创造的服务/产品生命周期，它能否长期支持，或者能否在适当的时候及时退出。因而，甄别具有价值的公益创业机会相当重要，需要独特的技能——识别与评估公益创业机会，这也是公益创业者必备的素质。

（2）构建公益创业运作模式　当公益创业者瞄准某一公益创业机会之后，需要进一步构建与之相适应的公益创业运作模式。公益创业机会不能脱离必要的运作模式的支撑而独立存在。成功的公益创业运作模式是一座桥梁，富有潜在价值的公益创业机会将通过这一桥梁过渡为公益创业组织。缺乏良好的公益创业运作模式，机会就不能实现其价值。那么，什么是公益创业运作模式？如何选择适宜的公益创业运作模式？良好的公益创业运作模式需要回答的核心问题是，公益创业组织如何长期可持续发展并壮大。不清晰或是方向错误的公益创业运作模式对公益创业者来说是失败的征兆，公益创业者应当尽快调整战略，明确方向，重新部署公益创业运作模式。

2. 获取资源、创办公益创业组织

公益创业者选择了机会，找到了与之匹配的公益创业运作模式后，就要考虑如何使公益创业机会成为现实中的公益创业机会。公益创业者进入这个阶段，才是公益创业的开始。

（1）组建公益创业团队　一个公益创业团队在公益创业成功中可以发挥很大的作用。一个新公益创业组织的增长潜力，以及吸引资本和投资的能力，与公益创业团队的素质之间呈正相关关系。没有团队的新公益创业组织往往会失败。

良好的公益创业团队是创建公益创业组织的基本前提。公益创业活动的复杂性，决定了所有的事务不可能由公益创业者个人包揽，而要通过组建分工明确的公益创业团队来完成，这需要一个过程。公益创业团队的优劣，基本上决定了公益创业是否成功。这就不可避免地涉及两个层面的问题：①公益创业团队成员在公益创业组织中是否有适当的角色定位，是否有基本公益创业素质和专业技能；②公益创业团队是否能团结合作，优势互补。第二个问题取决于公益创业团队成员之间是否有统一的核心价值观，是否做到了责任和利益的合理分配。

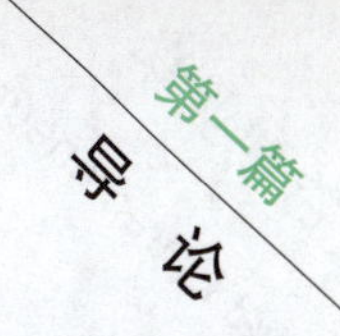

（2）撰写公益创业计划书　一个好的公益创业计划书对于公益创业者来说是非常重要的。公益创业计划书不仅是对公益创业机会进行进一步分析的必要步骤，同时还是真正开始公益创业的基础，是说服自己、更是说服参与者的重要文件。不仅如此，公益创业计划书也将使公益创业者深入地分析目标市场的各种影响因素，并能够得到基本客观的认识和评价；使公益创业者在创业之前，能够对整个公益创业过程进行有效的把握，对公益创业机会的变化有所预警，从而降低公益创业所面临的各种风险，提高公益创业成功的可能性。因此，公益创业计划书对于确定公益创业资源状况、获得所需公益创业资源和管理新创社会企业必不可少。

公益创业计划书反映了公益创业组织的需求和要求，没有一个统一的格式和体例来规定其形式及内容。公益创业者和公益创业团队都有自己的偏好。一个比较全面的新创社会企业的计划书主要包括：外部环境、公益创业组织介绍、公益创业资源需求、公益创业营销计划、公益创业组织计划和财务计划等。

（3）获取公益创业资源　这一步骤从确定公益创业者现有资源开始。事实上，对于公益创业资源状况还需进行分析，特别要把十分关键的资源与其他不太重要的资源加以区分，对于关键资源要严格地控制使用，使其发挥最大价值；在适当的时机获得适当的所需资源。另外，公益创业者不应低估其所需公益创业资源的数量及多样性，并应对所缺乏公益创业资源或资源的不适合性对于公益创业风险所带来的影响做出清醒的估计。总之，公益创业者应有效地以最低的成本和最少的控制来获取所需的资源。

资金是一种重要的公益创业资源，它往往决定了公益创业的最终成败。公益创业融资不同于一般的项目融资，新创公益创业组织的价值评估也不同于一般企业，因此需要一些独特的公益创业融资方式。在不同阶段，公益创业者可以选择不同的融资方式；针对不同的融资方式，融资策略有所不同，风险也不同。

透视

朱学恒和他的“OOPS 计划”的公益创业资源的获取

朱学恒，中国台湾一个很有名的翻译，发起“开放式课程计划”（OOPS），在世界各地招募华人志愿者，要将麻省理工学院的 1800 门开放式课程全部翻译成中文。这是中文互联网上最庞大的民间翻译计划。

朱学恒是一个有着强烈“分享欲”的人。2002 年，当朱学恒第一次在网上看到麻省理工学院的开放式课程计划时，他的传播欲就开始萌生。2004 年 2 月，在他 29 岁生日那天，他辞掉之前的工作，将全部时间和精力都投入到“OOPS 计划”中，将赚来的钱大部分也投入其中。有人问他为什么，他说，“有些事情，现在不做，一辈子都不会做了”。

朱学恒做“OOPS 计划”，从一开始，对于这个计划动机、可能性、价值的质疑就没有间断过，但他对自己所做的事从来没有怀疑过。他说，知识的数量，决定了一个民族的竞争力。

朱学恒借助网络的力量，招募了一支从翻译、审校、设计到宣传推广完全由跨国界的志愿者组成的民间团队——2000 多人的协作完全通过网络进行，虽然有许多不稳定因素，但迄今为止，他们已经翻译完毕 178 门课程，部分完成 600 多门课程，20 多份名人演讲视频的字幕也翻译完毕。在此期间，在麻省理工学院的带动之下，开放式教育逐渐成为国际教育界的一种趋势，剑桥大学、哈佛大学、东京大学等世界一流大学都逐渐开放自己的课程，“OOPS 计划”也将这些大学课程纳入自己的翻译计划之内。

“OOPS”计划的资源少得可怜，但他们的成绩却并不逊色。2007 年，“OOPS 计划”的官方网站（Myoops.com）独立 IP 达到 184 万人次，是麻省理工学院开放式课程计划各种译版中流量最大的。志愿者之间，根据能力高下，可以有不同分工，有人做翻译，有人做编辑，有人做校对。当遇到一些非常难的翻译，连朱学恒都不知道如何是好的时候，他就会把问题发布到讨论区，由大家投票决定，让他们共同参与整个修正的过程。从这件事情中他领悟到的是——众志成城的力量，胜过一个最完美的翻译。

资料来源：综合网络资源

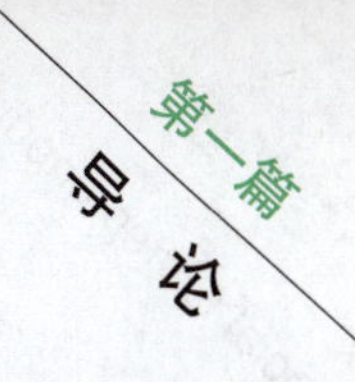

3. 管理新创公益创业组织

在获取所需公益创业资源之后，公益创业者就可按照公益创业计划建立新创公益创业组织。此时，就需考虑新创公益创业组织的运营问题。这里既包括新创公益创业组织管理的方式问题，也包括确定新创公益创业组织成功的关键因素并加以把握的问题，同时，公益创业者还应建立起一个控制系统，以对新创公益创业组织运作的各个环节进行有效的监控。

（1）新创公益创业组织的战略管理　新创公益创业组织战略作为公益创业行动的纲领，是公益创业组织发展的方向性定位。因此，战略是新创公益创业组织管理中的首要问题。新创公益创业组织的战略在制定过程、表达形式、传递方式等方面与成熟组织有很大差异。新创公益创业组织应该形成自己独特的竞争优势，发展核心竞争力。

（2）新创公益创业组织的危机管理　新创公益创业组织在每个阶段都会遇到存亡危机，这些危机以不同程度的威胁伴随着组织成长的全过程。因此，新创公益创业组织的管理者要常备危机意识。管理者需要时刻关注组织发展中出现的技术危机、市场危机、财务危机、人力资源危机等。危机不是一成不变的，采用适当的措施，可以将危机转化为组织发展的机遇。因此，公益创业者要积极把握新创公益创业组织发展中遇到的每一个危机，为组织的后续发展奠定基础。

复习思考题

1. 何谓公益创业？公益创业的特点是什么？
2. 简述公益创业的类型。
3. 简述公益创业的价值。
4. 公益创业要素的关键要素有哪些？
5. 公益创业的一般过程是什么？

案例分析

这家超市专卖过期产品，销量却节节攀升，凭啥？

家里的食物过期了，你会怎么做？ 相信大多数人的态度都是直接扔掉。

然而在美国波士顿，有一家叫 Daily Table（每日一餐）的神奇超市。一盒盒快过期的鸡蛋，一堆品相一般的西红柿，这家超市里的食物看起来都有点可疑，至少跟那些貌美蔬果不同。但方圆几公里内的居民们路过其他超级市场，都视而不见，直奔这里而来，因为里面的食品价格非常便宜。这样的价格在美国，基本上是最低价了。之所以便宜，是因为这家超市卖的都是即将过期或者已经过期一两天的食品。

开这家店的是一个 70 多岁的美国老头——道格 · 劳赫（Doug Rauch）。道格大叔也算得上是超市界的传奇人物。他花 30 年的时间，把一个类似 7-11 的山寨杂货铺，做成美国知名中高端连锁超市 Trader Joe's，如今这家超市在全美 30 个州已经有 340 多家门店，是美国最热门的零售商之一。Trader Joe's 也叫缺德舅，走奢侈路线，以浪费食物闻名。长得不好看的蔬菜就倒掉，还差几天到期的食物也会倒掉。

辞职后，这位前主席成了哈佛大学高级研究员，巧的是，他的研究课题是：如何解决城市过度浪费粮食的问题。这段时间里，道格掌握了美国的食品废弃物的第一手资料。美国食品浪费的数量令人震惊，据美国农业部估计，在美国生产的食品的 31%被浪费掉，损失高达 1616 亿美元！ 美国的一个四口之家一年可以丢掉超过半吨的食物，在食物生产方面，虽然美国是世界上最富足的国家，但是仍然有六分之一的人在挨饿。而且人们被严重误导了！例如，超市里买的纯牛奶虽然有效期标注是某月某日，但并不意味着这个时间之前就一定要把牛奶喝掉。一般来说，过了有效期一个星期之内的食物，在质量上不存在任何问题。但很多人并不知道这一事实，导致很多人经常把还没有腐坏的食品扔掉。

所以道格认为，向消费者宣传正确的消费观念变得非常重要。而且，很多城市人已经丧失了对食品的判断力，因为很多品相不好的果蔬不符合超市的进货标准。

一级黄瓜每十厘米的弯度不能超过 1 厘米，一级绿芦笋必须 80%的长度都是绿色的，花椰菜的直径不得小于 11 厘米……渐渐地，人们就只是热衷于食品的

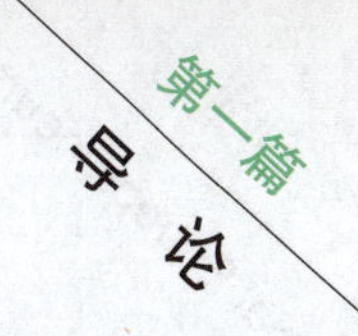

“长相”。而对于长相不好或者有疤的蔬果，人们往往看都不看，直接倒掉。人要看颜值，食物也要看颜值，这真是一个看脸的世界！ 道格很生气，人们到底是吃东西还是吃颜值？为何不能开一家专门卖所谓的“过期食品”的超市？

这个倔老头想起自己此前开超市，一言不合就扔掉食物的各种浪费行为，下定决心做点改变。他与自然资源保护委员会合作，游说美国政府采纳过期食品超市。因为这个想法，道格也遭受了许多非议，批评者认为他试图把垃圾出售给穷人。虽然一直被质疑，但道格没有放弃，不断地向政府游说，最后终于得到了认可。看超市的外形好像跟别的超市并没有差别，顶多只是装修朴素一点。它专门从别的超市或市场收集它们准备丢弃或将要过期的食品，整理好，再上架售卖。

道格大叔说，实际上这也是专门为那些生活在贫困线上的人们准备的，所以商品的价格十分低廉。不要以为即将过期的食物就是洪水猛兽，事实上，现代的生产条件以及食品保存技术已经很好了，所以在适当的温度（或冷冻）状态下，也还是能再保存一段时间。最重要的是，明明有些蔬菜和水果只是品相不佳，但味道和营养并没有差别。为什么要剥夺它们为人类的健康出一份力的权利呢？

一开始人们对这个新事物还多少有些难以接受，很多人都是看看就离开了。道格大叔又在超市里弄了个开放式的厨房，大家都能看到工作人员是怎么处理食物的。透过透明的大玻璃窗，逛超市的人能清楚看见里面的营养师在搭配，而手上的食材，当然来自 Daily Table。超市的招牌菜——鹰嘴豆卷饼，也是道格本人的最爱，咬上一口，西红柿在嘴巴里直接爆开来，味道棒极了。

而素食主义者，也完全不用担心，新鲜的田园沙拉，满满一大盒在等你。 对了，厨房里还有营养专家，现场指点盒饭的荤素搭配。现在 Daily Table 努力的方向不只是让大家吃饱，也要吃得健康。在这里的工作人员，一点儿都不觉得自己卖的东西不好，反而超级卖力和开心。渐渐地，光顾 Daily Table 的人越来越多，人们甚至要排队等候购买。

当地的低收入者慢慢融入了这家超市，他们丝毫不觉得在这里买东西是什么不光彩的事情。2 块钱一大袋的秋葵，7 块钱一打的鸡蛋，大妈表示一家人一周的伙食费从超过 1000 块，到现在只要 200 块，天天来这里买东西的街坊们，在爱上 Daily Table 的同时，也成了超市售货员的好朋友。遇到厨房里的香料用光了，热心的阿姨会从自家门前的花坛里摘了鼠尾草和龙蒿送给他，还有一束阳光明媚的向日葵。

“我们不是慈善事业，也不是施舍，来 Daily Table 是用自己赚的钱买东西，我们希望每个人都能在这得到应有的尊重和美味的食物。”道格大叔通过经营 Daily Table，想让城市人正确认识食物浪费问题。如果每个人都愿意做出微小的改变，我们的世界可能完全是另外一个样子。

资料来源：益美传媒 https://mp.weixin.qq.com/s/sGSyWNjszarroojPojqBaw

思考题

1. Daily Table 体现了公益创业的哪些特征？属于什么类型的公益创业？
2. Daily Table 为社会创造了哪些价值？
3. Daily Table 的创业案例带给我们哪些启发？

系列实训之1

- **实训目标**

1. 对公益创业有感性认识。
2. 运用公益创业。

- **实训内容与要求**

1. 分组，假设各组是学校的相关职能部门，具体探讨如何开展和实施公益创业：每组6~8人，选出组长，讨论调研提纲和行动计划。
2. 利用课余时间实施，写出实施报告。
3. 课堂报告：各组陈述，交流体会。

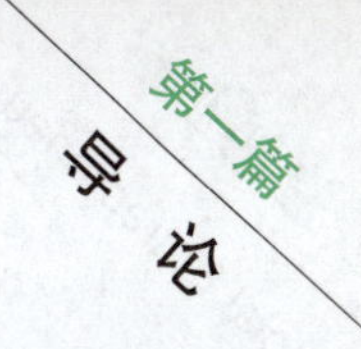

第 2 章 公益创业潮流

内容提要

公益创业在社会治理、提供社会产品和服务、维护社会稳定和安全，尤其在弥补政府失能和市场失效方面，承担着不可替代的角色。20 世纪 90 年代以来，公益创业以及社会企业作为有效的社会创新，在全球迅速发展。中国的公益创业和世界其他国家一样历史悠久。

公益创业教育，指进行公益创业所需要的意识、精神、知识、能力及其相应公益创业实践活动的教育。一个完整的公益创业教育体系应当包括教学、研究和实践体系。

学习目的与要求

了解中外国家公益创业活动的兴起及发展状况，掌握创业教育和公益创业教育概念，了解中外国家公益创业教育概况并把握其发展趋势。

开篇案例

状元张謇投身公益创业事业

张謇，江苏南通人，为光绪甲午科状元。甲午战争，日军侵华，北洋水师全军覆没，李鸿章被迫签订《马关条约》，割地赔款，丧权辱国，帝国主义更掀起瓜分狂潮，中国处于亡国灭种的边缘。张謇虽为状元郎，却无意于官场角逐，常常夙夜难眠，为国家命运而徘徊辗转。

终于有一天，一个外国人的一番话使他恍然大悟：“言中国非不能普及教育、公共卫生、大兴实业、推广慈善，必不能共和，必不能发达。行此四事，一二十年后，必跻一等国；能行二三事，亦不至落为三等国。”

为了能实现“匡济天下”的抱负，他抛弃官职，下海经商，踏上实业救国之路。张謇此举风险极大，稍有不慎便可能身败名裂，因此以“舍身饲虎”形容，但为天下苍生，他义无反顾，大有“我不入地狱，谁入地狱”的悲壮。出于“天地之大德曰生”的儒家理念，他将所创办的实业命名为“大生”，历经数十年商海沉浮，大生纱厂成为中国民族资本主义的骄傲。创办实业不过是张謇获取资金的途径，他真正醉心的是教育、慈善事业的振兴。

南通为张謇故乡，在晚清乱世中饱经战火蹂躏，灾害摧残，民生凋敝、满目疮痍，张謇为了能拯救父老乡亲于水火，倾尽财力和心血。

张謇兴办许多慈善事业，为帮助穷困潦倒的节妇，1896 年，他出资设立儒寡会，优恤士族妇女；为拯救被溺杀的婴儿，1905 年，他发起建立新育婴堂，收容婴儿1300 名；为安置无业贫民，1914 年，他募资开办贫民工厂，招收贫民 100 人；为救助误入风尘的女子，1915 年，他支持警察局设立济良所，帮助娼妓改过自新；为造就残疾人独立生存能力，1916 年，他购地兴建残疾院和盲哑学校，教授残疾人生存技能；同年，他将养济院改成栖流所，收养乞丐。张謇创办和支持建立的慈善救助机构还有为死亡而无处安葬的贫穷者提供帮助的义冢，面积达 540 亩。除此之外，张謇还创办女红传习所、医院、博物馆、图书馆、剧场、公园等公益机构。

兴办慈善事业需要大笔资金，张謇除将大生纱厂每年盈利拨出相当部分作为慈善专项基金，还在百忙之中卖字筹资。育婴堂创办时，资金难以维持，于是张状元在报纸登广告，一卖就是数年。所筹资金捐给育婴堂。张謇还利用自身影响力，号召政府拨款资助慈善事业。他还注重慈善机构改革，教养结合，让弱势群体自力更生、丰衣足食。尽管如此，张謇还是负担沉重，在 20 年岁月中，张謇为慈善事业捐资 150 万元，负债 50 万元。

在张謇的努力下，南通从一个落后、封闭的县城转变为陶渊明笔下的“世外桃源”，百姓安居乐业，街道秩序井然，许多慕名前来考察的外国友人为良好的社会风貌与优美的自然风光所陶醉，称其为“人间天堂”。可以说，南通已成为中国近代城市的典范。

资料来源：根据《公益时报》等资料改写

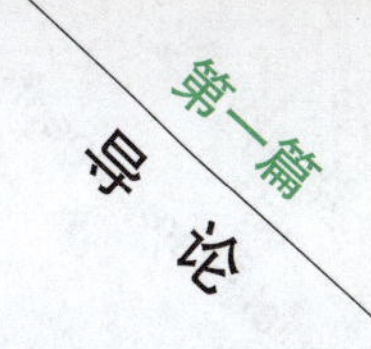

2.1 中国公益创业概况

2.1.1 中国慈善公益事业概况

中华民族是一个富有仁爱之心的民族，乐善好施是中华民族的传统美德，敬老助孤、济困扶贫、救险赈灾、布施修福是延续几千年的中华民族优良道德规范。中国慈善事业的历史源远流长。

先秦时期流传下来的有关著作表明，即使是在生活资料极其匮乏的古代，人们仍然向往“不独亲其亲，不独子其子，使老有所终，壮有所用，幼有所长，鳏寡孤独废疾者皆有所养”（《礼记·礼运·大同》）的理想境界，这样一种社会理想与慈善精神的内在本质是完全一致的。以孔孟为代表的儒家学说强调“仁政”，主张“爱人”“出入相友，守望相助，疾病相扶持”（《孟子·滕文公上》）。由于儒家在中国文化中的特殊地位，这种“仁爱”思想成为几千年来推动中国慈善事业发展的主流。

《管子》在慈善公益方面的论述也很精彩。《管子》第一篇《牧民》就明确提出“仓廪实而知礼节，衣食足而知荣辱”的卓越论断。强调治理国家要以解决人民的衣食住行问题为主要目标，为此《管子》主张富民，主张薄税敛，“凡治国之道，必先富民。民富则易治也，民贫则难治也”（《管子·治国》）。

透视

范蠡和孔子公益慈善观念的差异

春秋战国史上有一位著名的慈善家范蠡，他是春秋后期越国的大政治家。他曾经帮助越王勾践复国雪耻，后来乘扁舟流落江湖经商，而且变名易姓为陶朱公，在商业经营方面颇有一套成功经验。不过，鲜为人知的是，范蠡几次将经营所得的巨额钱财接济穷人。《史记》称他“十九年之中三致千金，再分散与贫交疏昆弟”，是说他19年间3次获得千金之富，但3次把这些钱财接济他周围的穷朋友与困难兄弟。史上称赞他是一位“富好行其德”的大善人、大慈善家。

战国时期的鲁国有一条法律，大意是说，如果鲁国人在别的国家看到自己的同胞遭遇不幸，沦为奴隶的话，把人赎回来，鲁国就给你报销，而且还颁发奖励。子贡，相传是孔子学生中的首富，赎回了一个沦为奴隶的鲁国人，却没要补偿。本以为能得到老师的表扬，没想到却被孔子批评："子贡，你是在炫富吗？ 你赎回了人不要钱不要紧，反正你也不差钱，而且这样做有益于你的名声。可那些穷人，他们如果学你不拿国家的补偿，那他们也没有钱赎回鲁国的人啊，最后受苦的还是鲁国人，这么简单的道理你竟然不懂！"

资料来源：综合网络资源改写

两汉时期，由于董仲舒"罢黜百家独尊儒术"，孔孟思想得到了极大的传播，儒家的慈善主张也就有了成为普遍的社会现实的思想道德基础，政府关于救济灾民的记载史不绝书。不过由于当时的社会生产力发展水平还相当低，济贫救难的责任主要由政府承担，民间慈善尚未形成规模。

唐代是中国封建社会经济、政治、文化全面发展的一个高峰，慈善事业有了大规模的发展。唐朝的慈善事业兴起与印度佛教传入中国有密切联系，佛教教义中要求教徒行善的条文比比皆是。在唐代，创始于武则天长安年间（公元 701—704 年）的悲田养病坊是最普遍的慈善机构。唐代的悲田养病坊，实际上是一个收容贫穷老人、病人、残疾人及孤儿的慈善机构。官方对悲田养病坊不但在财政上给予支持，而且设置机构派出官员参与管理活动。

宋代是中国民间慈善事业发展的划时代的里程碑。宋代在立国之初，承袭了唐代的悲田养病坊的做法，设立了福田院，此后各地相继有官办或民间慈善机构出现。宋代的慈善事业，其计划之详尽、规模之宏大、设施之齐全、内容之广泛，在中国历史上可谓空前。宋代的慈善事业是在国家主导下主要依赖国家力量而包办的，民间慈善行为只是官营慈善事业的补充而已。

明太祖朱元璋出身贫寒，因而对民间疾苦有深切的了解。明朝立国之初，朱元璋即诏告天下，由于皇帝的倡导和法律的强制规定，明代的官办慈善事业曾一度非常兴盛。明代的慈善机构除了官办慈善事业以外，民间慈善机构也有了大规模的发展。在经济发达的江南，民间慈善事业甚至成为济困扶贫的主要形式。从

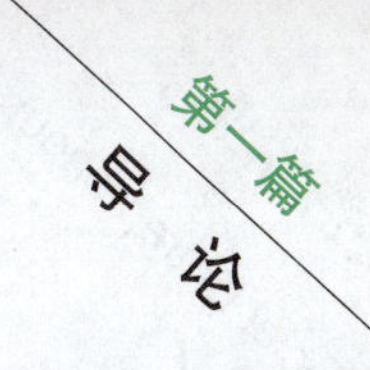

个别富人的义举发展到有组织的团体机构，这是明代社会福祉活动的又一特点。

到了清代，慈善事业有了进一步的发展。清代慈善活动的兴盛，是全国共通的情况。清代民间慈善组织不但数量众多、种类齐全，而且财力充足、参与阶层广泛，民间慈善组织的兴起是当时全国十分普遍的现象。慈善机构具有明显的“绅商性质”，在慈善领域中起着超越官方的主动作用。

中华人民共和国成立以后，在很长一段时期里，实际上并不存在真正意义的民间慈善事业。当时的一切救灾、济贫、助孤、养老、育幼，除了家庭自己承担以外，全部由国家或集体包办。由于受历史条件和现实情况的制约，慈善的概念逐渐淡化，慈善事业在人们的心目中俨然成了不那么慈善的东西。政府的社会救助工作承担了全部慈善事业的职能。

随着改革开放的深入发展，社会贫富分化的速度加快，先富起来的一部分人和贫困群体之间的差距有所扩大。在人民生活水平不断提高的同时，也出现了数量不小的贫困群体，这就需要予以救济，我国新时期的慈善事业应运而生。1994年，中华慈善总会的成立标志着中国的慈善事业走上了正轨，此后在政府的支持和帮助下，各级各地先后成立了许多慈善机构，并积极开展扶贫、救灾、助老、助残、助孤、助学、助医等工作，取得了一些突出成绩。

2.1.2 中国公益创业的兴起及发展

1. 中国公益创业的兴起

中国公益创业主要是在政府、传统商业企业、非营利组织及社会公众的推动下发展而来，主要表现在以下三个方面：

第一，政府支持。经济体制改革及政府职能转变使得在社会福利领域出现民营化和市场化行为，社会组织活动带来社会环境的改变，使政府更加重视社会组织在社会服务领域的作用。政府逐渐开始采取行动为公益创业谋求体制和政策上的空间（如采购、税收减免），促进公益创业。

第二，传统商业企业社会责任运动。在社会责任运动的影响下，越来越多的传统商业企业逐步意识到社会责任的履行能为其带来公众认同并产生巨大经济效益，于是它们开始自觉地投入公益事业、履行社会责任，为公益创业的主要组织——社会企业的产生创造了支持条件。

第三，非营利组织创新。公益创业的创新模式为非营利组织通过商业手段开展经营活动以提高组织效能、解决资金困境提供了借鉴。非营利组织进行组织变革，逐步向公益创业组织转型。

2. 中国当代公益创业的发展

20 世纪 90 年代以来，公益创业以及社会企业作为有效的社会创新，在全球迅速发展。中国的公益创业以及“社会企业”实践和世界其他国家一样历史悠久。

旭平兔业集团创始人任旭平于 1980 年起步，已经坚持了 30 多年，探索了非营利组织、企业、志愿公益活动以及研究机构等社会创新形式。2006 年，湖南大学率先创建中国第一个公益创业大学生社团。同年，恩派公益孵化器成立。2007 年，联想集团成立了联想公益创投基金，这是中国首个公益创投基金。同年，湖南大学创建中国公益创业网门户网站，友成公益创业基金会以及公益组织孵化器成立。2008 年，友成基金会与英国议会合作建立了中国首个社会企业家能力训练营。2009 年，公益组织孵化器组织了首次上海地区公益创投比赛，首次得到中国政府支持。2010 年，中国社会企业家基金会与英国议会以及爱创家（Ashoka）合作举行了首届“大中国企业家论坛”。

2013 年，中国社会企业和公益创业出现迅猛的发展趋势。英国大使馆文化协会主导的社会企业家技能项目及“社会企业家技能项目”社会投资平台，提供 900 万元人民币的社会投资及辅导机会。2013 年 11 月，友成基金会等发起设立第一支以社会价值为导向的股权投资基金——社会价值投资基金（The Impact Fund），首轮计划募资额为 5 亿元人民币，英国前首相布莱尔参加启动仪式。2013 年 12 月，“中英社会企业及社会投资高端对话”举行。2014 年 1 月由团中央等组织发起的“创青春”公益创业竞赛覆盖了全国 2200 所普通高校。

国家提出的“大众创业，万众创新”，不仅仅是鼓励大众进行商业创业，还包含比较重要的一方面，即公益创业，鼓励大众创办以解决社会问题为中心，附加创造经济价值的组织实体。

2015 年 11 月 11 ~ 14 日，由团中央青年志愿者工作部主办，四川团省委、浦

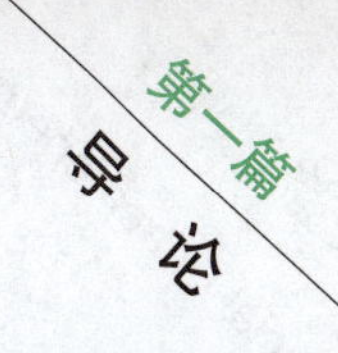

江县委县政府承办的首届中国青年公益创业训练营在四川蒲江举办。这是团中央首次举办公益创业大赛，在推动公益创业进程中具有里程碑意义，是面向青年集中发出声音、大力倡导公益创业的开始，希望通过大赛把有志于公益的青年团结起来，合力为党和国家的事业做贡献。

2015 年 12 月 2 日，由共青团中央、中央文明办等单位共同主办，中国青年志愿者协会承办的首届中国青年公益创业赛全国总决赛在重庆举行。决赛现场邀请到了全国十多位公益创业专家作为创业导师，对进入决赛的 20 个公益创业项目进行现场点评和指导。公益创业大赛致力于支持获奖团队持续发展，鼓励公益项目与市场经济有机结合，通过商业化的模式实现公益项目的持续发展，使志愿服务优秀项目开花结果。

透视

KAB 项目和青年恒好公益创业项目

在中国影响很大的公益创业活动有 KAB 项目和青年恒好公益创业项目。

为适应创新创造的时代要求，满足青年就业的现实需要，培养青年的创业意识和创业能力，共青团中央、全国青联与国际劳工组织合作，自 2005 年 8 月起在中国大学中开展 KAB 创业教育（中国）项目（简称“KAB 项目”）。这是共青团中央、全国青联通过国际合作推进中国创业教育发展的一项尝试，旨在吸收借鉴国际经验的基础上，探索出一条具有中国特色的创业教育之路。这其实就是公益创业实践。

青年恒好公益创业行动是由 KAB 全国推广办公室与恒源祥（集团）有限公司联合发起的一个关心、关注青年成长、成才，服务、扶持青年（大学生）创新、创意、创业的开放性公益实践平台。

青年恒好项目自 2009 年 12 月启动。通过活动，征集符合要求的公益创业青年，寻找创新商业模式、践行可持续发展理念、承担企业社会责任和倡导创新精神的公益创业青年，并在《中国青年报》及青年恒好官网进行专栏展示。

青年恒好公益创业行动（2014）主要由青年公益创业项目征集活动和公益创业青年榜活动、青年恒好中国公益创业论坛、青年恒好公益创业行动校园宣讲会、青年恒好走进达沃斯活动、《中国青年公益创业调查报告》出版、公益创业之夜，以及围绕上述活动举办的媒体发布会、专家评审会、项目孵化落地、年度成果展示等组成。所有参赛的公益创业项目都会得到媒体的传播与展示。

KAB 项目和青年恒好公益创业项目大力推动了公益创业在中国的发展。

资料来源：综合网络资源改写

2016 年的两会上，全国人大代表、共青团中央书记处书记傅振邦带来了关于积极促进青年公益创业的建议。提出公益创业可在创新社会治理模式、增进弱势群体福祉、促进社会公平、为政府公共服务职能提供补充、扩大社会就业等多个方面发挥十分重要的作用，是社会治理创新的一种有效形式，国家应给予更多的扶持。《中华人民共和国慈善法》由中华人民共和国第十二届全国人民代表大会第四次会议于 2016 年 3 月 16 日通过，公益创业作为慈善的一种将获得更好的助力。

2016 年 6 ~ 9 月，由中国公益慈善项目交流展示会组委会主办，深圳市民政局、深圳市社会公益基金会、深圳广电集团、芒果 V 基金承办的第二届大学生公益创客大赛举行，大赛的主题为“社会创新，助力可持续发展”。

2016 年 6 ~ 9 月进行的第五届中国公益慈善项目大赛以“社会创新，助力可持续发展”为主题，紧绕联合国 17 个可持续发展目标（SDGs），致力于遴选和资助优质社会创新项目，传播先进的项目运作模式和理念，汇聚多元化公益创投资金，推动跨界力量参与社会创新行动。

3. 中国公益创业发展的趋势

中国的公益创业发展将会呈现如下特点：

第一，公益创业者和组织侧重社会热点和社会关切。老龄化社会的到来，养老服务需求将快速增加；失业农民涌入城市；扶贫工作面临新形势。还有诸如环境污染、防癌治癌、抗灾救灾、特殊人群照顾等大量社会问题，单靠政府是无法解决的。公益创业组织以解决社会问题为目标，将发挥越来越重要的作用。

第二，公益创业者和组织发展专业化的服务能力。受资金、人力等资源的限

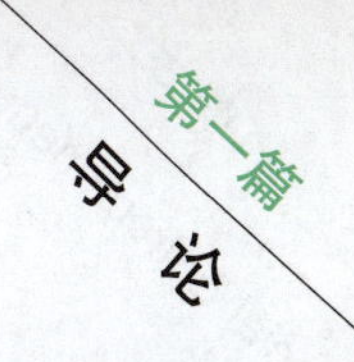

制，公益创业组织很难做到面面俱到。只有专攻某一社会难点或热点，发展专业化的服务能力，公益创业组织才能更集中地帮助受助者，解决相关具体社会问题。世界上发展较好的公益创业组织提供的都是针对某一特定群体的社会服务，如专门提供老人护理、青少年咨询、留守儿童关注等。公益创业组织应具有专业化的服务能力，发挥专业化优势。

第三，公益创业组织要去行政化。在世界各地仍存在一些“官办”公益组织，行政色彩比较浓。这些组织享受着有关政策的优惠待遇，虽然提供一系列社会服务，解决了部分社会问题，但其日常运作的方式与行政部门几乎无异。目前，中国公益创业组织还离不开政府的支持。但是，公益创业组织要去行政化，作为政府与市场及公众的缓冲器，促进和维护社会公共利益。

2.2 欧美主要国家公益创业概况

2.2.1 欧美主要国家慈善公益事业概况

1. 英国

英国的民间公益组织有着悠久的历史，英国是世界上最早出现民办社会公益性事业的国家。历史文献表明，早在 12—13 世纪，英国就出现了 500 多家民间志愿性公益慈善组织。

女王伊丽莎白一世统治期间（1558—1603），英国掌握了海上霸权，民间财富显著增加，兴办民间公益性事业的个人和团体渐多，客观上产生了由国家立法进行管理的需要。1601 年，世界上第一个规范民间公益性事业的法律《1601 年慈善用途法》，也称《伊丽莎白一世法》诞生。这部法律不仅是英国整个慈善法体系的生长原点，也是公共权力首次介入民间公益性事业的标志。

工业革命开始后，英国工业化和城市化进程导致了许多社会问题，而英国众多社会问题的解决主要依靠民间力量。

19 世纪中叶以后，各种民间公益事业有了长足发展。民间公益性组织不仅在扶贫济困、发展教育、促进宗教、修缮维护各种公共设施等传统项目的范围内继续发挥重要作用，还扩展到更广泛的领域，例如：提供公共卫生和医疗服务，照料城市贫民和孤儿等弱势人群，促进科学研究，开设博物馆和图书馆，赞助音乐、美术和其他艺术活动，保护历史文化遗产和自然风景，维护动物权益等等。这些公益事业对于营造社会和谐、提升公民素质和丰富民众生活等方面都起到了积极的作用。

然而，各种民间公益也出现了大量问题。为此，英国议会曾经多次任命慈善事务专员。为切实履行政府维护公众利益的职责、依法保障公益性事业，作为公共机构的慈善委员会应运而生。1853 年 8 月，英国议会通过了《1853 年慈善信托法》。根据这部法律，国家正式设立了慈善委员会，作为英国公益性事业总监管机构。

21 世纪后，英国的公益面临着更大的机遇和挑战。英国政府决心采取一系列措施，促进经济与社会可持续发展，保障人民福利。

2006 年 11 月，英国议会通过了《2006 年慈善法》。这是英国政府的重大举措。新法从实际出发，抛弃了沿用 400 年之久的过时做法，彻底改革了对民间社会公益性事业的法律定义和相关规定。此举可以说是完成了英国慈善法律史上的一场革命。《2006 年慈善法》特别强调为公众利益服务的概念，引导英国公益健康发展。

2. 美国

美国文化的源头在欧洲，尤其是源自其母国英国。美国的慈善公益思想、规则和相关法律也同样脱胎于以英国为主的欧洲传统。

自从 1620 年 11 月首批英国清教徒乘坐“五月花”号帆船抵达美洲大陆后，欧洲人，尤其是英国人，开始移民新大陆。在艰苦移民的过程中，很多人得到了慈善资助。英国的慈善公益组织在北美殖民地捐助了大量资金，许多慈善基金从英国不断地流入美洲，建立图书馆、学校和学院以及对印第安人和黑人进行传教和教育，这对殖民地文化传播起到很大的促进作用。

殖民地时期，北美地区就有早期的慈善公益活动。乔治·怀特菲尔德依靠募捐建立了一个孤儿院，并在 30 年中利用一切可以利用的时间来管理这一机构。最有影响的慈善家本杰明·富兰克林于 1743 年创办了美洲博学协会，该组织的主要宗旨就是资助各个领域里的学术研究。从某种意义来说，富兰克林创立的

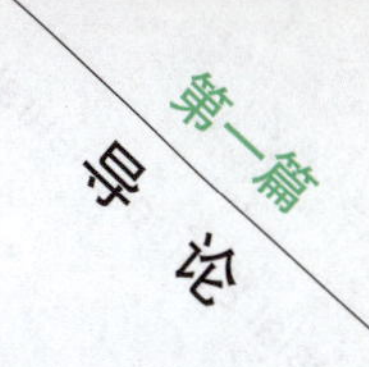

“美洲博学协会”是北美新大陆第一个慈善基金会，这为后来美国现代慈善基金会的创立与发展创造了良好开端。

19 世纪中后期，在美国各大城市中蓬勃发展的慈善机构和慈善协会标志着慈善工作更为职业化。“皮博迪教育基金”由乔治·皮博迪于 1867 年设立，是专门致力于资助和发展内战后南方教育事业的慈善组织。

20 世纪初，一种新的慈善公益观念开始酝酿。这种新观念主张慈善公益的宗旨应非常宽泛并具有灵活性，就像后来洛克菲勒基金会的宗旨那样，定位在“增进全人类的福祉”。这种观念倡导支持探究造成贫穷等社会问题的根源，而不是出资使这些问题只得到表面上、暂时的缓解。这种观念与救急式的慈善思想决裂，在历史上第一次将系统化的理论和大量的资源引入为科学的慈善思想服务的领域。

20 世纪是美国非营利部门飞速发展的时期，非营利组织的数量由 1950 年的大约 5 万个增加到 20 世纪末的 100 多万个。由于有庞大的志愿者队伍和巨额捐款，美国的慈善事业和社会服务事业得到了充分发展，各种社会问题、各个领域都会有非营利组织予以关注，各种各样的非营利机构也因此应运而生。这些机构在文化、教育、医疗、卫生、妇女与儿童权益保护、老年人服务、消除贫困、就业、移民、环保、预防犯罪、社区改造、帮助少数族裔等方面发挥着十分重要的作用。

2. 2. 2　欧美公益创业的兴起及发展

1. 欧美公益创业的兴起

公益创业是近年兴起的一种全新创业理念，是追求社会价值和经济价值并重的创业活动。这一新型的组织形式和解决社会问题的新方法，实际上在 20 世纪 80 年代的欧美国家就已初见端倪。欧美国家公益创业的出现主要有以下两方面的原因：

一是 20 世纪 80 年代以来，国外许多国家尤其是发达国家，采取了以市场作为调节资源的新自由主义经济政策，使得政府对非营利组织的直接资助经费逐年减少。而市场失灵导致人们对非营利性组织提供社会服务的需求却有增无减，造成非营利性组织的急剧膨胀。在这种传统资源不断减少而获取这些资源的竞争又加剧的情形下，非营利组织面对着改善运作有效性和持续发展的强烈需求和压力。因此，释放社会活力、弥补市场与政府失灵的新形式——公益创业应运而生。

二是经济的市场化和全球化导致社会财富不断集中在私营组织中，而公共的社会问题却在不断加剧，社会迫切要求企业负担起更大的社会责任和更主动地去面对复杂的社会问题，从而促使更多的私营企业与非营利性组织联盟进行公益创业活动，实现投资的经济价值与社会价值的双重回报。

2. 欧美主要国家公益创业的发展

（1）英国　英国贸易及工业部认为，公益创业主要是追求社会目的，将经营利润投资于社区或者用于支持社会目标的实现，追求社会效益的最大化，而不是追求所有者利润的最大化。

社会企业是英国公益创业的主要形式，其内在含义和主要特征形成了较为广泛的社会认识：①具有志愿服务性，以社会或环境效益为使命和目标；②具有营利性，以商业化方式运作，与传统的慈善组织不同，有偿提供产品或服务；③具有资产锁定性，不像传统企业以赚取最大利润为最终目标，其盈利需按照其社会目标再投放于业务本身或所在社区；④具有包容协商性，在整个企业治理过程中需充分考虑本社区居民意见；⑤具有可问责性，需接受公众监督，实现透明化管理。公益创业深入参与社区或社会服务、房地产租赁和教育等多个社会经济领域。

英国是世界上公益创业最成功和最活跃的国家之一，其公益创业的发展很大程度上得益于政府政策法规上的大力支持。具体表现为：首先，政府从法律上确定社会企业的合法地位。英国政府通过的《公司审计、调查和社区企业法令》，确定社区利益公司为一种新的社会企业形式，将社会企业的法人形式进行了统一，很大程度上助推了英国公益创业组织的发展。其次，政府成立专门机构负责社会企业的发展。最后，政府通过拓宽融资渠道和税收减免等财政支持以及增加业务资源和培训课程等方式对公益创业进行支持。

英国社会企业协会（Social Enterprise UK，SEUK）2013 年的一份调查报告显

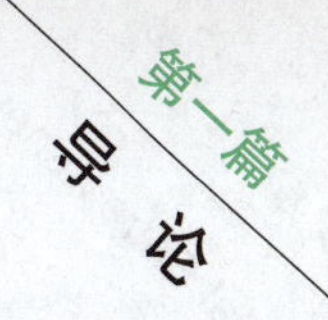

示：英国约有7万家公益创业组织，服务项目内容涉及临终护理、儿童福利、膳宿服务、房地产、社区服务、教育等众多领域，并且主要以中小规模为主。这些组织创造就业岗位和就业机会，雇佣了将近一百万个就业人员，缓解了社区贫困压力，对国民经济的贡献高达240亿英镑。其收入来源具有多样性，主要涉及公共部门、政府部门和私营部门等。

透视

英国搭车族社会企业

“搭车族”是一家成立于1997年的社会企业，其最初的目的是通过鼓励人们搭车出行，有效地利用英国道路上空闲的数百万个车座。该系统目前支持以下业务：步行、步行伙伴、步行路线图；骑车、骑车伙伴、骑车路线图；路线查询和交通阻塞/路况信息；安全有效驾驶；替代型燃料；高效出租车旅程/出租车伙伴；等等。据估计，这个系统每年可以节省将近3 100万英里㊀的驾驶路程，减少超过10 000吨的二氧化碳排放量。然而，从中受益的并非只有环境，人们的生活也有了一些变化，尤其是对于那些居住在偏远乡间的人们，该系统为他们提供了一条生命线，2005年7月的伦敦爆炸案发生后，该系统帮助数千人平安回家。

在“搭车族”成立之前，类似有组织的搭伴出行在英国几乎从未听说过。但通过他们在民间与政府级别的持续推广，英国的搭伴出行数据库概念已然成型，已经成为国际公认的在线搭配旅行的翘楚，英国的“搭车网络”则被视为该领域的最佳实践。

资料来源：根据NGO发展交流网案例改写 http://www.ngocn.net/news/38154.html

（2）美国　美国公益创业非常活跃，强调市场对资源配置的基础作用，政府只做适当的干预。因此，相对英国的公益创业而言，美国公益创业的发展更加得益于社会力量的支持。社会基金组织、高校与协会以及培训和咨询机构对公益

㊀ 1英里=1 609.344米。

创业的支持是美国公益创业发展的强大动力。基金组织收集企业基本信息进行网络创造，推动公益创业的启动或者支持公益创业的业务竞争，对公益企业家或者所需的人力进行培训。此外，基金组织之间还通过合作等多种形式来促进公益创业的发展，享有公益创业加速器的美称。

在美国的法律框架下，大多数组织可以归为营利性企业和非营利组织两种类型，它们可以选择有限责任公司、有限责任合伙等诸多法律形式。在营利性企业和非营利组织之间，公益创业者通常面临艰难的选择。对此，美国通过借鉴原有商业企业的法律框架，设立了与公益创业组织有关的法律形式。

2008 年以来，美国各州在商业公司的法律框架中，先后设立了“低利润有限责任公司”“共益公司”“弹性目标公司”“社会目的公司”等四种法律形式。这些形式是混合性商业企业，是对非营利组织和商业企业二者特点的融合。这些组织在某些方面比非营利组织和商业企业往往更有利，它们可以同时从传统资本市场和慈善市场中获取资金。这种公司结构的优势在于：其一，在实现社会目标过程中，可以为股东利益进行决策，不必担心遭到股东的诉讼；其二，可以与普通企业竞争对手区分开，有利于提升企业品牌价值并促进市场营销。为了适应公益创业发展的需要，美国对公益创业提出了支持性政策，推出相关税务优惠计划，为扶助弱势群体的私营企业提供税务优惠，这些措施为社会企业提供了良好的制度环境。

透视

KIVA——穷人的银行家

KIVA 是一家把 Web2.0 技术运用到小额信贷领域里的非营利投资机构，虽然运行不到 3 年，但发展十分迅速。目前，KIVA 已经为全球小额信贷客户提供了 1100 万美元的无息贷款，贷款的回收率在 99%以上。

起初，KIVA 的创始人马特 · 弗兰纳只是借助自己的博客和身边的朋友圈，分享一些需要起步资金进行小买卖的穷人的资料，让需要贷款的穷人可以快速地得到资金帮助。随后，马特和其朋友逐渐发现了另外一种更加可行的方式——通过网络

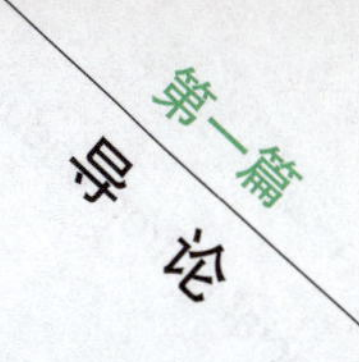

从普通人那里获取资金，借此把小额贷款机构获得资金所需成本降到最低，这样，他们就有更多的资金贷给穷人。

KIVA 的运作原理其实非常简单，就是基于世界各地小额贷款机构的合作。首先，各小额贷款机构将所在地区贷款申请者的详细信息，包括照片、业务计划等公布在 KIVA 网站上。然后投资人将在网上选择投资对象，将资金通过 KIVA 无息借贷给相应的小额贷款机构，然后这些机构再无息或低息将资金借贷给备选对象，还款期限一般是 12 ~18 个月。当投资人收到返还的资金后，他们可以选择收回资金或者继续投资，网站将根据偿还前期贷款的情况、经营时间和贷款总金额等将申请者分级。KIVA 的运作成本不高，但却得到了包括 Paypal、Google、Youtube、Yahoo、Microsoft 等几乎所有网络国际巨头企业的技术和资金支持，在 2007 年，KIVA 得到了小额信贷发明人尤努斯教授的肯定和美国前总统克林顿的大力宣传。

资料来源：李凡. 寻找社会企业在中国的发展之路[J]. NPO 纵横，2008.

2.3 公益创业教育

2.3.1 公益创业教育概念

1. 创业教育

“创业教育”（Enterprise Education），有广义、狭义之分。

广义的创业教育，可以理解为进行从事各项事业策划、开办、拓展的教育；探索、冒险、创造精神与技能的教育等。创业教育包括两个方面的内容，即“求职”和“创造新的就业岗位”。完整的创业教育体系应当包括教学、研究和实践体系等。

联合国教科文组织指出：“创业教育，从广义上来说是指培养具有开创性的个人。它对于拿薪水的人同样重要，因为用人机构或个人除了要求受雇者在事业上有所成就外，正在越来越重视受雇者的首创、冒险精神，创业和独立工作能力以及技术、社交、管理技能。”

狭义的创业教育，则指进行创办企业所需要的创业意识、创业精神、创业知识、创业能力及其相应实践活动的教育。

联合国教科文组织认为，未来的人都应掌握三本“教育护照”：一本是学术性的（指能从事学术研究）；一本是职业性的（指能胜任具体职业岗位）；一本是创业性的（指具备创业能力）。

2. 公益创业教育

公益创业教育（Social Entrepreneurship Education），是指对公益创业所需要的意识、精神、知识、能力及其相应公益创业实践活动进行的教育。

联合国教科文组织21世纪教育委员会提出了“教育：必要的乌托邦”这一命题，意味着教育必须具有一种着眼于未来的精神，必须超越目前的范围，以共创明天的现实为目标；意味着教育应体现人类生活最高境界的诉求，使人对现实中的病态和畸形保持警觉，对人的纯功利冲动起到平衡和矫正作用。200 年前，雨果曾有一句名言：“多一所学校，就少一所监狱。”教育是一项面向全体社会公众共同利益的事业，具有全局性、全体性、平等性、公共性、公益性的特征。

《中华人民共和国高等教育法》明确规定：“设立高等学校，应当符合国家高等教育发展规划，符合国家利益和社会公共利益，不得以营利为目的。”高校承担人才培养、科学研究、社会服务、文化传承四大职能，教育具有公益性。高校创业教育与知识的创造传承、学术科技创新、服务社会促进经济发展相结合，具有公益性。从本质意义上讲，高校创业教育就是公益创业教育。

公益创业教育是创业教育的继承和发展。事实上，公益创业教育在欧美的发展也只集中在近30 年。在国内，公益创业教育尚处于起步阶段。

2.3.2 欧美主要国家公益创业教育概况

公益创业及其教育是创业教育的继承和发展。美国有阿苏迦等基金会专门接受公益创业人带着项目计划书申请创业资金并提供创业初期的技术支持和培训，组织向选中的公益企业者提供每年 3 万到 10 万美元不等的创业资助，并资助 2～3年。2005 年 10 月 25 日，美国最早资助“公益创业”的阿苏迦基金会创始人追顿与美国国务卿赖斯和微软总裁比尔盖茨等被称为 2005 年度“美国最杰出的领袖”。

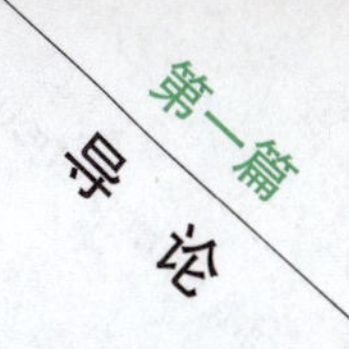

在美国、加拿大和英国，至少有 30 位商学院教授开设“公益创业”课程，斯坦福大学、哈佛大学以及牛津大学等世界著名大学都设立了相关的研究中心。牛津大学赛德商学院率先在 MBA 学员中开设了公益创业课程，并要求所有学生必须修读三门以上公益创业相关课程。哈佛大学从 2004 年开始招收公益创业博士生。瑞士的日内瓦大学是欧洲公益创业教育的早期实践者。

英国北安普顿大学是英国历史最悠久的大学之一，通过公益创业型大学重新振兴。公益创业型大学的创建使 2013 年北安普顿大学的排名较前一年提升 40 多位，曾连续多年获英国“创业型大学奖”。两位校领导因为公益创业教育获得英国“女王创业奖”，获得英国女王接见。其公益创业教育的七项措施包括：①给所有学生提供独特的学习体验，使其具备就业和创业技能；②将公益创业的教学、研究和实践有机融合；③提供全国性公益创业支持；④公益创业投资；⑤大学公益创业支持功能；⑥为利益相关者创造更公平的社会；⑦影响英国公益创业政策和实践。公益创业的教学、研究和实践意味着：学生有独特的机会发展就业和创业技能，不管他们决定做什么，都有助于他们在职业生涯脱颖而出。

透视

公益创业教育进入著名大学

大约 10 年前，如果学员在搜索引擎上输入“公益创业”，搜索结果仅有几千项。 如今，这个数字已接近 1 亿。

总部位于瑞士的施瓦布公益创业基金会的副主任桑德尔表示，其原因在于,更多的人在“他们所做的事情中寻找意义”，探索他们的商业主张如何能让环境或贫困人群受益。

伦敦卡斯商学院彼得 · 卡勒姆创业中心主席尼克 · 巴德曼表示：“人们在寻找一种‘新型资本主义’，他们发现公益创业能够提供一种慈善与盈利并行不悖的商业模式。”

2011 年，卡斯商学院面向关注社会的学员开发了一门新企业缔造课程。 毕业生乔书亚 · 比克内尔 2013 年创建了 Balloon Kenya 公司，该公司通过向到肯尼亚旅游的年轻人收费实现了盈利。 比克内尔在肯尼亚教授他们创业技能，这些学员接着被派出去，帮助肯尼亚企业家开展项目，Balloon Kenya 一半的利润用于为当地人提供初创资金。

牛津大学赛德商学院的学者们旨在帮助学生创业者，通过他们的商业创意在国内外带来可量化的好处。2003 年，赛德商学院成立了斯科尔公益创业研究中心，就像其网站所宣称的那样，其使命是通过投资于下一代公益创业家来改变世界。公益创业话题已从各种 MBA 课程的边缘位置变成不可或缺的一部分。

桑顿读到了牛津大学赛德商学院公益创业研究中心的介绍，他表示："我知道，我找到了适合我的 MBA 课程。"自从2012 年从牛津大学赛德商学院毕业后，桑顿已成立了 3 家公司：①垃圾掩埋回收公司；②开发低成本的环境传感器公司，帮助发展中国家的农民；③建造提供企业碳足迹实时数据的系统公司。他表示，这些"有意义、可衡量"的报告不仅会"表扬那些减少碳排放的企业，还会帮助并促进其他企业的转变"。

西班牙企业商学院里，所有 MBA 国际学员都参加每周的 Change in Action 项目，"探索以有利可图的方式解决全球性问题"。创建一家普通的企业与创建一家社会企业的要求不同，例如治理结构，因此，西班牙企业商学院希望学员们对这两方面都有所了解。将公益创业纳入 MBA 课程，让很多学员获得了将其思路变成行动所需的技能。

资料来源：FT 中文网——《在商学院学习公益创业》

2.3.3 中国公益创业教育概况

20 世纪 90 年代，公益创业作为一种新兴的创业理念，开始在我国兴起。

中国公益创业教育教学开始于 2005 年。2005 年，北京光华慈善基金会成立，致力于公益创业和社会企业的教育，同时，我国部分高校开始推动公益创业教育。

湖南大学是我国最早推行公益创业教育的高校之一。2007 年成立了中国公益创业研究中心，建立了"中国公益创业网"和《大学生公益创业》杂志；2008 年开设了国内第一门公益创业课程——《公益创业学》，采用公司运作模式创立了名为"滴水恩"的公益创业孵化器；2009 年撰写出版国内第一部《公益

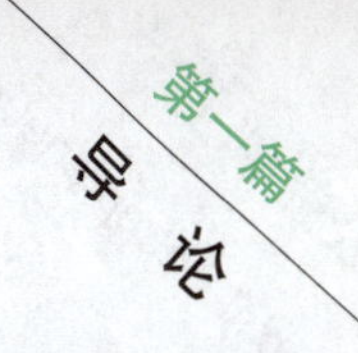

创业学》教材，成功举办了首届大学生公益创业年会；等等。湖南大学提出并构建了“公益助学 + 就业 + 创业”的基于集群的产学研与公益一体化的高校公益创业教育新模式。

透视

湖南大学公益创业教育简介

2004 年起，湖南大学在公益创业教育的教学、研究和实践方面进行探索，构建基于集群的“公益助学 + 就业 + 创业”产学研一体化的公益创业教育新模式，明确要培养具有“责任、创新、奉献”核心特质的优秀人才。湖南大学以社会责任为导向的公益创业教育为主线，遵循凸显创业意识、精神的培养与创业知识、技能的传授相结合，个人价值实现与社会价值创造相结合，创业教育与专业教育相结合，创业与就业相结合的四项原则，以授人以鱼（公益）、授人以渔（就业）、授人以业（创业）、授人以智（研究）四个层次来构建整个公益创业教育系统，达到经济效益与社会效益的双赢，在中国公益创业教育进行了多方面探索。

湖南大学公益创业教育获得多项国家级奖项，核心骨干获得胡锦涛、温家宝、李克强等党和国家领导人接见。

教学方面，湖南大学 2008 年首次开设“公益创业学”课程，2009 年出版国内第一部《公益创业概论》教材，多次开办湖南大学公益创业论坛，申报了公益创业系列教改项目。

研究方面，2007 年成立湖南大学公益创业研究中心，建立了“社会企业研究所”等分支研究机构；获得国家自然科学基金课题、博士后课题和国际合作课题，顺利进行了几十项相关研究，在刊物发表文章 30 余篇；获得 2014 年“创青春”全国大学生创业理论与实践学术研讨会一等奖；研究人员作为主执笔人完成国内首部《中国青年公益创业报告》。

实践方面，湖南大学举办首届公益创业节；多次获得“挑战杯”国家级、省级金奖，“诺基亚”青年创意创业全国金奖；创建滴水恩公益创业孵化有限公司、中国公益创业网，创立滴水恩公益创业社团。

湖南大学公益创业教育取得了较好的社会效益。产学研一体化的湖南大学公益创业教育项目荣获中国慈善最高奖项“中华慈善奖”最具影响力项目；湖南大学获得“首届中国创新榜样”、教育部校园文化建设优秀成果一等奖等；湖南大学与英国大使馆文化教育处、民政部、教育部、科技部、牛津大学、北安普顿大学等都进行了公益创业教育系列合作。

在海内外华人的帮助下，经过几代人士的努力，湖南大学公益创业教育走出了长沙，走出了湖南，走向了全国，通过线上线下方式走到英国、美国、加拿大、澳大利亚等国。

新华社、CCTV《新闻联播》、《人民日报》、《光明日报》、《中国青年报》、《中国教育报》、凤凰网、人民网乃至海外媒体美国《侨报》等都对湖南大学公益创业教育进行过相关报道。

资料来源：综合网络资料改写

北京大学、清华大学、复旦大学等高校相继进行了公益创业教育实践与探索，如：友成基金会与北京大学经济学院合作开设了公益创业课，覆盖人数超过11 000人；2010年清华大学举办了“让志愿与微笑成为青年学生的习惯”公益论坛以及首届全国大学生公益创业实践赛。

2014年，由共青团中央等单位举办的“挑战杯”中国大学生创业计划竞赛更名为“创青春”全国大学生创业大赛，并将公益创业纳入大赛，为推广公益创业理念、推动公益创业教育发挥了促进作用。此后，各种公益创业教育社团、组织如雨后春笋般涌现，各种形式的公益创业大赛、活动层出不穷。

此外，部分社会组织也积极促进公益创业教育的发展。如北京光华慈善基金会致力于公益创业培训，通过推广德鲁克开发的民间组织战略管理培训来提高民间组织的管理绩效，并鼓励青少年、大学生开展公益创业活动。

发展至今，公益创业理念虽然得到了包括高校师生在内的一批社会人士的支持与拥护，但在更广泛的社会层面上，仍然没有得到普遍认可。目前，仅有部分高校将公益创业纳入到创业教学体系中，专门设置公益创业课程的高校更是少之又少，公益创业教育在我国仍处于初级探索阶段。但随着“大众创业、万众创新”的浪潮席卷全国，公益创业的理念得到广泛传播，这将带来公益创业教育发展的新高潮。

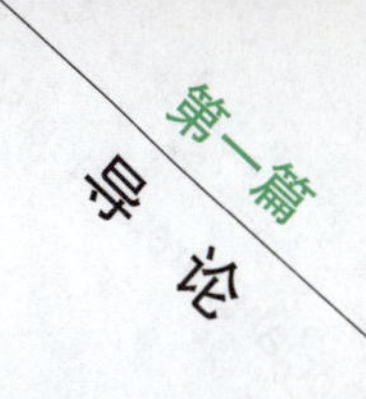

2.3.4 公益创业教育发展趋势

1. 教育体系内容逐步完善

国内外公益创业教育在理论和实践探讨过程中，逐渐形成一套较为科学、完善的公益创业教育学科、研究和实践相结合的管理体系。

公益创业教育不仅培养公益创业理论知识，更培养公益创业者创新创业意识及社会责任感。目前，公益创业教育体系逐渐由单一的创业教育完善成为公益创业教学、公益创业专业学科、公益创业教育研究以及公益创业实践等相结合的教育体系。其中高校、企业、科研机构形成的产学研一体化的公益创业教育生态系统，预示着公益创业教育体系正在逐步完善。

公益创业教育所面对的学生群体已经从单一的工商管理类专业学生转向全校学生，通过开发开设研究方法、学科前沿、创业基础、就业创业指导等方面的必修课和选修课，将学科纳入学分管理，建立一套科学合理的创业教育课程群体。

高校在进行公益创业教育时，一般从公益创业基础教育开始，逐渐丰富公益创业教育课程体系，例如公益创业项目选择、公益创业融资、公益创业人力资源管理、公益创业企业战略管理等。通过基础理论教育，重视公益创业实践活动，并鼓励学生参加相关公益创业大赛，将比赛和课程教育相结合，共同促进公益创业教育的发展。此外，各地区高校有意识地进行创业教育优质课程信息化建设，公开慕课、视频课程，逐渐实现在线开放。

2. 教育师资队伍不断加强

为保证公益创业教育的顺利实施，高素质的师资队伍必不可少。高校越来越重视公益创业教育优质师资队伍的建设。美国高校比较重视创业教育师资队伍的培训，在数量、结构分配都有比较合理的安排。如哈佛商学院，不仅仅有专职创业教师教授创业课程，其他教师在教学过程中也会或多或少地涉及创业教育。

国内高校对创业师资队伍的建设也越来越重视，主要以管理学院、商学院为依托，培养具有专业化水平的创业教育师资队伍。并且，对高校创业、就业管理处工作的相关老师进行培养，使其成为辅助性创业导师。

3. 实践平台支持保障系统逐渐完善

公益创业实践平台是支持学生进行公益创业实践的基础条件，通过建设公益创业实验室、虚拟仿真实验室和训练中心等，促进公益创业教育平台的共享。公益创业课堂教学与实践活动紧密结合，使得在提升学生公益创业能力的同时也营造良好的公益创业文化氛围。

第一，建立公益创业实践基地。通过各种资源建设大学科技园、大学生创业园、创业孵化基地和小微企业创业基地作为公益创业教育实践平台。

第二，丰富公益创业实践体系。举办公益创业大赛，支持公益创业协会等社团，举办公益创业讲座论坛，开展公益创业实践。

第三，完善公益创业资金支持和政策保障体系。国家出台优惠政策，对大学生创业给予支持。许多高校也设立专门的基金资助有潜力的学生公益创业项目。

复习思考题

1. 什么是创业教育和公益创业教育？
2. 简述公益创业教育发展趋势。
3. 思考欧美主要国家公益创业发展情况对我国公益创业的启示。

案例分析

哈佛大学公益创业教育

公益创业教育（Social Entrepreneurship Education）是社会转型期对创业人才培养提出的迫切要求。进入21世纪以来，公益创业教育在美国、英国、印度等国家获得了较快发展。2008年，全球共有35所高校开设公益创业专业（比2004年增长75%），其中美国高校占30所。到2011年，美国已有148所院校提供公益创业教育。其中，哈佛大学是美国高校公益创业教育的滥觞和典型代表。

第一课堂：开发融合性公益创业教育课程

哈佛大学公益创业教育经历了机构设置、课程开设、专业培养等过程。20世纪90年代中期，哈佛大学成立社会企业发展中心。格雷格·迪斯（Greg Dees）

教授在商学院首开公益创业课程“社会部门中的创业”，哈佛大学的公益创业教育模式很快由传统的商学院主导模式转化为学科交融模式。2004 年，哈佛大学首次招收第一批公益创业专业博士生，从单纯的课程开设迈入专业化人才培养的轨道。

在课程设置上，哈佛大学试图将公益创业课程渗透于学科与专业学习，以培养学生的社会责任意识和创业性思维为重点，体现出创业与专业融合的特征。近年来，哈佛大学商学院、教育研究生院、肯尼迪学院、哈佛学院、法学院等学院纷纷从各自学科出发，将专业课程与公益创业课程紧密融合，开设多种类型的公益创业类课程（见表2－1）。

表 2－1　哈佛大学开设的部分公益创业课程

开课学院	课程名称	开课学院	课程名称
商学院	金字塔底端的商业	教育研究生院	教育革新与公益创业
	教育中的创业与技术创新	公共卫生学院	卫生与环境中的公益创业
	全球卫生管理：运用行为经济学来创造影响	肯尼迪政府管理学院	私立与社会部门的创业
	社会创新实验室:田野课程		公共问题处理与慈善
	社会企业管理		私人资本的公共目的
	可持续城市:金融、设计与创新	法学院	公益创业导论
	商业、能源和环境中的创新	哈佛学院	公益创业与创新

资料来源：https://i-lab.harvard.edu/foundationallearning/faculty-course-list

创业实践：构建多元体验学习平台

哈佛大学为有志于成为公益创业者的学生提供多元公益创业体验平台，创业体验式学习（Experiential Learning）是其重要形式。2013—2014 学年，共60 位学生参与创办了39 个公益创业项目；2014—2015 学年，共49 位学生参与创办了37 个公益创业项目。哈佛大学法学院、教育研究生院、商学院等学院以专业为依托，设立了公益创业体验平台。例如，法学院建立事务法律诊所和贝克曼网络法律公益诊所，这些诊所以社会企业方式运营，学生可以在法务实践平台积累公益创业的经验、深化法律专业学习，并通过参与起诉、咨询和辩护等法律业务获得相应的学分。“来自校长的挑战”（President's Challenge）项目是哈佛体验式学习的典型项目，受到全球广泛关注。哈佛大学校长福斯特（Drew Faust）每年遴选五个全球性社会问题，鼓励全校学生进行跨学科合作，设计创新解决方案，以创业的形式消除或者缓解阻碍时代进步的全球难题。从2012—2015年的挑战赛来看，教育、环境、健康等是热门选题。此外，其选题也涉及经济与就业、城市发展、灾难防治等重大社会问题（见表2-2）。

表2-2 “来自校长的挑战”项目历年遴选主题（2012—2015年）

领域 年度	经济	教育	环境	健康	其他
2015年	经济发展与可持续就业	教育创新	能源与环境	平价医疗	互联城市（Connected Cities）
2014年	经济发展与可持续就业	教育创新	能源与环境	平价医疗	有效治理
2013年		学习	能源与环境	健康	艺术；灾难准备和救灾
2012年		教育赋权	洁净水源；洁净空气	个人健康；全球健康	

资料来源：https://i-lab.harvard.edu/experiential-learning/presidents-challenge.

组织保障：打造紧密协作的公益创业教育共同体

在公益创业教育共同体中，“哈佛大学社会创新联盟”（Social Innovation Coalition）和“哈佛创新实验室”（Harvard Innovation Lab）是两个标志性组织，在推动各个公益创业实施单位的交流、协调与合作中发挥了重要作用。“哈佛大学社会创新联盟”重在为全校参与公益创业教育的师资提供交流与合作平台，其成员包括来自商学院、神学院、人文学院等学院的专家教授，也包括校内行政管理人员。秉承“任何学科、任何阶段的学生都可以成为创业者”理念的“哈佛创新实验室”成立于2011年。

哈佛有关学院通过建立公益创业教育组织、开设理论与经验性课程、开展公益创业竞赛、搭建学生公益创业实践与交流平台等形式推进公益创业教育。例如，“哈佛学院社会创新协作组织”（Social Innovation Collaborative）汇集了一批旨在以创新路径解决世界紧迫的社会与环境问题的成员。哈佛大学的公益创业社团在学生中具有广泛影响。例如，以关注教育、社会财富、社会责任为主，成员多达300人的“社会企业俱乐部”（Social Enterprise Club）。“健康公益创业者协会”（Harvard Social Entrepreneurs in Health）是公共卫生学院的学生社团，旨在点燃学生创业激情，为其提供创业技能、创业经验和创业人脉网络，扩大学生医药和公共卫生领域公益创业的影响力。

资料来源：徐小洲，倪好. 公益创业教育：哈佛大学的经验与启示[J]. 教育研究，2016(1)：143－149.

思考题

1. 哈佛大学的公益创业教育共同体包含了哪些方面？
2. 和其他专业课程相比，哈佛大学的公益创业课程设置有什么特点？
3. 哈佛大学的公益创业教育对于我们是否有借鉴作用？怎么借鉴？

系列实训之2

- **实训目标**

1. 对公益创业教育有感性认识和理性认识。
2. 运用公益创业教育。

- **实训内容与要求**

1. 分组。假设各组是学校的相关职能部门，具体探讨如何开展和实施公益创业教育：每组6～8人，选出组长，讨论调研提纲和行动计划。
2. 利用课余时间实施，写出实施报告。
3. 课堂报告：各组陈述，交流体会。

第3章 公益创业者与公益创业团队

内容提要

公益创业者作为创业活动的主体，是公益创业能否成功的关键。公益创业者信奉的人生价值观和受到的社会传统价值观念，尤其是道德风尚的熏陶，决定了其个人或其创建的组织机构的公益宗旨与贡献力度。

公益创业离不开创业团队。大量研究表明，公益创业团队在开创新企业的过程中起着非常关键的作用。换句话说，在一个社会企业创建的头几年里，一般都由公益创业团队来支撑，公益创业团队是指公益创业者在创业过程中组成的以开创新局面、满足共同价值追求为目的的，甘愿共同承担创业风险并共享未来收益的紧密结合的正式或非正式组织。

学习目的与要求

掌握组建优秀公益创业团队的方法及在组建公益创业团队的过程中应考虑的问题。理解公益创业者与公益创业团队的基本特征及重要性。了解公益创业团队管理中需要面对的问题及团队精神培育过程需要注意哪些方面。

开篇案例

大龄女工们公益创办KTV

为了给外出务工的工友们提供唱歌和创作的地方，一位大龄女工黄利群，联合了50位朋友，开始了她们的公益创业之路，一起开办一家KTV，可能她自己都没有意识到，这是一种以团队形式进行的社会创业。

她的故事要从她第一次外出打工说起。在那时，她们是第一代外出打工的女工，要供自己的弟弟妹妹上学，在外辛苦挣来的钱往往要负担整个家庭的开销。

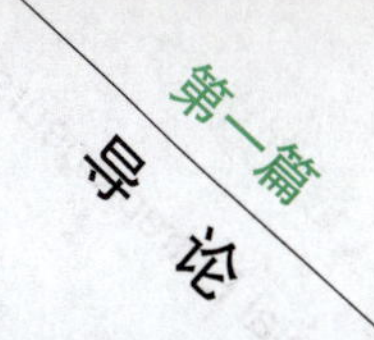

因此，她们在外省吃俭用，不得不牺牲自己的梦想，为了生活而拼搏。渐渐地，黄利群也成家了，但因为经济问题，家庭里矛盾也逐步激化，此时她认识到自己精神上的需求从未被满足，没有人重视自己。2014 年年初，在一次偶然的聚会上，她接触了“工之友”——当地一个公益机构，这才发现生活原来可以这样快乐积极地度过。2014 年 5 月底，黄利群挑起了工之友文艺队的担子，起初她发动文艺队成员“爱心捐助 10 块钱”做活动经费，在工之友的图书馆组织周末 K 歌活动。半年的时间把文艺队做得有声有色，成员也逐渐发展到 30 人。

2015 年 4 月，黄利群出于想为爱唱歌的街坊好友提供便利，提出联合 30 人开 KTV 的想法，计划每人筹集 1000 元，由这 30 人组成运营团队。她的提议得到姐妹们的赞同，很快她们就开始筹备了起来。在这过程中，由于资金的问题，工友团队由最初的 30 人，向社会上进行筹资，逐步扩大到 50 人的运营团队，团队成员每人筹集 1000 元确定了场地，并且团队间进行了各自的分工使得 KTV 能够正常运营。7 月份，这家名叫“益歌坊”的 KTV 正式营业了。在这里，她们不仅能满足自己爱唱歌的需求，还可以创作自己的作品。黄利群表示，益歌坊是自己的梦想，它能为工友们和街坊邻居们提供放松，更是一个创业交流的平台。黄利群通过组建起一个创业团队，凭借着团队成员的共同努力开起了一家有益大众的 KTV，其本质是与社会创业相契合的，即为社会大众谋福利。

资料来源：中国女工权益与生活资讯平台——尖椒部落，作者：开水鱼

3.1 公益创业者的基本概念

3.1.1 公益创业者的含义

公益创业者是指有志于创办有益于人类和社会的社会企业的人。其创业活动可以包括：创办以盈利为主要目的，同时兼顾社会公益的经济谋利活动（大多表现为创建和经营企业），创办非盈利的社会公益组织（大多表现为慈善性基金会），举办或积极参与志愿公益活动（长期性的和一次性的）。

当今，成为一名公益创业者已经成为社会优秀分子，尤其是成功人士的新追

求。这类创业者已经超越了单纯的商业性目的，而将对社会的使命与一般的生意相结合，实现双重的目标，造福于社会。公益创业的榜样人物和传奇事迹，对于中国当前和今后建设“和谐社会”极为重要。

3.1.2 公益创业者的分类

从公益创业的发展方向来看，其可触及的外延是非常广泛的，而且公益创业所用的手段和方式也是多种多样的，因此也就会出现和存在各式各样的创业类型。根据参与公益创业的不同方式，可以将公益创业者分为四种类型。

1. 参与型

参与型的公益创业者，有点类似志愿者、义工的角色。他们利用自己工作、学习之外的时间根据自己的专业技能、兴趣爱好等参与公益创业实践，为公益创业项目的实施贡献力量。但这又不同于木偶式、充人数式、形式化的志愿者，他们是真诚地参与社会问题的解决。严格意义上来说他们还不算公益创业者，但他们参与了公益创新项目的创造，且极有可能成为潜在的未来公益创业者。

2. 深度参与型

深度参与型的公益创业者，多为公益创业机构的核心志愿者骨干，或全职员工，这部分群体可能是全职负责机构的某部门，也可以是兼职解决机构的重大需求。这部分人对公益创业机构的发展有很大的贡献，并且这种参与不是短期的一天、两天，而是长期陪伴式的参与。但对机构的发展不负最终责任。我们可以把这部分人称作公益创业机构的“发烧友”。

3. 主导型

主导型的公益创业者，可以是机构创始人或联合创始人、某草根团队的创始人以及某机构旗下的公益创业项目的负责人等等。这部分人多为全职公益创业者，兼职的草根公益创业团队创始人也属于此类，他们主导着公益创业项目的发展。

4. 深度主导型

公益创业者的最高层次就是成为社会企业家、公益创业家，也可以称这部分

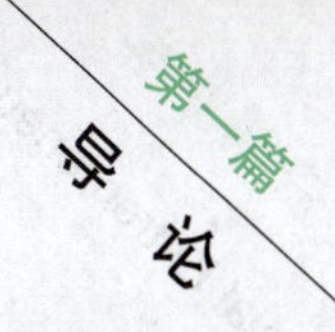

人为“深度主导型”，这部分人可能原本是企业家，也可能是公益机构领导人，他们不但是机构或项目的创始人，而且已经有成熟的运营模式，能够实现可持续发展。我们给这部分群体的称号是“社会企业家”或“公益创业家”。

将公益创业者分为四个层次的意义在什么地方？这对于公益创新支持型机构而言特别重要，有助于机构确定自己的定位，也有利于公益创业者厘清自己的“定位”，因为在不同阶段有不同的参与公益创业的方式。我们把公益创业者分为四个层次不是主张分四个圈子，相反，我们鼓励四个层次间增进互动、合作。同时，支持公益创业者的不断升级、成长。在任何一个公益创业机构或项目中，这四种类型的人都不可或缺。我们需要公益创业家创造、推动项目，需要“主导型公益创业者”成为项目负责人或合作伙伴，需要“资深参与型公益创业者”全职加盟，需要大量“参与型公益创业者”贡献力量，降低公益创业机构的运营成本。

对于公益创业而言，参与的方式有很多类，参与的层次也各有不同。但是，不管是一般志愿者、义工等浅层次参与的志愿者，还是公益创业项目的参与者、员工，又或是公益创业机构的项目负责人、创始人，甚至是创造了可持续发展的社会企业的公益创业家，这些投身公益事业的人都是值得赞赏和敬佩的，他们都在推动社会价值的创造。我们能看到，随着社会的发展，越来越多的人投身到公益事业中，推动社会的发展。

透视

公益创业家比尔·盖茨领导的基金会是怎么运作的？

2000 年，全球首富、微软创始人比尔·盖茨及妻子梅琳达·盖茨创建比尔及梅琳达·盖茨基金会，这是当时全球最大的私人慈善基金会。而且，基金会后来还吸引了“股神”沃伦·巴菲特的巨额捐资。

18 年过去了，尽管比尔·盖茨在全球首富的位置时有被更替，但盖茨基金会全球最大基金会的地位却一直岿然不动。

在所有生命价值平等的理念下，基金会致力于帮助所有人有机会享受健康而高效的生活。按照美国相关法律规定，每年都必须捐赠出不少于上年总资产的5%用于慈善事业。

盖茨基金会也有着自己的“小目标”，例如消除脊髓灰质炎，消灭疟疾等。

在第二届中国普惠金融国际论坛期间，盖茨基金会首席财务官 Jim Bromley 和项目倡导与传播副总监 Ganesh Ramakrishnan 接受21世纪经济报道记者采访，得以一窥这一全球最大私人基金会的运作路径。

“慈善基金＋投资信托”双实体

2006年，巴菲特承诺将超过300亿美元的财富赠予盖茨基金会。

“我们当年的资产就翻了一番。”Jim 介绍，不过这笔财富是通过每年拨付的方式赠予，每年约20亿美元。

基金会若要长久、持续运转，对于捐赠资产的保值、增值十分重要，如福特基金会、洛克菲勒基金会、普利策新闻奖等。

21世纪经济报道记者了解到，2006年之前，盖茨基金会在开展慈善事业的同时也在进行投资。在获得巴菲特巨额捐赠的当年，盖茨基金会在组织架构上也做出了较大调整。

Jim 介绍，理事设立了双实体结构，包括盖茨基金会和比尔及梅琳达·盖茨信托基金。基金会负责所有的慈善赠款投资项目，信托基金负责保值增值。两者是完全独立的两个法律实体，互不干涉决策。“信托基金就是通过市场投资手段，确保我们有持续的资金来源使基金会完成使命。”

Jim 还介绍，盖茨基金会没有实质性资产，其所有资产来自信托基金定期拨付。“基金会定期会向信托基金申请拨款，用于各种慈善项目。这也是我们的工作机制。”

盖茨信托基金的资产以盖茨夫妇和巴菲特的捐赠为基础，不接受其他捐赠。到2015年年末，信托基金的总资产近400亿美元，全年用于赠款和慈善投资支出47亿美元。

中国股民对比尔及梅琳达·盖茨信托基金并不陌生，该信托基金在2004年获得 QFII 资格，可以投资中国 A 股。21世纪经济报道记者统计看出，截至2016年6月末，信托基金以“BILL& MELINDA GATES FOUNDATION TRUST”的境外法人身份出现在网宿科技（300017）、小天鹅 A、新和成（002001）、华策影视

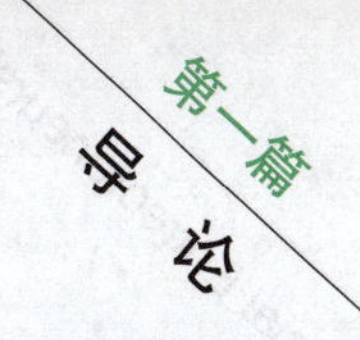

（300133）、扬农化工（600486）、广电运通（002152）、启明星辰（002439）和百联股份（600827）等8家上市公司的前十大股东名单中，以9月7日收盘价计算，持股市值约为15.40亿元。

不过盖茨基金会方面表示对信托基金的投资情况并不了解，两个机构彼此独立，不会也不应对各自战略和决策进行干预。信托基金每年会在全球很多国家投资，中国是其中一个。

推进数字普惠金融

2016年G20峰会期间，数字普惠金融被列为重要议题之一，并通过了国际社会在普惠金融领域的最高级别指引文件《G20数字普惠金融高级原则》。

Ganesh对21世纪经济报道记者表示，数字普惠金融也是盖茨基金会重点推进的领域。

目前，世界上约有25亿人口没有金融机构的正式账户。在盖茨基金会看来，获得更好的金融工具有助于贫困人口获得稳定的经济收入，数字技术具有节省成本、安全高效、减少腐败等多种优势。

在金融工具提供上，盖茨基金会创建了“Level One”项目。

该项目是在贫困地区网络覆盖率极低的国家，通过与当地服务商共同推广数字支付系统，进而收支客户款项、购买商品、支付水电费等，政府部门也可以通过支付系统征收税款并划拨社会支付款项。

例如在乌干达和坦桑尼亚的部分试点，就是帮助当地父母通过电话为孩子付学费。在使用手机支付之前，父母们取钱可能要花上一天时间，有时甚至到了缴纳点却无人接待，且每月都要去交。推广电子支付后，节省下来的时间可以投入其他生产活动，也可以选择分期付款，使他们能留下一些储蓄。

不过，对于当下热门的区块链技术，Ganesh表示，盖茨基金会只从学术角度观察和研究这一技术带来的改变，并未实际应用。“贫困人口本身就是面临高金融风险的人群，我们在引入任何新技术的时候都非常谨慎，以防对他们的生活和现有金融系统带来风险。”

中国富人捐款增长50%

盖茨基金会将全球健康、全球发展和美国本土教育工作列为三大首要任务，在这些理念下，盖茨基金会寻找合作伙伴时，会在有共同的目标和想法、对实现方法有大致的认同基础上，双方再来讨论投资。例如项目需要多少资金、怎样使投资效果最大化、如何执行以及项目范围等。此后就是项目按照此前的约定进行执行。不过，在项目结束后，盖茨基金会还会对项目进行详尽评估，包括经验教训、项目成果是否符合预期等。

Ganesh 介绍，一方面基金会可以支持慈善赠款项目，另一方面也通过支持许多研究工作，鼓励政府、私营企业等能做出正确决策。

像盖茨基金会这样对慈善项目进行谨慎挑选以及详尽评估项目成果的机制也十分必要。世界上亦有许多慈善基金会因缺少专业管理人，导致项目使用铺张浪费甚至被贪腐，基金会缺少长期、稳定的资金来源最终无疾而终。

21 世纪经济报道记者也了解到，盖茨基金会运行至今，并不直接向个人提供资助。此外，涉及发达国家卫生问题的项目、政治竞选和立法游说工作、建筑或资本筹款活动、纯为宗教目的服务的项目等均不在资助范围之内。

Jim 对 21 世纪经济报道记者表示，去年中国前 100 名富人的捐款总量增长了 50%，是非常了不起的速度。但同时，中国慈善发展还处于初级阶段，中国慈善捐赠占 GDP 的 0.2%，美国是 2%，其中的发展空间非常大。尤其是中国互联网移动技术的普及，应该会让慈善捐赠变得更容易。

资料来源：21 世纪经济报道

3.1.3 公益创业者的素质条件

公益创业者是公益创业的主体要素，是目标的制定者、过程的组织者、结果的承担者。公益创业者的个人素质决定了创业的成败，这其中包括公益创业者的性格、能力、知识结构以及精力和时间。因此，作为一个公益创业者，必须具备一定的特征和素质。

1. 优良的心理品质

坚定、优秀的公益创业者几乎都具备以下优良的心理品质。当然，人们也可以通过长期的自我修炼，学习效仿公益创业榜样而培养和强化自己身上相同的品质，在不断的实践磨砺下而得到提升。

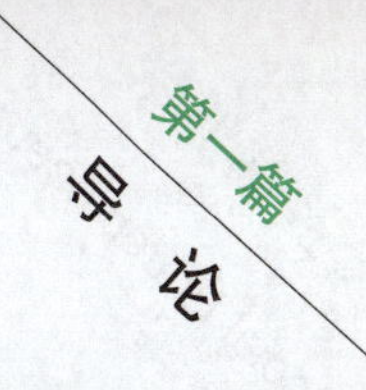

(1) 充满激情，永远进取　公益创业者热爱其选定的事业，满腔热情地投入到工作当中，特别是在公益创业团队中能够产生强烈的共鸣，从而鼓舞整个队伍的士气，形成一个奋发有为的文化氛围。创始人即使是在被动状态下开始创业的，内心也对有意义的工作保持热情，高标准地要求，力求做到最好。而在这个全身心投入的过程中，往往会发生奇妙的变化，由被动变为主动，尤其是当打开了新的局面后，创业者会变得更为积极，热情更高。

(2) 乐观自信，勇往直前　中外成功的公益创业者几乎都曾是普普通通的人，早先的客观条件是极为艰难的，但正是因为他们拥有乐观自信的品性，不怕吃苦的精神，才终于开创出辉煌的事业。中外成功的公益创业者因为对社会发展充满期望，对人生理想充满自信，所以无论创业的客观条件是好是差，一旦开始了创业，他们都能保持乐观。这种情绪也可以感染周围的人群，有利于领导者发挥个人影响力，带领团队勇往直前，开拓创新。

(3) 不畏艰难，坚忍不拔　成功的公益创业者都甘于吃苦耐劳，不畏艰辛，一旦下定决心做一件事，就全力以赴做到最好。公益创业的过程都是艰难的，具体的工作都需要投入巨大的心血或体力，而且需要长年累月地劳作。同时，还会面临经济上的压力，生活的窘困，这些也会造成内心的压抑，可能损害公益创业者身心。坚定的公益创业者都有一种败而不馁、顽强拼搏的精神，由于公益创业本身有一定风险，一路上还会有许多次的磨难，所以坚忍不拔，坚持到底不放弃就显得特别重要。

(4) 理性细致，心态平和　“细节决定成败”，大事业是从小处逐步做成的，创建一份事业需要一步一步地完成无数细小的事情。事物的成长和成熟有其客观的过程和规律，“揠苗助长”往往适得其反，公益创业者就是要不怕琐细，不急于求成。这就需要公益创业者有良好、平和的心态，能够沉得住气，按照事物的本质去认知规划，按照客观规律办事，打牢基础，搭好平台，最终完成创业的系统工程。此外，公益创业者还特别需要有自制力，能够控制自己的情绪，尤其是在面临矛盾、冲突、突发事故和重大挫折的时候。

2. 主观能动性因素

(1) 公益创业意识强弱与努力程度　出于强烈的公益创业意识而形成的信念

是公益创业者奋起创业的强大内驱力和精神支柱。有了强烈的意识和信念，公益创业者就会通过顽强的努力，积极创造条件，克服困难，下决心把事业向前推进。一些沿海经济较发达地区，其局部公益创业环境已经相当优越，气氛十分浓厚，不断涌现的成功公益创业者群体激发了更多的人投身到公益创业之中，包括对公益活动和公益事业的热情。

（2）学力才干　当今，“学力”（即“学习力”）比常规的学历更重要，特别是对公益创业这种实务而言。许多优秀的公益创业者因为客观因素或是主观愿望，在强烈的公益创业意识驱使下，勇敢地投身于创业活动当中。他们虽然正式学历不高，但却特别善于从实际中学习，逐渐成为本事过硬的专家型实干家。

一些公益创业者从未上过大学，但是他们的学习能力非常强，在公益创业的初期就变得异常聪明能干，到后来企业发展壮大后，又特别善于战略管理，所做的重大战略决策，包括企业国际化的发展战略，都非常成功，成为他人学习的典范。

当然，这里并非主张当今的青年一代不用好好学习，无视科学技术一日千里的发展趋势而不接受已经实现“大众化”的高等教育机会。这里要强调的是，无论是否接受高等教育，欲做公益创业者，都需要具备较强的“学习力”，即适应创业所需而迅速学习、深入钻研、培养快速反应能力。

（3）实践经验　公益创业要能有较高的成功率，不仅需要具有丰富的专业知识，而且需要成为公益创业领域的“行家里手”（真正懂行的专家）。不同于资金、物资、场地等硬件，实践经验作为公益创业的必需条件，属于人的主观能动性的范畴，公益创业者需要通过有意识、有计划的不懈努力，才能达到基本能够满足公益创业所需的程度。

公益创业者除自己在实践中摸索经验外，更要善于借鉴前人的成功经验，注意避免先驱者犯过的错误。间接地学习比自己吃苦头而领悟到教训是更“低成本”的学习和成长方式，因此，创业者必须积极学习公益创业学科的基本知识，广泛吸收实干家们的智慧和长处，降低公益创业的风险，提高成功的概率。

3. 个人素质测评与优化生涯布局

素质是衡量个人心理特征长短处的重要指标。现实中，素质主要指个人在天分上的优劣势，以及经后天自我努力得以调控或能够改善心理方面的长短处。公益创业者是一类有较强自我意识和明确创业目的的实践者，其个人素质特点与公益创业活动关联较为紧密，其长短处甚至会决定创业的成败。因此，要成为公益创业者，有必要对自身进行一番深入细致的测评，以了解真实的自我，扬长补短，提升素质，强化能力。

表3－1和表3－2可以用于简单自测公益创业者的创造力和领导力。

表3－1　公益创业者的“创造力测量表”

项目	非常低	很低	有些低	平均	有些高	很高	非常高
分值（分）	1	2	3	4	5	6	7
自我表达能力							
适应性							
观察能力							
好奇心							
热情							
对数字敏感程度							
思考的灵活性							
有主见							
心胸开阔							
积极的态度							
注意力							
创作力							
想象力							
自信							
自负							
幽默感							
坚持不懈							
口才							
兴趣广泛							
愿意冒险							
对解决疑难问题有兴趣							
创造力特性总分							

表3-2　公益创业者的“领导力测量表”

项目	非常低	很低	有些低	平均	有些高	很高	非常高
分值（分）	1	2	3	4	5	6	7
向他人阐述自己见解的能力							
谋求他人支持的能力							
对人的判断能力							
审视全局的能力							
决策能力							
评价能力							
判断力							
处理人际关系的技巧							
计划能力							
乐于改变							
自控力							
激励他人的技巧							
分析形势的才能							
对工作的技术知识							
乐于聆听下属的意见							
领导力特征总分							

为了提高作为创业团队领导人的威望和能力，以上各项得分及总得分应该比较高才好，至少要达到平均值。

如果存在较大差距，就有必要进行针对性强的训练，从而提升自我的领导力素质。

3.2　公益创业团队

识别创业机会后，公益创业者就面临着组建团队、招募成员和创建企业的问题，而公益创业团队是建立公益创业组织这一过程中的重中之重。美国一家著名风险投资公司的合伙人曾经说过，当今世界充斥着丰富的技术、大量的创业者和充裕的风险资本，真正缺乏的是出色的团队。如何组建一个优秀的团队将是每个公益创业者面临的最大挑战。

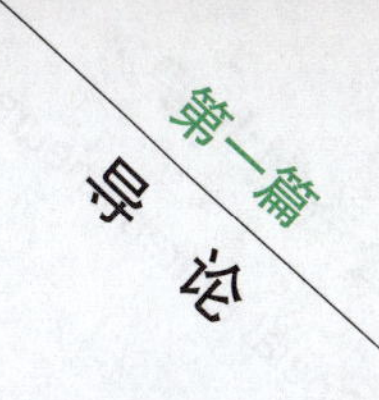

3.2.1 公益创业团队对公益创业的重要性

1. 公益创业团队有助于降低公益创业风险

创业有风险，而对于公益创业来说，其所面临的风险更加严峻，从公益创业项目的选择、创业技能的储备到公益创业资源的获取，期间每一个过程都存在一定的风险，项目选择是否妥当、是否具备创业技能以及是否能及时获取所需的社会资源，都直接影响到公益创业的成功与否。

公益创业团队可以有效降低公益创业的风险，首先，在项目的选择上，公益创业团队成员能够集思广益，提供有价值的创新点，避免了个人的狭隘主义，因而降低了公益创业项目不合适的风险；其次，创业团队成员具有不同的技术和职能背景，在创业过程中很好地实现所需技能的互补，降低了公益创业技能缺乏的风险；最后，创业团队中的人际网络更广，所包含的社会资源更丰富，降低了缺乏社会资源的风险。

2. 公益创业团队有助于维持公益创业的持久性

公益创业是一种具有公益性的创业形式，并且公益创业从项目启动到投入应用是一个十分漫长的过程，因此相较于商业性创业，其所需的资金和人力资源都是比较稀缺的。

公益创业团队作为一个工作团队，在合作过程中遇到瓶颈，成员能够互相鼓励，互相支持地度过，因此其成员间能够形成一种凝聚力、责任感、抗压力和进取心，这使得人员的流动率降低并且更能够吸引到志同道合的公益创业者，从而在很大程度上解决了人力资源的稀缺问题；团队中成员的社会资源更丰富，增加了资金筹集的途径，从而在一定程度上缓解了资金稀缺的问题。因此，创业团队能够有效解决公益创业中的问题，有助于维持公益创业的持久性，进而提高了公益创业的成功率。

3.2.2 组建公益创业团队

公益创业团队是主动地发起、执行和承担这一过程的某一群人，这些人为了实现公益创业的远景目标而分工合作、相互沟通，支持并分享团队成果。

作为公益创业活动的发起人、行动人和责任人，公益创业团队的工作绩效将直接决定公益创业活动的成败。公益创业活动在发起阶段面临的最紧迫的任务之一就是组建公益创业团队，如图3-1所示。组建一个功能良好的公益创业团队，必须首先明确公益创业活动的战略目标和任务性质，然后根据战略目标和任务性质审慎地选择和设计公益创业团队的结构。

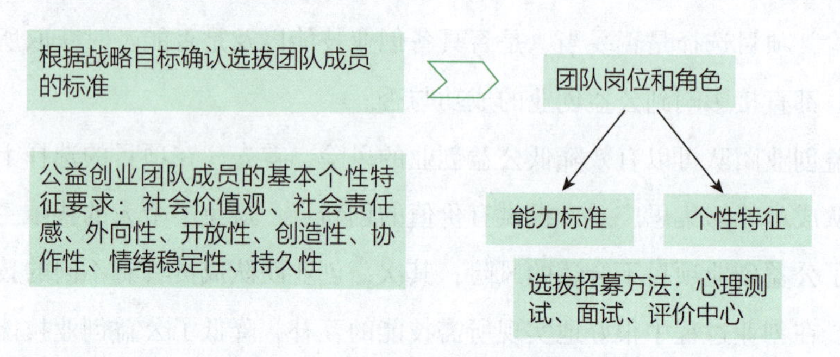

图3-1　公益创业团队的组建

1. 公益创业战略目标

如同其他组织的成功运作首先是建立在战略目标的正确选择和确定的基础之上一样，公益创业活动，尤其是公益创业团队的组建同样以公益创业战略目标为导向和基石。公益创业战略目标的明确，直接决定创业活动主要任务的内容和性质，而组建一个功能完善而高效的公益创业团队必须根据战略目标和任务的内容与性质来选择团队的投入要素，包括团队成员的性质、数量和结构。如尤努斯在开展他创立的小额贷款业务的初期，为了深入孟加拉国最贫困的地区为最贫困的任务提供小额贷款金融服务，尤努斯选择了一些他所在的经济学系的学生来组成他早期的团队。这些年轻的学生，既热心于改善贫困人们生活的公益工作而愿意接受较低水平的工作报酬，又具有必需的经济学和金融学知识与技能来为农村地区的人们开展小额贷款的金融服务。尤努斯早期小团队的困顿工作，正是在这些年轻学生们的热心投入和贡献中才得以坚持下来。

2. 成员能力

公益创业活动牵涉到一系列复杂而具体的活动和事务，包括机会的利用和发现、创新活动、风险承担和资源开发等等。要完成这一系列相互衔接而又各有专

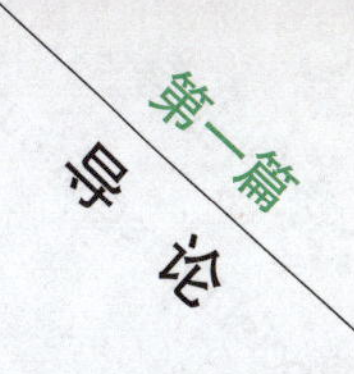

攻的活动，公益创业团队必须具备各种必需的技巧和能力。具体来说，这要求团队成员在这些必需的技能上各有所长，又能相辅相成。如创业机会的发现往往需要较高的发现问题、分析问题和解决问题，以及提出设想的能力；而创新活动通常涉及具体的技术技能；资源开发需要相关成员能够进行妥善而全面的规划；而所有的这些活动和事务在成员之间各有分工的基础上，又必须相互协调，这要求团队成员都必须具备一定的人际交流沟通技能。

对于公益创业团队来说，由于创业活动的创新性、风险性和复杂性等特点，以上几种技能，团队都必须具备，缺一不可。尤努斯和他的创业团队之所以能够提出小额金融贷款这一具有一定创新性的创业概念，是因为他们对孟加拉国农村地区人们生活贫困的根源进行了分析，认为适合当地人们实际经济生活状况的无抵押小额贷款可以被农民接受并用来改善自己的生活。这体现了尤努斯团队良好的概念技能。小额贷款的概念被提出来之后，能够在实践中克服重重风险坚持下来并发展壮大成后来的格莱珉银行，就要求团队成员们在复杂的环境中运用他们的专业理论知识来贴近农村贫困的实际生活状况并不断地完善小额贷款的操作流程和方式。这既是团队成员专业技能得以发展和运用的成果，也是团队成员之间相互沟通协作的果实。然而，并非在团队组建的一开始，就可以具备高水平的上述三种技能。这些技能可以随着团队的进一步发展而得以学习和提升。

3. 成员个性特征

个性特征对团队行为和绩效有深刻影响。组建公益创业团队应考虑将具备不同程度的、不同心理特征的团队成员进行合理组合。考虑到公益创业活动的战略目标通常是为社会创造价值而不是最大限度地追求商业利益，公益创业团队的成员应该具备良好的社会责任感，关心公众利益，能够在即使面对微薄甚至成负数增长的个人经济回报的情况下，仍旧坚定不移地实现对创业目标的追求。公益创业活动通常期望以创新性的技术或服务为生活在社会底层的人们提供改善经济状况、提高生活水平、摆脱贫困的机会，这往往需要团队成员具有良好的外向性和开放性，愿意不断地发展自己与各种新型外部事物和人物的关系，对于创造性的探索和解决新问题持续地保持兴趣和热情。而公益创业事业复杂、艰巨、持续时间长的特性，对团队成员的协作性和情绪稳定性也要求较高。只有具备了较好的协作性和情绪稳定性，团队成员在面对创业过程中不断出现的困难，甚至是巨大的挫折时才能仍然互相支持、沉着冷静、保持士气，从而不断地克服困难，将曲折的创业活动向前推进。因此，总的来说，选择公益创业团队的成员，应综合考察其是否具备良好的外向性、协作性、责任感、情绪稳定性和开放性。同时应该注意不同团队个体之间在同一个维度上的程度差异不应太大。

4. 成员角色

公益创业战略目标的实现，往往需要公益创业团队组织、执行和完成多方面的技术和社会任务。这些不同的任务往往组合成某一团队“角色”需要完成的工作内容，而这些不同的团队“角色”和相对应的工作内容必须由相关的团队成员来承担，这就是在组建和发展公益创业团队的过程中一直在进行的团队成员角色分配。

一个典型的工作型团队由上述所提到的各种不同团队角色组成。这些不同的角色代表着团队工作内容的分化。一个成功的团队在配置角色时，应善于根据不同角色的工作性质和内容与不同成员的能力、心理特征和倾向进行合理的搭配，使得事得其人、人尽其才、人事相宜。例如，在公益创业团队的组建时期，团队的创造者承担着定义和发起团队的重要任务，他必须发现和定义公益创业的战略目标，定义公益创业团队的工作任务，作为公益创业团队的最初领导者，他需要出色的概念能力和技术能力以及突出的责任感和卓越的开放性与外向性。一旦领导者缺乏相应的能力和心理特征，他将无法有效地承担起团队角色并发挥绩效。因此，组建一个有效的公益创业团队应该将合适的成员放置在合适的团队角色岗位上，使其与其他成员一起更好地发挥工作绩效。

5. 成员选拔工具

如前所述，公益创业战略目标决定了公益创业任务，公益创业团队的组建应该根据目标和任务的性质来选择适合具体工作内容的成员。这些成员的能力和个性特征等应该符合具体的工作内容和所承担的团队角色的要求。这要求在选拔公益创业团队成员的时候应该在候选人身上寻找特定的能力和心理特征。这项有效工作的完成很多时候必须借助规范化的人员测试和选拔工具。

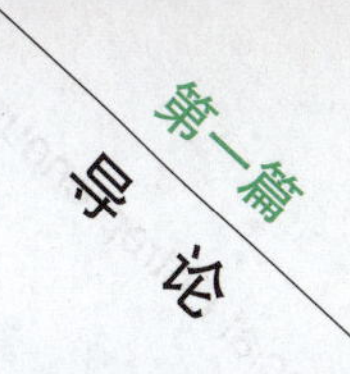

（1）心理测试　心理测试可以包括个性、气质、能力、态度等多个方面。这些测试通常是根据相应的心理学原理编制而成的问卷，通过要求被测试者完成一定数量的经过精心设计的问题，然后通过对问题的答案进行分析来报告被测试者在以上各种心理特征方面的倾向，以帮助选拔者确定被测试者是否具备期望具有的心理特征。

（2）面试　被试者与测试者进行面对面的交流，通过测试者提出各种问题和被试者回答各种问题来观察、获取被试者在知识、能力、潜能、心理特征等方面的信息。测试的问题可以是事先确定的、经过精心设计的，也可以是在面试时根据具体情况的发展而选择的。前者称为结构性面试，后者称为非结构性面试。

（3）评价中心　根据被试者可能承担的工作内容或角色性质，编制一套与该工作过程或角色扮演中可能出现的与现实情况相似的测试题，要求被测试者在逼真的、模拟的情境中处理各种可能出现的问题，通过各种方法来获取被试者的知识、能力、潜能、心理特征等方面的信息。

3.2.3　管理公益创业团队

1. 领导

领导在公益创业活动中发挥着重要作用，它深刻影响着公益创业团队的发展与运作。由于公益创业事业自身具备的鲜明特点和团队管理的不同性质，对公益创业团队的领导与传统组织中的领导相比已经发生了很大的转变。这主要体现在公益创业团队中的领导者所要扮演的角色与传统领导者所扮演的角色的区别。

（1）预见者　公益创业活动涉及的是通过开发新技术、新产品和新服务来为改进社会问题、创造社会价值做出的创立和维持某种经营性活动的事业。因此，公益创业必须首先解决的问题就是如何以及怎样来改进何种社会问题，通过这些努力将创造什么样的社会价值。这是对公益创业活动使命、远景和战略目标的预想、概念化和决策。作为公益创业团队的领导者，其肩负的第一使命就是“预见”公益创业的目标，为团队活动确立方向。尤努斯认为贫困的人们之所以贫困不是因为懒惰，而是因为缺乏致富的机会。因此他为自己的公益事业“预见”的使命就是通过为贫困的人们提供一种宝贵的机会——资本，来帮助他们致富。他的公益事业将达到的目标就是期望致富的穷人们可以通过获得在成本可以承受范围之内的资本来建立自己的事业或是工作，创造自己的经济来源并提高自己的生活水平。正是在他所确立的目标的引导下，尤努斯和他的团队才逐步建立起“穷人的银行”——格莱珉银行。

(2) 塑造者　公益创业事业的领导者不仅要为团队活动确立方向，还要借助其个人能力、气质、风格等方面的特征来影响和塑造团队特质。公益创业活动通常是一个长期而艰巨的过程，必须忍受微薄的经济收益而又要付出巨大的辛苦努力，既要引领创新又要承担风险。这需要领导者及其团队能够形成一种稳定的沟通与协作机制和团队士气激励方式来面对和处理在公益创业活动中可能面临的各种困难。这种团队机制的建立牵涉到领导者需要制定时间表、分配团队任务和角色、建立团队行为规范、教导和培养团队成员、鼓舞团队士气，并借助其他任何可能的活动来促进团队凝聚力和团队成员之间的亲和性。在这种团队机制建立和发展的过程中，领导者个人特质将在团队行为的发展中留下深刻的痕迹。

(3) 联络者　公益创业活动期望通过创业团队的努力来为社会创造价值，这必然牵涉到各种各样的内部和外部利益相关者，而公益创业活动的领导者正是他们之间的桥梁。领导者代表他的公益创业团队对外发布团队活动的信息，了解和发现公益事业服务对象的需求，还要处理与供应商之间的关系，更需要发动各种外界资源来支持其公益创业活动，这些都是对外联络。领导者将收集到的内外部信息与团队成员进行分享、沟通和讨论，这是内部联络。

(4) 问题处理者　当公益创业团队在工作中出现问题，领导者需要给予帮助并找到解决措施。在这种情况中，公益创业团队的领导者需要做的是出席会议，参与讨论，提出深入的问题，引导团队成员找出根源，并共同分析解决问题的措施。领导者还应该负责获得相应的资源来帮助团队解决问题。

(5) 冲突管理者　如前所述，团队发展并非一帆风顺，团队会经历一个从冲突期到磨合期的转变。公益创业团队的领导者应该引导和帮助团队跨越这个痛苦时期。领导者需要考虑冲突的性质、找出冲突的根源、寻找解决冲突的可行方案、与冲突的不同方进行沟通并引导冲突双方进行沟通。这些工作可以将团队冲突的消极影响降到最低，从而促进团队的健康发展。

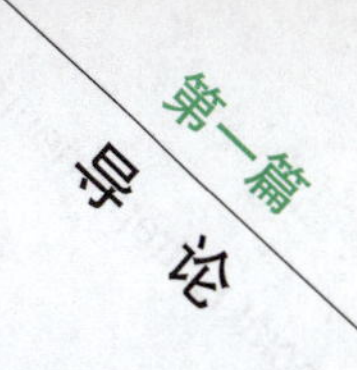

2. 培养凝聚力

团队过程机制中凝聚力的培养和发展对团队工作和绩效有着突出的作用。公益创业活动具有长期性和复杂性，任务内容多样而复杂，这就要求创业活动必须在团队成员之间分工，同时又依赖成员之间的相互协作来取得成果。这样的团队过程牵涉到团队成员之间频繁而深入的互动。而团队凝聚力是保证成员之间有效互动和协作的重要因素，是连接团队成员的无形纽带，是团队力量的源泉。没有团队凝聚力，公益创业团队可能很快就会土崩瓦解。

团队凝聚力的主要组成内容包括人际吸引力、团队荣誉感和任务导向性。考虑到公益创业活动的实践，结合以上影响团队凝聚力的因素，强化公益创业团队的凝聚力可以从以下几方面着手：

（1）确立有吸引力的公益创业战略目标和行动纲领　公益创业不是依赖经济利益而是通过唤醒人们的社会责任感来吸引加入者。社会责任感作为一种高层次的人的需求，必须由相对应的目标来引发其转化为创造社会价值的行为动机。因此在确立公益创业活动的使命和战略目标时，必须清楚而生动地描述公益创业活动的使命是什么？它的实现将形成一幅什么样的图景？它将为社会创造什么样的价值？目标被描述得越丰富、越栩栩如生就越容易增强其对人们的感染力。目标被描述得越崇高宏大，就越容易激发人们的社会责任感、成就感和荣誉感。这些心理反应都将增强公益创业战略目标对团队成员的凝聚力。此外，宏大的远景还应该辅之以具体完善的行动纲领。行动纲领的存在和执行可以让团队成员感觉到自己在一步步地靠近战略目标，这是维持团队成员由各种心理机制所激发的团队凝聚力的重要机制。

（2）选拔合适的团队成员　公益创业需要团队成员投入到为社会创造价值的事业中去，这要求团队成员应该具备较强烈的成就需求和实现自我价值的需求。此外，增强团队凝聚力也需要团队成员们对公益创业目标有较高的认同，愿意为公益创业事业做出高水平的投入。因此，在选配公益创业团队成员时应根据这些具体的条件要求选择具有相应能力和心理特征的人员。大体上来说，适合成为公益创业团队一员的人选应该在高层次的需求上，如自我实现、成就、被尊重等，有较高的要求，有较强的社会责任感和工作责任心。此外，考虑到构建良好的团队内部人际吸引力，应该让成员在能力和个性上相互搭配。

（3）进行高效的交流与沟通　无论公益创业远景目标有多大的吸引力，无论团队成员之间在能力和个性上如何契合，但如果没有交流和沟通作为实现信息传递的渠道，前面这些效应都无法产生。对团队目标、工作内容、行为规范的信息交流，可以消除团队成员由于信息不对称不完全而造成的心理紧张感、茫然感和不被重视的情绪。及时地将团队和工作的各方面信息与成员进行沟通，邀请成员共同承担团队行动、分享团队果实，可以更好地获得成员的支持和帮助，并促进成员归属感和凝聚力的提升。此外，团队成员之间正式和非正式的沟通也可以在一定程度上促进成员之间的相互理解、发展协作关系、消除矛盾和障碍，促进团队内部的人际关系和谐发展。然而良好的沟通技巧是保证沟通能够产生以上积极效应的条件之一。对于公益创业来说，共同完成工作任务是促进团队内部交流沟通的重要形式。应该有意识地让团队成员组合完成某项工作任务，帮助她们设定工作流程、方式和制度，其中包括沟通的方式和渠道。促进团队成员在面临创业困难时协同合作，学习和运用恰当的沟通方式来增进理解、形成共识。

（4）给予认同的团队回报　公益创业团队成员期望从工作中获得的最有价值的回报往往不是经济收入而是团队成就的分享和团队认同。团队领导者应该强调团队成就的集体性而非个人性，注意公开承认、认同和表扬团队成员为团队成就所付出的努力。团队领导者应该将团队成就与每个成员的投入和付出联系起来，以激发成员的团队荣誉感、自豪感和归属感。

（5）开展持续的团队培训　很少有创业团队从一开始就是完美高效的。公益创业团队也一定是在发展中前进，从矛盾冲突走向磨合。而帮助创业团队完成这一转变的重要方法就是团队培训。团队培训可以让成员们正确认识团队的性质和发展过程，了解和学习处理各种团队问题的工具和技巧，可以有效地促进团队凝聚力的提升。团队培训可以是正式的，也可以是非正式的。正式的团队培训往往由专业人员来主持某种试验或游戏，通过这些活动来让团队成员学习和发展团队技巧。非正式的团队培训可以就在工作中进行，在实际工作情境中由相关人员来指导和调节团队的行为和工作，帮助成员学习团队技巧。这其中的指导人员可以是团队领导者，也可以是专业人士。

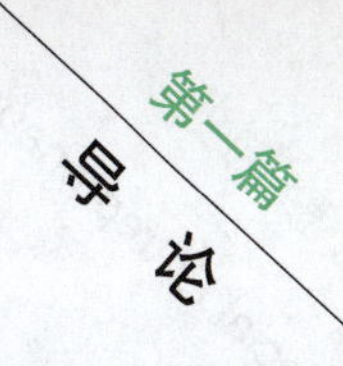

3. 团队沟通

公益创业团队成员之间的相互支持与协作、信任关系的建立、团队凝聚力的形成无不需要团队成员通过长期的、频繁的相互沟通来逐步实现。现实情况是，沟通中总是存在各种各样的障碍，导致沟通并非总是有效的。而低效或无效的沟通严重阻碍团队的发展。了解以下妨害沟通有效性的因素是改进沟通效率的起点。

(1) 个人原因　各人的价值观、态度、信念、气质、个性等各种心理特征各异，而且不同的人生经验，形成不同的思维方式，再加上人们对信息的认知和感受可能出现各种偏差和扭曲，这些都成为降低沟通有效性的个人因素。

(2) 人际原因　人际关系的近疏冷暖，人们之间沟通的频率和方式等直接影响着信息沟通的准确性和有效性。通常情况下，关系越亲近，沟通频率越高，信息传播速度越快。

(3) 结构原因　团队的人员结构、角色、以及角色之间的相互工作关系决定着信息的正式传播渠道，从而决定了信息传播的网络形态。如果该信息传播网络规模越小、链接越短则信息沟通速度越快、真实性越高；相反，则速度越慢，真实性越低。对于小型团队来说，其沟通网络主要有三种普遍的形态，包括链式网络、轮式网络和全通道式网络。链式网络代表着严格遵循等级关系进行信息传播的网络形态。轮式网络中有一个中心节点承担着该网络中信息的全方位传播的任务，是信息传播的源头和中心。全通道式网络允许所有团队成员都积极参与信息传播和沟通，该形态的沟通网络中没有中心或领导人物。这些沟通网络的优势各异。链式网络的信息传播准确度最高；轮式网络最容易培养和塑造团队领导者；全通道式网络中团队成员的满意度最高。不同群体网络及其有效性如表 3-3 所示。

表 3-3　不同群体网络及其有效性

评价标准	网络类型		
	链式	轮式	全通道式
速度	中等	快速	快速
精确性	高	高	中等
领导者的确立	中等	高	无
成员满意度	中等	低	高

资料来源：Robbins, Stephen P. Organizational Behavior [M]. Bejing: Pearson Education Asia LTD and Tshinghua University Press, 2005.

为避免或减少沟通障碍，可以采取以下克服沟通障碍的方法：

（1）领导者支持　团队领导者应该深刻意识到并重视沟通在团队管理中的作用。对于公益创业团队的领导者来说，应该根据团队成员和工作任务的特点有意识地逐步建设和发展团队特有的沟通体系和制度。例如，重要会议之前先以邮件或通知的形式向相关人员知会会议的主要内容和安排；在会议中良好地把握节奏，为每位发言者分配合理的时间，并鼓励更多人参与发言，及时阻止偏激的抨击；会议结束后，将会议成果形成文件并通知相关人员。这些简单的沟通策略都可以增加信息传递的准确性和及时性、降低沟通的成本，还能同时提升团队成员在信息需求上的满意度。

（2）团队成员提高沟通的心理水平和技巧　应该对团队成员进行教育和培养，既让他们认识到沟通的重要性和艺术性，又为他们提供各种有效的沟通实践技巧，从而提高团队成员进行有效沟通的能力。这些需要学习的内容包括对沟通过程的认识、对沟通无效或者低效原因的认识、正确的语言文字沟通技巧、正确的沟通心态。

（3）构建有效的沟通网络　前面已经讨论到，如果信息传播链条太长、层次太多、沟通网络过于庞大和复杂，都将降低沟通的准确性和及时性。对于创业团队来说，应该选择适合团队自身特点的沟通网络形态，使沟通网络的构建与团队角色分配、工作责任的分工与协作关系相互耦合。

复习思考题

1. 公益创业者应具备哪些素质？
2. 什么是公益创业团队？
3. 组建创业团队应该注意什么？
4. 创业团队成员应如何选择？
5. 创业团队的管理中应该注意到哪些问题？

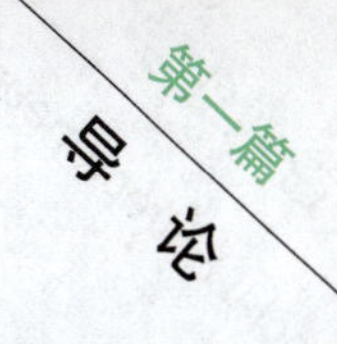

案例分析

本杰明·富兰克林：公益创业者

本杰明·富兰克林（1706—1790）是美国最著名的开国之父之一，是伟大的科学家、政治家、文学家。作为美国殖民和革命战争时期最著名的领导人，他的业绩和作品至今仍被作为美国精神的最佳代表而广受推崇。

富兰克林是一位典型的创业者，他发明了许多产品和服务并且将其引进市场，从富兰克林火炉到双焦点眼镜到玻璃琴，他的一生发现并探寻了无数的机会，从而变成了一个非常富有和有威望的人。大量的证据表明，他拥有一个公益创业者所具备的所有特征，这一点已不足为奇，我们来看看从他的著作中摘抄的著名语录。

- 创新性：当你不再改变时，你也就完蛋了。
- 成就导向：只是依赖希望过活的人将会很快死亡。
- 独立：如果三个人中的两个人死了，他们就可以保守住一个秘密。
- 掌控命运的意识：自助者天助之。
- 低风险厌恶：想要鱼的人，首先要拿自己的饵冒险。
- 对不确定性的包容：所谓安全的方式从来就不安全。

富兰克林的天才也扩展到了公益创业领域。他创立了第一个消防部门并且引进了消防安全的观念。他成立了哲学社会机构、医院和大学。他出于对社会的关注发明了许多设备，如街灯、软导管和避雷针。

1731 年，富兰克林在费城创办了第一家公共图书馆、他创办该图书馆完全是为了公众的利益。他后来在他的自传中写道，该图书馆是北美所有订阅图书馆之鼻祖，它本身就是一项很伟大的事情，并且它仍然在持续成长。这些图书馆改善了美国人的日常交流，使得美国普通的商人和农民像其他国家大多数的绅士一样聪明，可能在某种程度上也促成了殖民地区的大众为保证自身权利而集体抗争的结果。

资料来源：《社会创业：创造社会价值的现代方法》

思考题

1. 本杰明·富兰克林属于哪一类公益创业者？
2. 本杰明·富兰克林具备哪些公益创业者的素质条件？

系列实训之3

- **实训目标**

1. 对创业者应该具有的特质有感性认识。
2. 真实模拟组建创业团队。

- **实训内容与要求**

1. 依据本章中的两个素质测评表及问卷进行个人素质测评。
2. 组建团队。在班级同学面前进行演讲，招募创业团队，依据团队人员的素质测评结果及个人特质进行角色定位。
3. 课堂展示：各创业团队分别阐述团队组建中的注意事项，交流感想和体会。

第二篇 总论

第4章 公益创业机会

内容提要

本章主要介绍了公益创业机会识别与评价、公益创业风险识别、社会企业商业模式设计与创新等内容。公益创业机会需要投入时间、金钱等一系列资源才能产生社会影响力。机会本身的属性、公益创业者的个人特质、社会网络和环境因素等都会影响公益创业机会识别。我们需要从效益、产品、技术、市场等方面对公益创业机会的价值进行综合评估，在社会企业经营时更要有风险意识及规避风险的相关措施。对于社会企业而言，社会企业商业模式在很大程度上决定了其成长的潜能，掌握社会企业商业模式设计与创新的逻辑与方法十分重要。

学习目的与要求

了解公益创业机会的概念及其识别要素，掌握公益创业机会的评价方法。熟悉公益创业风险的特征及主要类型以及公益创业风险管理的流程、方法和策略。了解社会企业商业模式的概念、构成及社会企业商业模式画布，掌握社会企业商业模式设计的过程及其创新的逻辑与方法。

开篇案例

三位名校海归女孩的社会企业创业史

蓝方是一家提供批判性思维知识产品的公司创始人，这家公司既提供线上的知识付费课程，也做线下培训项目，客户包括个人和机构，除了北大附中，清华大学经管学院等也是蓝方的机构客户。

“清华大学、北大附中等机构客户向我们付费的内容，正是公共说理，如何培养他们的学生用批判性思维分析复杂社会问题、学会讲理。”蓝方称。

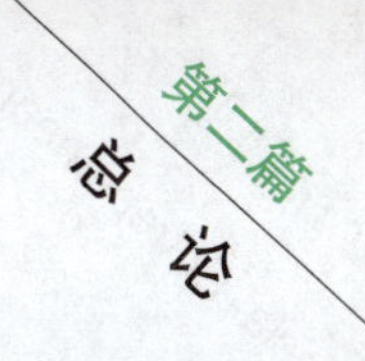

从2016年夏天至今，蓝方、郭兆凡、叶明欣三位都拥有国内外名校求学经历的年轻女孩打造的“C计划”，立志“促成公共理性”。她们推出的批判性思维知识产品经历了几次迭代升级，而她们的商业变现之路也随着知识付费的风口跌宕起伏。

在这个流量文不断抢夺注意力、谣言比真相传播快、“信息茧房”围困认知的时代，“批判性思维”或许正在迎来它的黄金时代。

遇到争议事件，就等“C计划”评论

蓝方是批判性思维的拥趸，在财新网做了5年公共政策方向记者的她，戏称自己“这些年就是靠这些东西活着的”。

按照美国伊利诺伊大学教授Robert Ennis的定义，批判性思维（Critical Thinking）是一种合理的、反思型的思维，它决定了人应该信什么和做什么。

2016年夏天，从巴黎政治学院留学归来的蓝方，遇到了先后毕业于清华大学、伦敦政治经济学院的郭兆凡，又拉上好闺蜜——先后毕业于北京大学、哥伦比亚大学的叶明欣，三人分别拥有传媒、金融、法律背景，又都有志投身公共服务。很快，她们联合成立思能计划（北京）教育咨询有限公司，即“C计划”，且全职投入。

她们将该公司定位为社会企业，提供的产品和服务包括线上课程、线下工作坊以及面向机构的培训，如乡村教师培训，在线课程是它的拳头产品。

“C计划”运营的第一年，总共做了9期18轮在线课程，用“高密度的人力投入和学员高强度的互动”吸引了2000人次参加。

“C计划”用了一整年的时间，和第一批“种子学员”，一起开发出一套批判性思维的系统课程。从区分事实和观点，到提升信息素养、破解思维谬误、分析复杂问题。“我们用本土化的案例、习题，社群化的讨论、陪伴练习，一步一步帮助伙伴们建立理性思考的习惯、提升批判性思维能力。”“C计划”主创团队表示。

“C计划”的批判性课程颇受用户欢迎。有用户在课后的学习笔记中写道，“C计划”的课程让他学到了“一种说理的态度，就事论事的坚持，批判性的质疑，不仅能让工作更有效率，而且能在某种阴暗厚黑的人际交往中得以爬出来重建信心。”有用户在微信公众号后台留言，“遇到争议事件，就等‘C计划’评论。”

“C计划”微信公众号的介绍是“分享理性的声音”，几篇文章斩获“10万+”，并获得大号“奴隶社会”等的转载。“C计划”还多次就“利己主义”“底层人群”“反性别歧视”等话题发表评论。

“‘C计划’的第一年其实是很顺利的，做了很多事。但到第一个整年时，我们开始更多地反思怎样把我们做的东西规模化。”蓝方说。鉴于第一年开班模式投入太大，影响范围有限，蓝方她们想到制作标准课，以影响更多人。

要做标准课，先要做用户聚焦。她们根据自然呈现的用户画像进行梳理，锁定了三类人群：面临诸多生活难题、关注自我成长，并想培养孩子批判性思维的白领女性；需要在教学中培养学生批判性思维的老师；需要经常用批判性思维分析复杂社会问题的公共从业者。

为了满足新的用户群体的需求，她们决定将此前的批判性思维课程打散、拆分，重新整合。新的课程体系，经过半年的精心打磨，形成了 8 个相对独立又有内在逻辑的标准课，以期满足不同用户在不同场景下的需求。

能赚钱的产品充分市场化，公共性的产品回归 NGO

从大环境看，标准化课程是“C 计划”在知识付费风口趋缓后的主动求变。

“C 计划”的两个标准课上线 3 个月了，新的标准课每节时长控制在 10 ~15 分钟，方便人们利用碎片时间快速掌握。截至 2016 年 4 月 1 日，网易云课堂和微信两端的购买数分别为 358 和 227。“C 计划”在网易云课堂推出的免费课，获得超过 1.4 万点击量。

“C 计划”的课程颇有“曲高和寡”之感。“C 计划”团队则表示，还要继续对此前与用户距离显得较远的课程风格进行调整。例如，内容方面会由现在的方法论主导，调整为话题主导。课程“卖点”也试图不断接近用户的“痛点”，从“批判性思维教你明辨真伪是非”，到“批判性思维让你可以有更加独立的观点”。

“‘C 计划’的第二年，处于痛苦寻找出路的阶段。”蓝方坦言。

目前，她们把“C 计划”的产品线切分为私领域和公领域。私领域侧重于谈论如何用批判性思维去解决个人生活中的决策、情感等一系列问题，主要瞄准的是城市的白领女性，这条产品线一般由个人付费。另外一块是公领域，更多地谈论如何用批判性思维去构建公共理性，分析社会问题，参与到公共讨论中，产品主要提供给青年学生、社会倡导者等公共从业者，这条线一般由公益机构资助，或免费提供。

之所以做上述区分，蓝方认为，“在知识变现的大框架下，C 端的用户会愿意为自我成长付费，但是很少有人会为怎么更好地分析、讨论公共事件付费。”

用户参与度方面，她们也做了一些调整。新的社群建立，给学员充分讨论互动的空间；巩固老友群，加强与粉丝的互动，提高购买转化率；在公领域的产品线上，“C 计划”未来会“突破现有知识付费体系，探索一些新的玩法”，包括更多元的

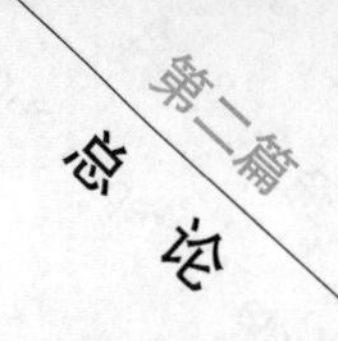

倡导方式、传播方式，例如，推出线上辩论，让普通人参与到公共话题中来。

面对向左（商业）向右（公益）的选择，蓝方坦言，“我们可能是两条路一起走，能赚钱的产品充分市场化，公共性的产品回归 NGO（模式）。”

“作为一家社会企业，至少我们应该能够自给自足，找到可持续发展模式。”蓝方认为。

就是想影响更多的人

她们在“促成公共理性”上有更大愿力。

“以后肯定还是会往大做，因为毕竟是做公众倡导、公民教育，就是想影响更多的人嘛。”蓝方说。

她们一开始就知道，如果是用 NGO 项目的模式来做批判性思维，注定是在一个小圈子里。蓝方强调，“如果想要推广，一定需要依靠商业获得力量。”

“我们三人（此前）并没有太多商业（创业）经验，陆续在和一些大的平台沟通，探讨一些合作的可能，主要是打开渠道，将我们的课程拿到更多的渠道上推广，让更多的人能接触到。”蓝方透露。

除了商业推广，另一条可以“影响更多人”的路径，则是教师培训。通过影响一个教师，让教师影响身边上百的学生。参与“C 计划”教师培训的，既有顶尖大学的老师，也有中西部的乡村老师。

2016 年 11 月 12 日，郭兆凡给清华大学 60 多位教授、副教授、讲师做了关于课程设计的分享，一起讨论怎样教学生运用批判性思维写好论文。清华大学经管学院院长钱颖一还邀请郭兆凡再回清华做讲座。

与 21 世纪教育研究院、美丽中国、戈友基金会、蒲公英图书馆等机构合作，“C 计划”也为更多的乡村老师提供了线上、线下培训课程。

一直以来，轻资产运营的“C 计划”财务压力不大，尚未有外部投资进入。如今面临扩大影响力的挑战，“如果理念一致，融资是欢迎的。”蓝方说。

具有理想主义气质的蓝方，对当下“流量为王”的知识付费浪潮感到“不适”。“（‘C 计划’的）一部分产品也是要看数据流量和营收的，我觉得我自己并没有完全克服这样的不适感。”蓝方坦言。

在蓝方眼中，社会创新家（公益创业者）是与精致的利己主义者相反的一群人，“他（社会创新家）一开始的定位就不满足于此，他一定要给生活赋予更大的意义感，和更大的议题相连接。”

资料来源：https://mp.weixin.qq.com/s/0l6DbYGG-7FCjYBF0Je-yQ

4.1 公益创业机会识别

公益创业是为了满足社会需求而进行的、大多数将会进行模式扩散的创造性行动和服务。当社会问题出现时，公益创业机会就出现了。由于公益创业者自身特质、知识、经历有所不同，必然会导致公益创业者或潜在公益创业者对机会的认识有所差异。抓住公益创业机会的关键是去认真了解公益创业机会，抓住公益创业机会的本质，做到“慧眼识珍珠”。

4.1.1 公益创业机会界定

公益创业机会是通过把资源创造性地结合起来，满足市场及客户的需要，创造社会价值的一种可能性。公益创业的机会具有一定的独特性。为了保持营利性和公益性的平衡，公益创业往往需要发现和挖掘经济、社会双重价值的机会，即混合价值的创造。

概括地讲，公益创业机会就是需要投入时间、金钱等一系列资源才能产生社会影响力的潜在可能性，包含了客观存在与主观感知的双重含义。一是由于市场环境的变化，形成了非均衡的市场环境，产生了新的市场需求和公益创业机会，客观上要求把一种改进的或从未有过的关于生产要素和生产条件的“新组合”引入生产体系，公益创业机会是客观存在的。二是与公益创业者有关，只有具有胆识、想象力和异质性知识的公益创业者才能主观感知各种客观存在的机会，并利用公益创业机会，从而促使由非均衡趋向均衡。

4.1.2 公益创业机会的特征

公益创业机会一般具有以下特征。

1. 客观性

任何公益创业机会，由于它是客观存在的，所以它是公开的，即公益创业者有可能发现它。

2. 社会性

公益创业机会在本质上是社会的，这些机会将会对社会有重要的影响，成功开发的结果将会创造十分可观的社会价值。

3. 时间性

机会的本质就是指行事的际遇和时机。所以，公益创业机会也具有一定的时间性，如果在一定时间内公益创业者不及时抓住并利用，则公益创业机会所具有的机会效益就会逐渐减弱，直至完全消失。这就是所谓的“机不可失，时不再来”，也就要求公益创业者及时把握和利用机会。

4. 非完全实践性

公益创业机会受到正式和非正式、社会和制度因素的深刻影响，并不是每一个公益创业机会都能够付诸实践，很多机会受到各种因素的影响，最终没有被很好地利用。

5. 理论上的平等性和实践上的不平等性

由于公益创业机会的客观性，从理论上讲，任何人都可以发现某一市场机会并加以利用，不存在某人独占某一市场机会的情况。但是由于公益创业者所拥有的创业特点和优势的差异性，在分析和利用某一公益创业机会时，所获得的机会利益有大有小。所以在实践上，就表现出不同公益创业者在利用同一机会时又是不平等的。

4.1.3 公益创业机会识别

即使公益创业机会存在，也只有能够敏锐地识别和捕捉到它的人才能够获得。公益创业者在识别公益创业机会的过程中，必须学会拒绝一些机会而后抓住少数的机会。所以，本质上，成功的公益创业者就是机会决策者。

1. 公益创业机会识别的影响因素

公益创业机会识别过程是一个不断调整反复均衡的过程，不同的公益创业者愿意关注的创业机会是不一样的，即使是同一个公益创业机会，不同的人对其评价也往往不同。

影响公益创业机会识别的因素，主要可以分为4个方面：公益创业机会的自然属性、公益创业者的个人特质、社会网络和环境因素。

机会本身属性和环境因素具有客观性，公益创业者的个人特质、社会网络则具有很强的主观性。其中，公益创业者的个人特质和社会网络两个因素不仅增强了获得机会相关信息的便捷性，而且增强了使用机会相关信息的能力（即创造性思维），从而大大增强了识别具有潜在价值机会的能力。公益创业者比一般人更加渴望信息，更倾向于在信息搜索和加工上花更多的时间，搜索和处理信息方式也有所不同。具体分析如下。

（1）公益创业机会的自然属性　公益创业者选择这项机会是因为相信其能够产生足够的价值来弥补投入的成本，公益创业机会的自然属性很大程度上决定了公益创业者对其未来价值的预期，因而会对公益创业者的机会评价产生影响。

给定一个共同的机会识别的锁定目标，即机会能够：①为顾客或最终用户创造或增加了极大的价值；②能够解决一项重大问题，或者满足了某项重大需求或愿望，因此某些人愿意多支付一些；③有需求旺盛的市场；④与当时的公益创业创始人和管理团队配合得很好，也很适合市场状况和风险、回报平衡。

（2）公益创业者的个人特质　对于机会识别来说，另外的影响因素来自公益创业者的个人因素。从本质上说，公益创业机会识别是一种主观色彩相当浓厚的行为。事实上，即使某一公益创业机会已经表现出较好的预期价值，但并非每个人都有开发机会的能力，且坚持到最后，因此公益创业者的个人特质对于机会识别来说尤为重要。

总的来说，在公益创业机会识别中个人差异包括如下基本特征：警觉性、认知学习能力、资源禀赋、先验知识、个人基本特质等。以下分别加以陈述。

1）警觉性。学者提出了创业者警觉性概念，并揭示了警觉性对于机会识别的影响。公益创业者警觉越高，公益创业机会识别与开发的成功率就越高，而公益创业者的警觉则与个人特质相关，如创造力和乐观等。

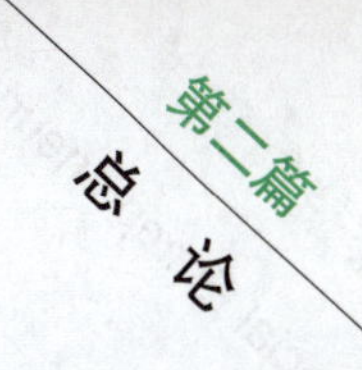

从图 4－1 可以看出，如果公益创业机会是随机出现的点，那么落在公益创业警觉性区域内（如 D_A）的机会点（如 O_1）是可以被公益创业者发现的，而落在区域外的机会点（如 O_2）是不能被发现的。

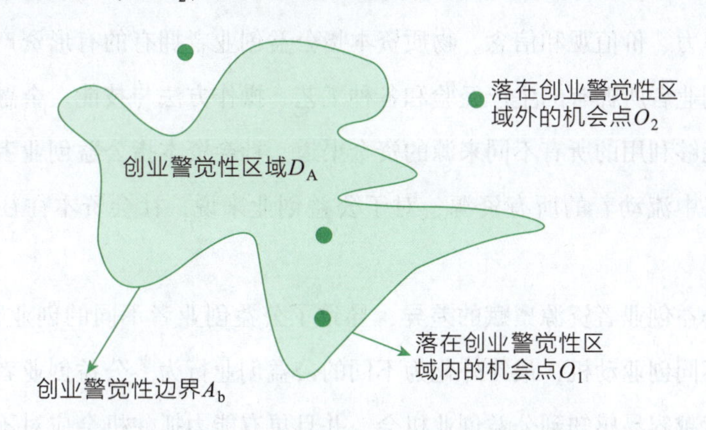

图 4－1　落在公益创业者警觉性区域内外的机会点

为什么有些公益创业机会，公益创业者看到了，别人却没有看到？这可能与创业警觉的强度和方向有关。有些人创业警觉强度不够，有些人创业警觉的方向是错误的，所以导致了机会点是在创业警觉性边界 A_b 之外。而对于某确定期间内落入创业警觉性区域内的多个不同的机会点，则意味着创业者有可能在此期间内同时发现多个机会。公益创业者最终究竟会选择哪个机会，需要做出比较好的决策，这关系到机会评价的问题。

事实上，公益创业机会发现和机会评价是相互联系的，公益创业机会发现的过程包含了部分评价的因素。公益创业机会发现过程实际上是一个边发现边评价、不断否定不断重新认知的动态决策过程。

2）认知学习能力。公益创业机会识别是一个动态的过程，而机会认知是机会识别的第一步，机会认知就是感知和认识到机会，从而机会可能由模糊到清晰。由初始的机会发现到创业决策，也是学习的过程，即机会的认知识别过程。尤其是公益创业机会，更需要公益创业者有更高的认知学习能力。社会认知理论认为，人类不仅从直接经验中学习，也能通过模仿他人来学习，通过学习他人的创业行为更有益于个人进行创业活动。机会的认知学习能力对公益创业机会识别起了重要作用，公益创业者可以从公益创业模仿中学习相关公益创业行为。

3）资源禀赋。资源禀赋指的是公益创业者在创业时期所拥有的资源。公益创业者的资源禀赋一般分为人力资本、物质资本、技术资本、金融资本、社会资本等方面。其中，人力资本指公益创业者个体所拥有的知识、智慧、判断力、洞察力、理解力、价值观和信念。物质资本指公益创业者拥有的有形资产。技术资本指公益创业者所拥有的生产经验和各种工艺、操作方法与技能。金融资本指公益创业者能够利用的所有不同来源的资金渠道。社会资本指公益创业者的社会网络以及网络中流动着的所有资源，对于公益创业来说，社会资本往往也是关键要素。

由于公益创业者资源禀赋的差异，导致了公益创业者不同的创业行为预期，由此产生不同创业动机，最终外化为不同的公益创业行为。公益创业者资源禀赋越丰富，就越容易感知到公益创业机会，并且更有能力抓住机会应对不确定性并获得高收益。

4）先验知识。特定的先前经验有助于公益创业者识别机会，这被称为“走廊原理”。它是指公益创业者一旦开始，就开始了一段旅程，在这段旅程中，通向公益创业成功的“走廊”将变得清晰可见。这个原理提供的见解是，一个人一旦投身于公益创业，这个人将比那些从外观察的人更容易看到新机会。先验知识可以分为三种类型，即对市场的先验知识，对于服务市场方式的先验知识，以及对于顾客问题的先验知识，这三者对于公益创业机会发现都有着重要影响。

5）个人基本特质。包括公益创业者的背景（如性别、年龄、受教育程度、家庭成长环境等）及潜质方面的特征（如创造性、风险感知能力等）。公益创业者的机会识别能力和风险感知能力呈很大相关性，而公益创业者的风险感知又取决于公益创业者的创造性、自信心、不依赖计划、渴求控制等因素。创造性在公益创业者做决定的过程中起到重要的作用，但是对于不同的公益创业者而言，创造性在单个公益创业者中所起到的作用，比拥有一定网络关系基础的公益创业者所起到的作用更大。

值得注意的是，这些公益创业者个人特质之所以会影响到公益创业者的机会识别能力，很大一部分原因是因为这些不同的个人特质影响了机会信息的获得与加工。

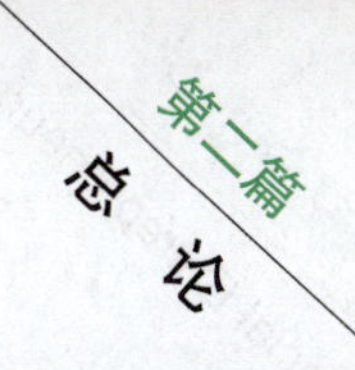

(3) 社会网络　在公益创业资源中，公益创业者的个人社会网络是促进新社会企业创办思路的产生和影响公益创业机会识别的关键因素。在公益创业者和其网络成员接触中的碰撞经常成为新的公益创业思路的来源。公益创业者的社会网络能扩大信息的来源渠道，并产生更多的公益创业思路和机会。

(4) 环境因素　机会识别是一个受许多环境因素影响的过程，环境的变动酝酿大量的机会，是产生机会的源泉。环境的特性由宽松性、动态性、复杂性组成。其中，宽松性解释为环境中可用的和社会企业所需要的资源的稀缺或充裕程度。动态性即环境因素的变化，包括没有预料到的环境变化率和环境的稳定性。复杂性指环境因素的数量和异质性。环境的这三种特性决定了公益创业机会识别是一个在复杂多变的世界进行搜索、发现并抓住机会的一个动态过程，机会可以随时存在，可能瞬息万变，这样可以将公益创业机会识别研究引入更为具有挑战的领域。

2. 公益创业机会的识别过程

公益创业机会的识别过程是公益创业者与外部环境（机会来源）互动的过程，在这个过程中，公益创业者利用各种渠道和各种方式掌握并获取有关环境变化的信息，从而发现在现实世界中产品、服务、原材料和组织方式等方面存在的差距或缺陷，找出创造或改进“目的—手段”关系的可能性，最终识别出可能带来新产品、新服务、新原材料和新组织方式的公益创业机会，如图 4－2 所示。

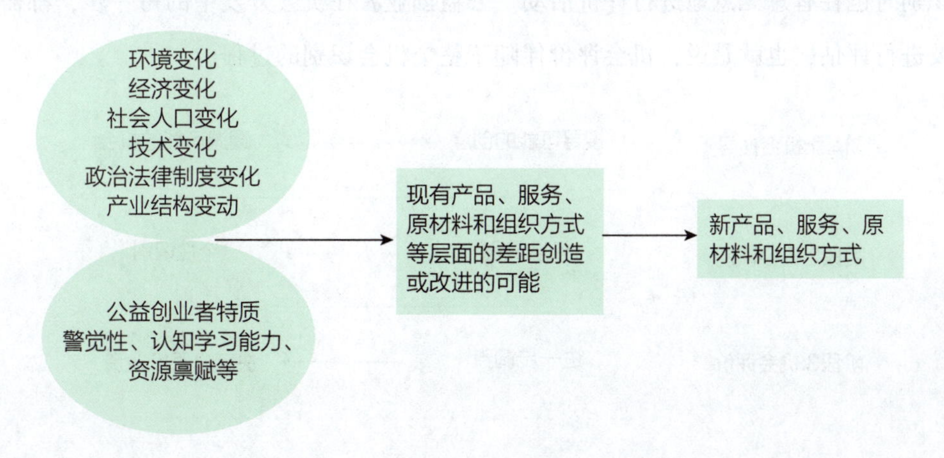

图 4－2　公益创业机会的识别过程

公益创业机会的识别过程更多地要依赖于公益创业者的把握，公益创业者从创意中选择满意的公益创业机会，不断持续开发这一机会，使之成为真正的社会企业，直至最终收获成功。这一过程中，机会的潜在预期价值以及公益创业者的自身能力得到反复的权衡，公益创业者对公益创业机会的战略定位也越来越明确。这一过程其实是公益创业者对信息的不断内在化和“读懂”的过程，可以分成三个阶段，如图 4－3 所示。

阶段 1：机会搜寻。这一阶段公益创业者对整个经济系统中可能的创意展开搜索，如果公益创业者意识到某一创意可能是潜在的创业机会，具有潜在的发展价值，就将进入机会识别的下一阶段。

阶段 2：机会识别。相对整体意义上的机会识别过程，这里的机会识别是狭义上的识别，即从创意中筛选合适的机会。这一过程包括两个步骤：首先是通过对整体的市场环境，以及一般的行业分析来判断该机会是否在广义上属于有利的公益创业机会；其次是考察对于特定的公益创业者和投资者来说，这一机会是否有价值，也就是个性化的机会识别阶段。

阶段 3：机会评价。实际上这里的机会评价已经带有部分“尽职调查”的含义，考察的内容主要是各项绩效指标、公益创业团队的构成等。通过机会的评价，公益创业者决定是否正式组建社会企业，吸引投资。

事实上，公益创业机会识别和机会评价是共同存在的，公益创业者在对机会识别时也在有意无意地进行评价活动。公益创业者在机会开发中的每一步，都需要进行评估，也就是说，机会评价伴随于整个机会识别的过程中。

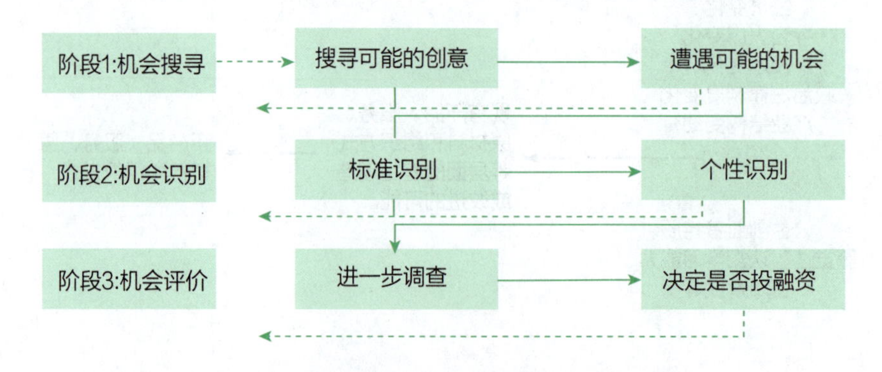

图 4－3　公益创业机会识别过程的三阶段模型

3. 公益创业机会识别的科学方法

直觉在公益创业机会识别的过程中具有一定作用，但科学的方法也必不可少，下面简单列举三种常用的方法。

（1）市场信息的收集与研究　机会识别必须要先进行市场研究。从广义上来讲，市场研究包括收集有关产品的市场信息以确定潜在的市场规模，进而确定在市场方面公益创业计划是否具有可行性。

公益创业机会信息的收集是使创意变为现实的公益创业机会的基础工作。首先，根据创意明确研究目的或目标。其次，从已有数据或第二手资料中收集信息。这些信息主要来自于杂志、图书馆、政府机构、大学或专门的咨询机构以及互联网等。最后，从第一手资料中收集信息。收集第一手资料是一个数据收集的过程，如观察、上网、访谈、集中小组试验以及问卷等。该类信息的获得一般来说成本都比较高，但却能够获得更有意义的信息，可以更好地识别公益创业机会。

（2）环境分析　公益创业环境分析在机会识别过程中扮演着非常重要的角色，因此公益创业者准备公益创业计划之前，必须首先对其进行研究分析，主要包括政策环境分析、市场环境分析和技术环境分析。

1）政策环境分析　政府政策、法律法规等都可能直接或间接地影响公益创业的活动，公益创业者应进行深入分析。

2）市场环境分析　市场环境分析可以从宏观、中观和微观三个层次来进行。在宏观上，主要是对经济因素、文化因素的分析。在中观上，主要是对行业需求的分析。根据波特的竞争模型，新进入者、行业内现有竞争者、替代品的生产者、供应者和购买者是主要的竞争力量。在微观上，具体分析影响社会企业的环境因素。

3）技术环境分析　公益创业者应对所涉及行业的技术变化趋势有所了解和把握，应考虑或因政府投入可能带来的技术发展。

（3）功能分析　公益创业机会识别和设计创新，与产品的功能密不可分。产品设计的目的是创造一种新的合理的、和谐的生活方式或行为方式，对产品功能的分析是设计找寻新的突破点的有效手段，进而识别公益创业机会。

功能分析的方法主要包括功能扩展法、功能联想法、功能组合方法、功能削减法和功能定义法。这五种方法都建立在对使用者需求充分了解和掌握的基础之上，同时，对于产品的使用功能、指示功能、审美功能、象征功能和教育功能要进行系统的分析，确定它们在某一产品中的地位和作用。

1）功能扩展法。功能扩展法指对现有产品的功能进行一定程度的相关扩展，主要应用在产品的实用性功能上。例如，厨房用的刀具主要功能是“切”，但通过对刀具的使用状态的观察，可以发现使用者还会在不自觉的情况下使用其附属功能，如“拍”“刮”“割”“压”“盛”“铲”等。那么在设计创新中，可以利用附属功能进行设计的重新定位，如在刀背上设计锯齿以满足“刮”的功能。

2）功能联想法。功能联想法是对产品功能进行相关的联想，进而从产品语意的角度对产品进行创造性的设计。一方面可以从产品的指示性入手，把产品的内在功能用直观的形态表现出来；另一方面可以从产品的象征性、趣味性和主题性入手。

3）功能组合法。功能组合法应该考虑的是功能的合理配置性和结构的节约性。例如，美国一个制造小汤匙的青年，只把温度计与之组合，竟发了大财。成本三毛的小汤匙，零售价 10 美元却没人认为贵。

4）功能削减法。功能削减法和功能组合法是相对应的两种方法，功能削减法一方面可以看作是绿色设计的延伸，是从设计理念的角度实现功能与形式的合理配置；另一方面，可以看作是功能的一种细化，能够更大限度地满足使用者的不同需求。例如，瑞典 IKEA 家具公司，出售家具组件并提供图纸、带尺、铅笔等，由顾客自己配套，它的售价比整件价低 30%，年销售额高达 17 亿美元。

5）功能定义法。功能定义法是创造性思维训练的一个重要方法。打破原有对产品的命名也就是要打破产品在我们头脑中的固有形象。把功能从产品形态中分离出来，再对功能进行重新定义，根据新的产品命名来进行创造性设计，这样就去除了对已有产品形成的习惯性思维的干扰。

例如，日本有个生产沙漏的商人，在沙漏生意难做的时候，开始了改变沙漏

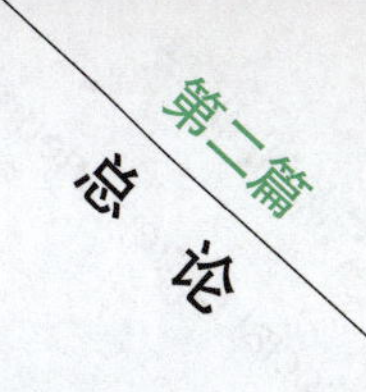

原有功能的尝试。他发现公用电话的计时器可以改成沙漏形状的，三分钟一到，沙漏的沙子就漏完了，不用任何说明，打电话的人就可以清楚地看到时间的流逝，精确而且有趣，简单的计时器变成了艺术品。

通过功能分析进行产品创新，可以充分考虑到设计中人的因素，对于发现市场机会、增加产品的附加价值和增强社会企业的竞争力都有重要的作用。

总之，机会识别一半是艺术，一半是科学。公益创业者必须依靠直觉，使之成为一门艺术；也必须依靠有目的的行动和分析技能，使之成为一门科学。

4.2 公益创业机会评价

公益创业行为和活动来自于公益创业机会，但公益创业者如何才能知道自身所拥有的公益创业机会是否具有发展前景呢？公益创业者如果能在创业之前，进行精心准备与机会评价，无疑能提高公益创业的成功率。

4.2.1 公益创业机会评价的定义与作用

公益创业机会评价是评价主体从效益、产品、技术、市场等方面对公益创业机会的价值进行综合评估，并决定下一步是否对公益创业机会进行开发和利用的过程。

完成对公益创业机会评价并决定对其开发和利用之后，公益创业者就可以依据公益创业计划的构想，组织相关资源对其进行开发。公益创业机会评价旨在帮助公益创业者认清公益创业机会的实际商业价值，减少公益创业风险，吸引风险投资。

1. 认识公益创业机会的价值

无论是对公益创业主体还是对风险投资商而言，公益创业机会评价都是一个挖掘公益创业机会价值的过程。一个公益创业机会是否能够成为可以开发的机会，其根本标准是公益创业机会本身能否给消费者带来持续的价值。因此，公益创业机会评价的目的就是挖掘其潜在的价值。

透视

乔安娜的服装租赁之路

乔安娜·多尼格是英国伦敦的时装设计师，有一次她的一个朋友要出席皇家宴会，因为没有合适的晚礼服，急得像热锅上的蚂蚁，这令她意识到，女士们遇到这一困境在英国是非常普遍的事。

在英国，人们经常举行大大小小的舞会、宴会、庆祝会、生日会等，各种社交活动很多。宾客讲究仪表雍容华贵，尤其是女士们穿的晚礼服，更是款式时髦、艳丽高贵。但是，无论是多么华丽名贵的衣服，如果接连几次在社交场合出现，人们就会对此私下议论，穿者自然感到脸上无光。因此，女士的晚礼服需要不断更换。这不仅使普通收入者无力应对，有钱人也深觉烦恼。

乔安娜想，我是否可以推出女士晚礼服租赁业务呢？有了这一想法后，她进行了大量的社会现象调查，征询了不少女士的意见，证实了她这个想法是有市场的。于是，乔安娜决定开展晚礼服租赁业务。在筹集了一笔资金后，她购买或定制了各种款式的欧美名师设计的晚礼服，平均每套服装价值数千美元以上。她以这些服装开展租赁业务，每套租金为一夜 75 ~300 美元不等，另外加收适当的保证金。

这种做法对有需求者来说，同样的价格，原来只能买一件衣服，充其量穿上三次就要将其搁置，现在却可以穿到 10 套样式各异的服装。女士们并不认为租赁晚礼服不光彩，反而觉得划算、明智。而对乔安娜来说，她的服装只要租出 10 次就可以收回成本，利润十分可观。

乔安娜的服装租赁业务越做越大。后来，她除了经营晚礼服的租赁业务以外，还扩展到配饰、首饰乃至男士用的服装。乔安娜通过服装租赁业务，从一名普通的设计师转变成有名的富豪。

资料来源：综合网络资料改写

2. 减少公益创业风险

风险与价值是同时存在的，公益创业可理解为突破当前资源条件限制对公益创业机会的捕捉和利用。对公益创业者来说，公益创业资源往往是紧缺

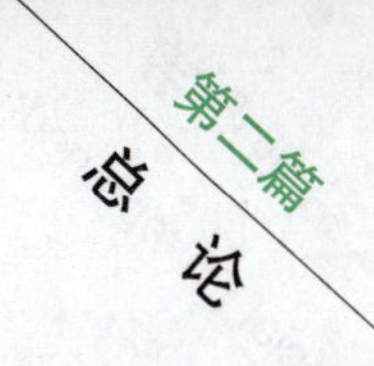

的，公益创业环境也是不确定的。因此，如何规避公益创业风险是公益创业者所关注的首要问题。公益创业机会评价就是对公益创业的价值和风险进行全面评估，从而在最大程度上规避公益创业风险，创造价值，提升公益创业成功率。

3. 吸引公益创业投资

对于公益创业者而言，在缺乏充足创业资金的情况下，引进投资能够促进公益创业机会的开发。而投资商需要对公益创业者提供的公益创业机会及公益创业计划进行科学的评估，这种评估有时候是很苛刻的。所以，公益创业机会评价既可作为公益创业者评价公益创业机会的标准，又能为投资商提供一定的借鉴，为初创社会企业吸引投资基金打下基础。

4.2.2 公益创业机会评价模型

一旦公益创业机会被认识到，公益创业者要做出是否开发它的决定，就必须对其进行评估。而在公益创业中，从公益创业机会中提炼出社会价值的能力是最重要的。因此，社会价值在公益创业机会评估中占有重要位置。

当公益创业者把目前所存在的社会需求和满足这些需求的方法有机结合时，他们就可以发现公益创业机会。一旦公益创业机会被识别，将产生三种可能性，如图 4 - 4 所示。只有当察觉到这种机会并且认可它的时候，才会出现公益创业机会的开发和公益创业的发展。

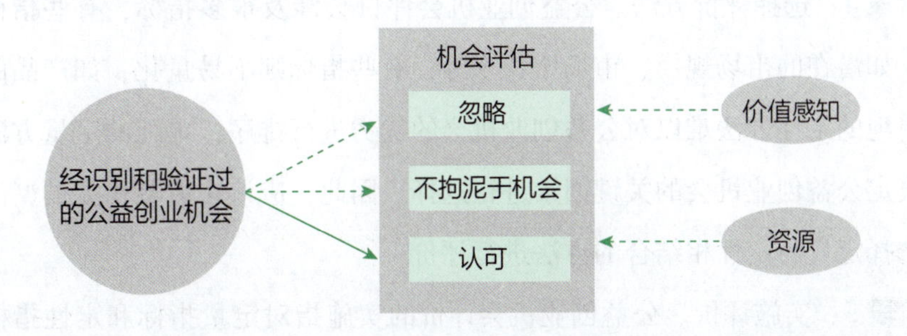

图 4 - 4 公益创业机会评估模型

之后，公益创业者会确定开发这一机会是否会产生必要的社会价值，如消除社会需求的不足。这一过程一般会包括确定评价目标、分析影响因素、构建评价指标体系、选择评价方法、实施评价和完善评价结果六个阶段，如图 4－5 所示。

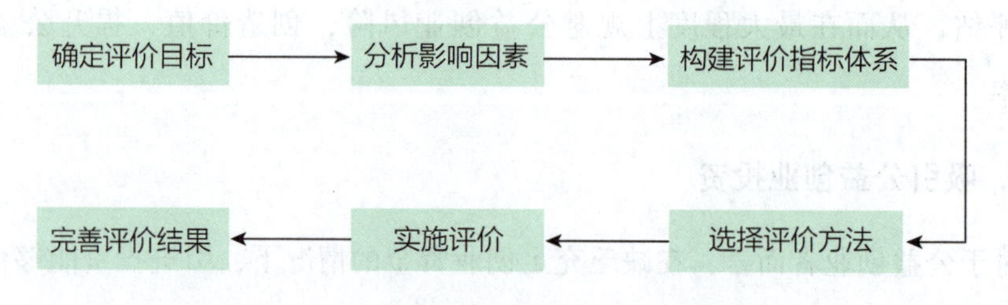

图 4－5　公益创业机会评估的一般流程

阶段 1：确定评价目标。评价目标的确定是公益创业机会评价的第一步，评价目标直接影响评价指标体系、评价方法等后续阶段的实现。在开始公益创业机会评价时，要对评价目标的特性进行充分分析，以更好地确定公益创业机会的影响因素，从而确定公益创业机会评价的基本框架。

阶段 2：分析影响因素。影响公益创业机会实现与否的因素有很多，既有内部的公益创业团队因素，也有外部的公益创业环境因素；既有社会因素，也有经济因素；既有市场因素，也有社会网络因素等。公益创业者需要从各种影响公益创业机会的因素中提炼出关键因素，为构建公益创业机会评价指标体系提供支撑性指标。

阶段 3：构建评价指标体系。公益创业机会评价指标体系是在对公益创业影响因素进行深入分析的基础上构建的。

阶段 4：选择评价方法。公益创业机会评价会涉及很多指标，有些指标可以量化，如潜在的市场规模、市场增长率等；有些指标则不易量化，如产品的结构等。单纯的定性方法难以对公益创业机会的优劣进行排序，单纯的定量方法也难以对决定公益创业机会的关键因素进行选择。因此，应该在借鉴相关模型的基础上，选择定量与定性相结合的方法进行评价。

阶段 5：实施评价。公益创业机会评价的实施指对定量指标和定性指标进行处理，引入需要的数据和相关专家的评定，并结合相关模型，最终得到评价结果，是评价的实际操作阶段。实施评价也是对公益创业机会进行选择和淘汰的过程，其关键是相关数据的获取和模型的选择。

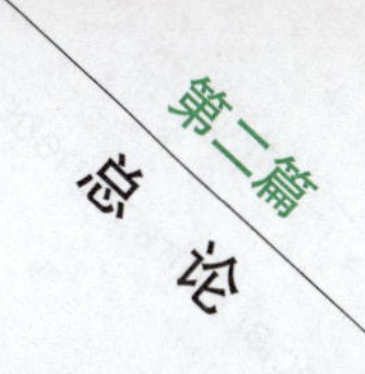

阶段6： 完善评价结果。公益创业机会评价是一个动态过程，其本质上是一个主观、理论的分析过程。公益创业机会是否能真正成为一个成熟的机会，是否可以在现实中被开发，还需要进一步从实践中证明。此外，依据公益创业活动实践可以从风险规避和价值创造这两个方面对公益创业机会评价的结果做进一步修正。

4.2.3 公益创业机会评价方法

1. 定性评价

对公益创业机会的评价事实上就是预测公益创业过程中将遇到的问题，属于一种前瞻性的评价。由于事情的发展往往是出人意料的，公益创业过程中会遇到许多问题，而且多数问题是无法精确预测的，这就给机会评价提高了难度。因此，定性评价方法是公益创业机会评价不可忽视的一种重要方法。

2. 定量评价

定量评价主要是进行公益创业分析中的经济社会效益分析，其任务是在初步拟规划的基础上，从经济社会效益方面进一步判断选定的机会是否符合公益创业目标。

公益创业者无论采用什么样的方法识别和评价公益创业机会的价值，所得到的结论大体上都是相似的。好的公益创业机会一般具有以下五个重要特征：①市场前景可以明确界定；②市场稳步且快速增长；③公益创业者能够获得利用机会所需的关键资源；④公益创业者不被锁定在刚性的技术路线上；⑤公益创业者可以用不同的方式创造额外的机会和价值。

4.3 公益创业风险识别

公益创业机遇与风险是并存的。公益创业过程中充满压力和风险。因此，公益创业要了解风险，认识风险，要有风险意识及规避风险的各种准备，这样才能将公益创业机会价值最大化，实现公益创业目标。

透视

公益创业者告别感言

一转眼，我离开农村已经多年了，当初的乡村教育志愿者计划早已是纸上谈兵。我当初参与公益事业，原以为可以实现自己的理想，结果却终结了自己的理想。本以为公益组织很单纯，结果比公司还要复杂。本以为可以淡泊名利，结果看到更多名利之争。本以为可以看到希望，结果却看到太多阴暗。如今的公益事业造就了不少公益明星，却没有几个人认真反思到底做了什么，到底帮到谁。可持续的公益组织更是凤毛麟角，绝大多数公益组织还在享受助人为乐的快感。公益创业者应该关注公益组织的能力建设，关注受助人群的能力建设，公益组织要助人自助。

资料来源：http: //village. blogbus. com/logs/14662977. html

4. 3. 1　公益创业风险的定义与特征

1. 公益创业风险的定义

一般认为，风险是在一定的失控条件下，由于各种因素复杂性和变动性的影响，使实际结果与预测发生背离而导致利益损失的可能性。所谓公益创业风险，是指由于公益创业环境的不确定性，公益创业机会与社会企业的复杂性，公益创业者、公益创业团队与公益创业投资者能力的有限，而导致公益创业活动偏离预测目标的可能性及其后果。

2. 公益创业风险的特征

公益创业风险主要表现如下四方面的特征：客观存在性、不确定性、损益双重性和相关性。

（1）客观存在性　公益创业风险是客观存在的，是不以人的意志为转移的。在公益创业过程中，由于内外部环境的不确定性，变化的环境因素会对公益创业活动产生正面或负面的影响，导致公益创业活动可能偏离预期的目标，因而公益创业风险是客观存在的。

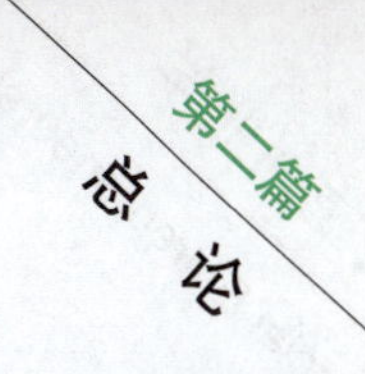

公益创业风险的这一特性要求公益创业者以正确的态度承认和正视创业成长发展规律，并以科学的方法应对公益创业过程中存在的风险，且在风险中寻求转机。

（2）不确定性　公益创业的过程往往是指公益创业者的“创意”或是创新技术变为现实的产品或服务的过程。在这一过程中，公益创业者面临各种各样的不确定因素，如突然爆发的全球金融危机、行业竞争对手的排斥、政策和法规的变化、技术的发展与转化瓶颈等。这些情况的发生有内部的必然性和外部的偶然性，这就导致公益创业过程中的很多因素会不断变化，难以预知。这种难以预知性造成了公益创业风险的不确定性。

（3）损益双重性　风险与机遇是并存的，社会企业在面临某一种风险时，如果可以及时调整战略、战术，完全可以将风险转化为机会。所以，公益创业风险对于创业收益不是仅有负面的影响，公益创业者如果能正确认识且充分分析并利用公益创业风险，反而会使收益有很大程度的增加。

（4）相关性　公益创业者面临的风险与其公益创业行为及决策是紧密相连的。同一风险事件对不同公益创业者会产生不同的风险，同一公益创业者由于其决策或采取的策略不同，会面临不同的风险结果。

4.3.2　公益创业风险主要类型

公益创业风险可以根据不同的标准划分为不同的类型。

1. 按风险来源的主客观性分类

按照风险来源的主客观性划分，公益创业风险可分为主观性公益创业风险和客观性公益创业风险。

（1）主观性公益创业风险　主观性公益创业风险是指在创业阶段，由于公益创业者的身体与心理素质等主观方面的导致创业失败的可能性。

（2）客观性公益创业风险　客观性公益创业风险是指在创业阶段，由于客观因素等导致创业失败的可能性，如市场的变动、政策的变化、竞争对手的出现、公益创业资金匮乏等。

2. 按风险内容的表现形式分类

按照风险内容的表现形式，公益创业风险可分为技术风险、政治风险、市场风险、生产风险、管理风险、经济风险和其他风险等。

（1）技术风险　技术风险是指由于技术方面的因素及其变化的不确定而导致公益创业失败的可能性。如技术成功的不确定性、技术效果的不确定性、技术成果转化的不确定性等。

（2）政治风险　政治风险是指由于战争、国际关系变化或有关国家政权更迭、政策改变而导致公益创业者或社会企业蒙受损失的可能性。

（3）市场风险　市场风险是指市场情况的不确定性可能导致社会企业或公益创业者损失的可能性，主要表现为市场接受能力、接受时间、产品扩散速度和竞争能力的不确定性。包括了产品市场风险和资本市场风险两大类。

（4）生产风险　生产风险是指社会企业在生产的过程中，因为生产工艺的不合理或现有工艺落后导致难以实现大批量生产；原材料供应短缺、生产周期过长或生产成本过高；产品质量难以保证等。

（5）管理风险　管理风险是指管理过程中因信息不对称、管理不善、判断失误等影响管理水平形成的风险。管理风险可能由公益创业者管理素质低下、缺乏诚信，权利分配不合理、不规范的家族式管理或决策失误等引起的。

（6）经济风险　经济风险是由于宏观经济环境发生大幅度波动或调整而使公益创业者或公益创业投资者蒙受损失的风险。

（7）其他风险　其他风险主要是指社会企业作为组织本身是在宏观环境中活动的，宏观环境中的自然地理因素、人口构成流动因素、技术革新因素、社会文化因素等会对社会企业造成潜在或直接的威胁。

3. 按风险的可控程度分类

按照风险的可控程度，公益创业风险可分为可控公益创业风险和不可控公益创业风险。

（1）可控公益创业风险　可控公益创业风险是指在一定程度上可以控制或部分控制的风险，如财务风险、团队风险等。

（2）不可控公益风险　不可控公益创业风险是指公益创业者或社会企业无法左右或控制的风险，如政策法规风险、宏观经济环境风险、社会风险等。

4. 按风险影响的范围分类

按照风险影响程度的范围，公益创业风险可分为系统性公益创业风险与非系统性公益创业风险（如表4-1所示）。

（1）系统性公益创业风险　系统性公益创业风险是指源于公益创业者或社会企业之外的，由创业环境变化带来的，是公益创业者和社会企业无法控制或无力排除的风险，如政策法规、宏观经济金融以及社会等带来的风险，对于这类风险，公益创业者无法控制或对其施加影响，只能在公益创业过程中设法规避。

（2）非系统性公益创业风险　非系统性公益创业风险是指非外部因素导致，源于公益创业者或社会企业本身的商业活动和财务活动而引发的风险，如技术风险、生产风险、财务风险、管理风险、人员风险等，可以通过一定的手段进行预防和分散。

表4-1　系统性公益创业风险与非系统性公益创业风险

风险类别	风险构成	具体内容
系统性公益创业风险	政策法规风险	创业政策的支持程度、相关法规法律的健全程度
	宏观经济风险	宏观经济状况、经济景气指数变动、通货膨胀
	金融风险	利率变动情况、创业信贷、资本市场规模与健全制度
	社会风险	社会认可度、中介服务机构以及基础设施完善程度
非系统性公益创业风险	技术风险	研发风险、商业化风险、技术淘汰风险
	生产风险	生产工艺与设备、生产资源获取的难度、资源配置合理度
	财务风险	融资风险、追加投资风险、财务管理风险
	管理风险	经营决策和战略规划的合理性、管理层的综合素质和能力
	人员风险	流动性风险、契约风险、道德风险

4.3.3 公益创业风险的防范策略

1. 公益创业系统性风险防范的可能途径

公益创业的系统性风险是由于某种全局性的共同因素引起的，公益创业者或社会企业本身控制不了或无法施加影响，并难以采取有效方法消除的风险。因此，公益创业的系统性风险也称为“不可分散风险”。一般来说，环境风险、市场风险等均属于公益创业的系统性风险。

对于公益创业的系统性风险，公益创业者或社会企业应设法规避，应从以下几个方面做好风险防范。

（1）公益创业前的系统性风险防范

1）了解各地各级政府创业的优惠政策。近年来为支持不同创业人群，国家和地方各级政府出台了许多优惠政策，涉及融资、开业、税收、创业培训、创业指导等诸多方面。对公益创业者而言，明确创业身份，了解相关创业扶持政策等，有利于走好创业的第一步。

2）了解国家相关法律法规。公益创业者在创业前很少认真了解与创业相关的法律内容，或者虽有所了解，在实践中的众多环节上却忽视法律，在风险和利益同时存在的情况下，以投机心理和冒险行为替代了理性的法律思维，以致造成一些惨痛的教训。法律应该成为公益创业者创业过程中必备的知识，只有懂法、守法，并依据法律保护自己的合法权益，才能确保公益创业者创业行为的稳健与长久。

3）选择公益创业的正确方向。虽然市场商机无限，对于公益创业者而言却是“如履薄冰”。公益创业者在创业前要做好市场调研，在了解市场需求和预测市场未来发展方向的基础上选择正确的公益创业方向。公益创业者需了解相关行业的发展现状和未来前景、行业发展趋势、市场竞争等情况。

（2）公益创业过程中的系统性风险防范　在此阶段中，主要需要公益创业者保持与外界信息的获取和沟通。公益创业者需要实时了解国家政策、经济发展状况及法律法规的最新变动情况；同时，要掌握所在行业最近的技术革新消息。社会企业外部环境的客观性迫使公益创业者必须在社会企业内部建立一套应对环境

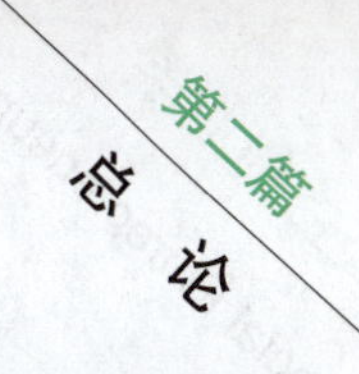

风险的预警管理系统，来监测与评估外部环境对社会企业的影响以及明确社会企业面临或可能面临的不利环境因素，这样就可以建立防范社会企业外部环境风险的有效机制，使社会企业处于一个安全的环境之中，社会企业外部环境预警管理系统由预警分析与预控对策两大任务体系构成。

预警分析是对社会企业外部环境风险的识别、分析与评估，并由此做出提示的管理活动，它包括监测、识别和诊断三个活动阶段。

预控对策是根据预警分析的活动结果，及时矫正与控制社会企业内部的管理活动，采取有效的管理措施来应对外部环境的变化。预控对策的活动目标是实现对各种不利外部环境变化的早期预防与控制，它包括组织准备、日常监控、危机管理三个活动阶段。

2. 公益创业非系统风险防范的可能途径

公益创业非系统风险是由公益创业者或社会企业自身因素引起的，只对该公益创业者或社会企业产生影响。因此，公益创业者和新创社会企业可以在某种程度上对其进行控制，并通过一定的手段予以预防和分散。

（1）公益创业前的非系统性风险防范

1）调整心态。公益创业者要调整好心态，做好面对重重困难的心理准备。在激烈的市场竞争中，只有极少部分的公益创业者能够把创意成功转换为商业。公益创业者要保持良好的心态去面对失败，及时反思与总结，并吸取教训，面对失败不气馁，才能够成就事业。

2）积累创业经验。对于初次创业的创业者而言，对创业缺乏正确的认识，在创业准备、市场开拓、企业运营等方面很容易陷入纸上谈兵的误区。一方面，对于初次创业的公益创业者而言，在明确创业目标之后，最好能前往创业企业学习或实习，以积累相关的经营和管理的经验；另一方面，初创者应积极参加创业培训，了解市场变化与行业信息、积累创业知识、接受专业指导、提高创业成功率。

3）准备资金。如何获取资金一直是创业者需要突破的难题。因此，公益创业者要从多个渠道融资，除银行贷款、自筹资金、民间借贷等传统途径之外，还可充分利用风险投资、天使投资、创业基金等融资渠道。

4）锻炼能力。很多初次创业者在技术上出类拔萃，理财、营销、沟通、管理方面的能力却普遍不足。要想使创业获得成功，公益创业者必须严抓技术和管理两方面。

（2）公益创业过程中的非系统性风险防范

1）提高管理能力。对于刚起步的公益创业者而言，面临的最核心问题之一便是基础管理问题。管理是否科学合理将直接关系到社会企业的生存与发展。为了更好地降低社会企业成长过程中的内部管理风险、提高创业成功率，公益创业团队有必要形成健全的管理制度。管理风险的防范主要包括以下三个方面：建立创新激励机制、建立人才储备机制、构建法人治理机制。

2）防范市场风险。市场风险是导致社会企业失败的主要因素之一。对于公益创业者创办的社会企业来说，市场本身具有太多的不确定性，因而开拓市场是一项极具挑战性的事业。因此，对于市场风险的防范就显得十分重要。具体可以从以下方面着手：加强营销队伍建设，缩短市场接受时间；强化市场战略，培养社会企业竞争力；以市场为导向，完成“产”“销”预算。

3）建立财务预警机制。公益创业者应该在社会企业内部建立一套比较有效的财务预警机制，借以分析导致社会企业失败的原因。运用财务安全指标来预测社会企业财务危机，有效解决资金的可获得性和持续发展支持，提高资金使用效率，以此来不断进行调整从而摆脱财务困境。

4）强化技术风险的防范意识。技术风险的防范就是指决策者对技术风险进行识别、预测，并采取有效措施进行回避、转移、削减的行为。对技术研究开发的风险进行防范，是提高创业成功率、减少风险损失的重要方法。应该借鉴“木桶原理”来保证整个技术系统的均衡性，而不应该因为某些技术的落后，而导致整个技术系统的落后。技术风险的防范主要可以从风险回避、风险转移、风险削减三个方面进行。

对于刚迈出校门的大学生创业者而言，要想创业成功，除拥有所掌握的技术和创意之外，还必须加强学习生产、销售、财务、客户、人力资源、采购等方面的管理知识与技能。

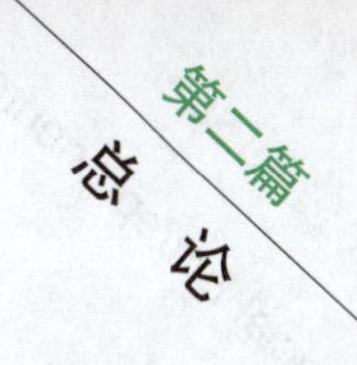

3. 公益创业者风险承担能力的估计

公益创业者在进行风险识别的过程中，不但要确定其接受的风险程度，还要对其实际能接受、能承受风险的程度进行评估。德鲁克曾指出，成功的创业者不是盲目的风险承担者，他们通过市场调查、风险评估等方法和技术来降低不确定性，增强企业市场竞争力。

公益创业者的风险承担能力是指公益创业者所能承受的最大风险，有两层含义：第一，公益创业者能承受的总风险的大小。在诸多的公益创业风险面前，公益创业者能否不违背创业的初衷。第二，一旦公益创业风险变成实际的亏损，是否会极大地影响公益创业者的情绪和生活水平。

公益创业者风险承担能力与创业者的个人能力、家庭情况、工作情况、收入情况等息息相关。风险承担能力的估计可从以下几个方面进行。

（1）计算特定时间段所要承担的风险　从创意到公益创业构想再到社会企业的建立，不同阶段的公益创业风险大小会有所不同。一般来说，随着时间的推进和公益创业活动的深入，公益创业者或公益创业团队面临的风险会逐渐增大。公益创业者要运用一定的数理统计方法根据风险的来源及其对公益创业活动的影响程度，估计出在不同时间段可能要承受的总风险。

（2）计算可用于承担风险的资金　公益创业者用于承担风险的资金一般会受公益创业者的年龄和家庭状况的影响。刚毕业的大学生创业资金储备较少，故其用于承担风险的资金较少；同样，家庭比较困难的创业者会更多考虑到家庭基本生活对资金的需求以及家庭支持力度微弱等因素，其用于承担风险的资金一般也会较低。正常情况下，公益创业者的风险承担能力与用于承担风险的资金呈正相关关系。

（3）从其他渠道获取收入的能力　一般来说，公益创业者从其他渠道取得收入的能力越强，创业失败对其情绪和生活水平的影响就越小，公益创业者能够用来偿还创业失败所致债务的能力越强，其风险承担能力也就越强。因此，公益创业的风险承担能力与从其他渠道取得收入的能力也呈正相关关系。

（4）危机管理的经验　公益创业者的危机管理能力会影响到公益创业风险发生时采取的风险抑制措施的效果，从而影响到损失的大小。危机管理能力越强，风险因素导致风险事件发生并进而可能形成风险损失时，公益创业者就越能及时采取有效的风险防范措施对损失状况进行抑制，避免损失的进一步扩大，减少损失所产生的危害。所以，公益创业者的危机管理经验越丰富，其风险承担能力就越强，二者也呈正相关关系。

4. 基于风险估计的公益创业收益预测

按照风险报酬均衡的原则，公益创业者冒的风险越大，其所获得的收益也应该越高。当公益创业者对创业风险的规避和防范有所安排和考虑，对自己的风险承担能力有所了解之后，公益创业者还应该能够合理地对公益创业收益进行预测，以便将其和所可能承担的风险相匹配，进行公益创业的风险收益决策。如果预计的公益创业收益能够弥补创业风险，并给公益创业者带来一定的报酬，则可以通过建立适当的商业模式，将公益创业机会转换为盈利的公益创业项目，进而开始公益创业活动；否则，就需要放弃公益创业活动。基于风险估计的公益创业收益预测具体可以采用如下步骤。

阶段 1：预测不同情况下的收入、成本状况。公益创业者要首先根据各种风险发生的概率情况对预期可能形成的收入和成本状况进行估计，进而分析其对收益的影响，来估计不同情况下的收益状况，确定收益变化范围及其概率。

阶段 2：计算风险收益的预期值。公益创业者需要根据第一步中估计的各种收益发生的概率及对应的收益情况，计算收益的预期值。

预期收益 = 预期收入 − 预期成本

阶段 3：计算影响收益变化的各个因素的临界值。影响收益变化的各因素的临界值是假定其他条件不变的情况下，计算各个因素的极大值或极小值。一般而言，和收益同向变化的销售量、单价等因素要计算其极小值，成本等因素则计算其极大值。

阶段 4：分析最大风险的收益和公益创业者风险承担能力的匹配性。公益创业者通过对影响收益的各因素临界值的计算，可以对各种因素不利变化的极端情况有较为充分的了解，对其可能面临的最大风险予以合理估计，并将其和自己可以接受的最大风险程度及风险承担能力相权衡，进行科学决策。

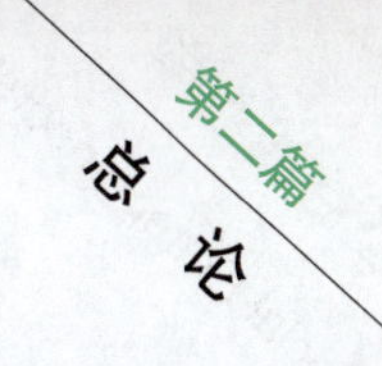

4.4 社会企业商业模式设计与创新

4.4.1 社会企业商业模式概念与构成

1. 社会企业商业模式概念

“商业模式”（Business Model），亦称“经营模式”“业务模式”等。社会企业商业模式是指一个社会企业为了满足消费者需求而构建的系统，这个系统组织管理企业的各种资源（包括资金、原材料、人力资源、作业方式、销售方式、信息、品牌和知识产权、企业所处的环境、创新力等，又称输入变量），形成能提供消费者无法自力而必须购买的产品和服务（输出变量）。因而具有不被别人复制的特性。简单来说，商业模式就是一个社会企业通过什么途径或方式来获得利润。本质上就是社会企业为客户创造并传递价值，使客户感受并享受到社会企业为其创造的价值的系统逻辑。

一个社会企业的商业模式需要回答以下几个问题。

（1）社会企业是做什么的？即社会企业的价值内容。社会企业存在的理由是提供满足社会需求的产品或服务，这是对公司定位以及公司存在理由的辨识，最终表现为业务范围和所提供产品或服务的描述。

（2）社会企业为谁做？社会企业商业模式设计价值描述，即企业的价值主张是什么，价值对象是谁？顾客及合作者（如供应商）等能够从业务中得到哪些收益，业务活动为哪些顾客或合作者创造价值，为这些利益相关者创造了哪些价值？

（3）社会企业是怎么做的？商业模式还包括价值创造的描述，价值结构分析了价值链或价值网络的形成，不同价值主体参与到价值创造的不同过程并在价值创造过程中承担不同角色，价值结构回答的是“每个环节的价值是如何被创造出来的？”

（4）社会企业的利润如何实现？当认真分析了社会企业商业模式的运作基础以及收入来源之后，价值和业务的持续性就决定了社会企业商业模式的成本结构和收入模式，也就是社会企业如何赚钱的问题。

2. 社会企业商业模式的构成

为了更深入地了解社会企业商业模式，一般把它分成四个组成部分：价值体现、价值创造、价值传递和企业盈利，如图4－6所示。

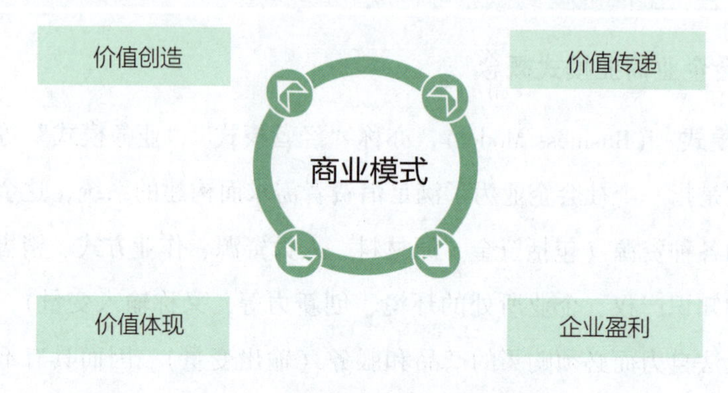

图4－6　商业模式的四个构成要素

（1）价值体现　价值体现是指建立在用户利益之上，社会企业拟为客户创造并传递的价值。公益创业者通过可行性分析所认定的创新性产品和技术，只是创建新社会企业的手段，社会企业最终的盈利与否取决于它是否拥有顾客。公益创业者在对创新产品和技术识别的基础上，进一步明确和细化顾客价值所在，确定价值体现，是商业模式开发的关键环节。

（2）价值创造　价值创造是指社会企业构建的平台、资源和流程，成功的社会企业商业模式能提供独特的价值创造。从本质上看，社会企业商业模式是价值创造的产生机制，价值创造是社会企业存在的根本理由和发展的必要条件，也是社会企业所有经营活动的核心主题，价值的来源主要包括社会企业自身价值链、技术变革和价值网络。

社会企业商业模式作为社会企业创造价值的核心逻辑，直接决定了社会企业业务流程的设计，而业务流程设计与社会企业的信息系统密切相关，业务流程和信息系统能否相互适应，决定了社会企业能否实现预期的价值，因此从社会企业内部运营的角度看，商业模式决定着社会企业的价值创造。从技术开发的角度看，商业模式是技术开发与价值创造之间的转换机制。商业模式决定了成本收益结构，决定了组织技术开发的成本和利用技术开发创造的价值所带来的收益。商业模式是为了创造价值而设计的交易活动的组合方式，决定了社会企业能否通过

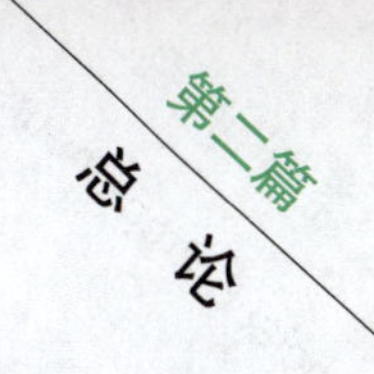

价值网络的协作创造和获取价值，以及能够创造多大的价值。

（3）价值传递　社会企业价值传递是指终端消费者接收到产品或服务及价值主张的方式、途径及如何与终端消费者建立可持续、可积累、可增值的长期消费关系。价值传递是指通过相关平台、渠道，将社会企业价值传递的过程。即使有巨大价值，如果不能传递出去，也是无用的。设计价值传递的思考路径来源于三个方面。

1）渠道模式，产品或服务通过哪些渠道的投入产出比较高，什么样的模式能够迅速构建销售网络，占领市场份额。

2）沟通模式，通过什么方式向终端消费者传递价值主张，最易被接收到、被记住、被传播。

3）客户模式，通过什么方式紧紧地黏住终端使用者，与其建立长久忠诚的消费关系。

（4）企业盈利　企业盈利是指社会企业获取利润的方式。社会企业商业模式最为关注的不是交易的内容而是方式，其目的不在于概念的重整而在于实现收入与利润，因而盈利模式是成功的商业模式的核心要素之一。同时，一个盈利模式必须有一定的价值主张及运营机制的导向和支撑。成功的商业模式必须具备一定的独特性与持久性，社会企业能否持续盈利是判断其商业模式是否成功的唯一外在标准。

4. 4. 2　社会企业商业模式设计

1. 社会企业商业模式设计的概念及特点

社会企业商业模式设计是指根据客户需求而进行创新的战略重塑，为追踪可持续利润而进行的社会企业战略设计。它的重点在于全部架构必须紧扣客户价值，因为这是一个为了“创造客户价值”而精心规划的价值创造系统。

社会企业商业模式设计有以下特点：

（1）将他人或自己此前做不成的商业，转变为自己可以做出的商业。

（2）有助于新创社会企业尽快实现“正的现金流”和“最大化利润”。

（3）反复试错、修正。

（4）社会企业战略设计的基础。

许多成功的商业模式给社会企业带来了巨大效益，它之所以可以达到这样的效果，其中的奥秘之一，就是它遵循着一个基本框架。这就是在社会企业商业模式设计、分析时常用到一个基本工具：商业模式画布。

2. 社会企业商业模式画布

（1）社会企业商业模式画布的定义　社会企业商业模式画布是指一种用来描述社会企业商业模式、可视化社会企业商业模式、评估社会企业商业模式以及改变社会企业商业模式的通用语言。

社会企业商业模式画布是会议和头脑风暴常用的，且在设计、分析社会企业商业模式时用到的一个工具，它通常通过一面大板、一张白纸或者一面墙来展现，它可以给决策者呈现出一种简约而又高效率的内容，从而更有效地帮助设计者进行社会企业商业模式的设计，如图 4－7 所示。

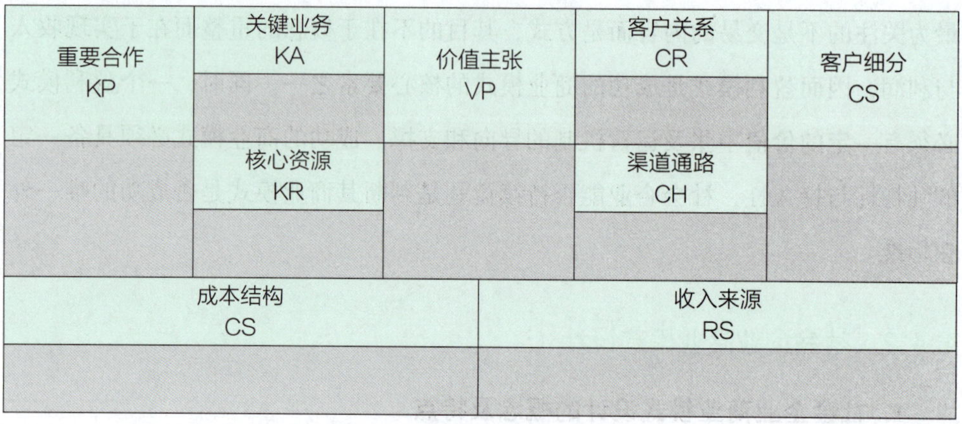

重要合作
KP
关键业务
KA
核心资源
KR
价值主张
VP
客户关系
CR
渠道通路
CH
客户细分
CS
成本结构
CS
收入来源
RS

图 4－7　商业模式画布式样

（2）商业模式画布的构成　商业模式画布通常由以下九个部分构成。

1）客户细分（Customer Segments，CS）。客户细分是指社会企业所服务的一个或多个客户分类群体。社会企业可以把客户分成不同年龄段或者不同需求群体，甚至专为一种客户群体服务。

2）价值主张（Value Propositions，VP）。价值主张用来描述为特定客户细分创造价值的系列产品和服务。价值主张的重要性在于它表明了社会企业商业模式

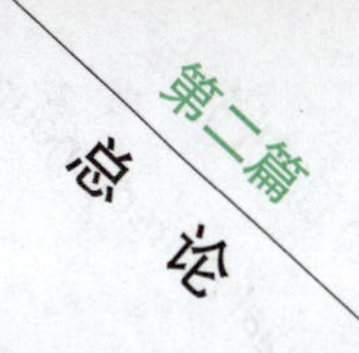

的价值定位和未来发展方向。

3）渠道通路（Channel Highway，CH）。渠道通路是指通过沟通、分销和销售渠道向客户传递价值主张。

4）客户关系（Customer Relationships，CA）。客户关系是指社会企业在每一个客户细分市场建立和维系客户关系。

5）收入来源（Revenue Streams，RS）。收入来源是指通过成功提供给客户的价值主张产生收入。

6）核心资源（Key Resources，KR）。核心资源是指能为社会企业价值创造和竞争优势形成起到关键性作用的资源。

7）关键业务（Key Activities，KA）。关键业务是指企业通过执行关键业务活动运转的商业模式。

8）重要合作（Key Partnerships，KP）。重要合作是指部分业务需要外包，而另外一些资源需要从企业外部获得，或通过合资等其他方式，建立战略合作伙伴关系。

9）成本结构（Cost Structure，CS）。成本结构是指商业模式上述要素所引发的成本构成。

3. 社会企业商业模式设计的过程与评价

（1）社会企业商业模式设计的过程　在社会企业商业模式设计的流程中，由顶层设计到具体化设计，是一个循序渐进的过程。创业者需要步步为营、逐级细化，才能更好地设计出客观可行的社会企业商业模式。表4－2说明了社会企业商业模式设计的具体流程。

表4－2　社会企业商业模式设计的流程

顶层设计	具体化设计	组织化设计
价值体现设计	产品或服务：核心、非核心及衍生价值	企业内部组织
价值创造方式设计	产品或服务研发、生产的方式方法和途径	外部伙伴关系
价值传递方式设计	产品或服务营销的方式方法和途径	客户关系界面
企业盈利方式设计	基于社会企业与客户交易关系及市场竞争的企业盈利方法及途径	社会企业利润屏障
四类要素联系设计	产品或服务的研发、产销、交易竞争关系的协调	

（2）社会企业商业模式的评价准则　社会企业商业模式的评价准则如图4－8所示。

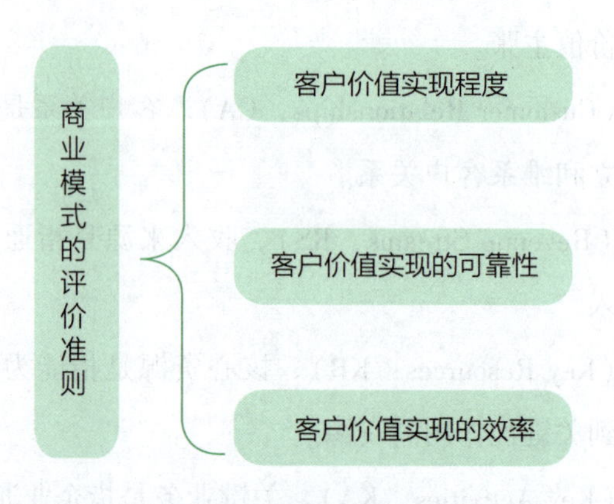

图4－8　社会企业商业模式的评价准则

1）准则一：客户价值实现程度。客户价值实现程度是指商业模式能够在多大程度上实现社会企业团队原本拟定为客户创造并传递的价值。

2）准则二：客户价值实现的可靠性。客户价值实现的可靠性是指公益创业者能在多大程度上为客户可靠地提供拟定的价值。

3）准则三：客户价值实现的效率。客户价值实现的效率表现为社会企业商业模式为客户去创造并传递价值的效率。

（3）量化评估——SWOT

社会企业商业模式的评估，可采用SWOT模型对社会企业商业模式画布的九个构造块逐一地进行评估，来更好、更细致地去了解社会企业商业模式在哪里出现了问题，以及应该如何去进行改进，如表4－3所示。

表4－3　社会企业商业模式画布的SWOT评估

各构造块	内部（S或W）	外部（O或T）
客户细分	客户细分群体的细分是否合理 能否根据客户细分的反馈来调整商业模式	能服务新的客户细分群体吗 能通过更为精细的客户细分群体来更好地服务客户吗
价值主张	产品和服务之间的协同效应强弱如何 价值主张具有很强的网络效应吗 价值主张与客户需求一致吗	市场上存在产品和服务的替代品吗 竞争对手正在试图提供价格更低或价值更高的产品和服务吗

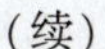

（续）

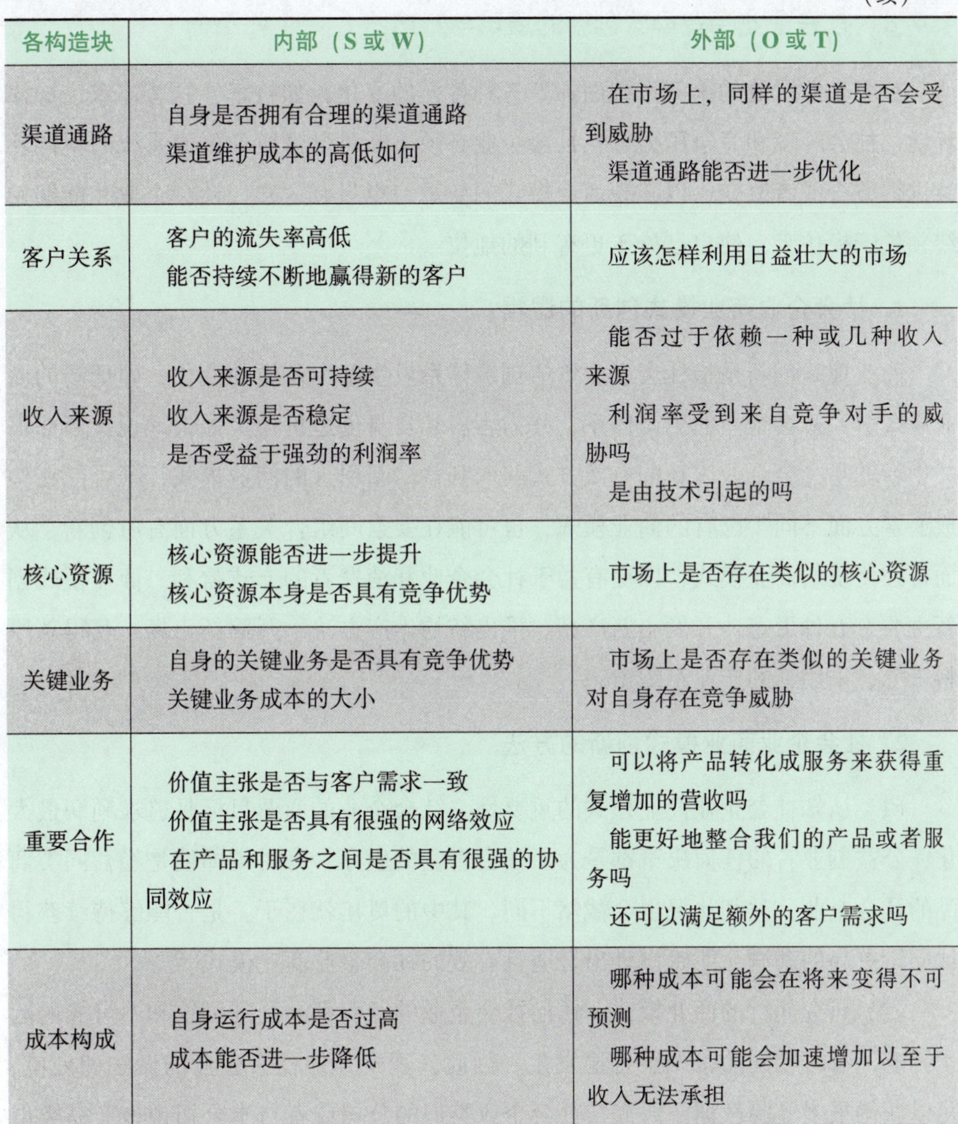

各构造块	内部（S或W）	外部（O或T）
渠道通路	自身是否拥有合理的渠道通路 渠道维护成本的高低如何	在市场上，同样的渠道是否会受到威胁 渠道通路能否进一步优化
客户关系	客户的流失率高低 能否持续不断地赢得新的客户	应该怎样利用日益壮大的市场
收入来源	收入来源是否可持续 收入来源是否稳定 是否受益于强劲的利润率	能否过于依赖一种或几种收入来源 利润率受到来自竞争对手的威胁吗 是由技术引起的吗
核心资源	核心资源能否进一步提升 核心资源本身是否具有竞争优势	市场上是否存在类似的核心资源
关键业务	自身的关键业务是否具有竞争优势 关键业务成本的大小	市场上是否存在类似的关键业务对自身存在竞争威胁
重要合作	价值主张是否与客户需求一致 价值主张是否具有很强的网络效应 在产品和服务之间是否具有很强的协同效应	可以将产品转化成服务来获得重复增加的营收吗 能更好地整合我们的产品或者服务吗 还可以满足额外的客户需求吗
成本构成	自身运行成本是否过高 成本能否进一步降低	哪种成本可能会在将来变得不可预测 哪种成本可能会加速增加以至于收入无法承担

以上是一个SWOT分析框架，通过参考以上各构造块中的问题（可根据评估对象商业模式的特点做问题修改），并逐一进行五分制评分，结构化地分析评估对象的商业模式，从而可以得出两方面的结论：一是评估对象现在的处境（优势和劣势）；二是带给评估对象一些关于未来发展趋势的思考。甚至可以通过同行业对比，发现其商业模式中存在的短板，在扬长的同时，改进自己的不足，从而实现全面超越竞争对手的目标。

4.4.3 社会企业商业模式创新的逻辑与方法

社会企业所处的价值系统面临着各种各样的变化，如技术、顾客需求、法律环境、社会环境和竞争压力等，社会企业必须不断对自身所处价值系统的不同环节进行整合或者改变，以实现商业模式的变革。也只有这样，社会企业才能够始终领先于模仿者，使自己处于更有利的地位。

1. 社会企业商业模式创新的逻辑

商业模式创新是指社会企业价值创造体系发生基本逻辑的变化，即把新的商业模式引入社会企业的生产体系，并为客户和自身创造价值。通俗地说，商业模式创新就是社会企业以新的有效方式获取利益。新引入的商业模式，既可能在构成要素方面不同于已有的商业模式，也可能在要素间组合关系方面有所创新，从而打破传统的商业模式，以更有益于社会企业和消费者的方式盈利。商业模式创新主要有五种形态：开发出新产品、推出新的生产方法、开辟新市场、获得新原料来源、采用新的产业组织形态。

2. 社会企业商业模式创新的方法

（1）认知社会企业商业模式的重要性　社会企业的商业目标是追求利润最大化，公益创业者的任何决策都是为了社会企业的生存。有时候即使是经营同类商品的社会企业，盈利状况也会截然不同。其中的奥秘就在于，是否能够持续获得比同行更高的利润，能否设计出合适且有效的社会企业商业模式。

（2）研究同行的商业模式　任何社会企业的经营都会受到可控和不可控的因素影响，有时相同的错误会普遍发生。因此，观察其他社会企业的做法和处境，可以获得很多经验教训。研究与社会企业类似的公司或者与本公司销售产品类似的产品，可以使你冷静地认识市场需求，帮助你找到合理的社会企业商业模式。

（3）寻找最佳的社会企业商业模式　你必须要遵循一个原则，即任何商业模式都应以顾客需求、市场策略和经营特色为中心。好的社会企业商业模式应具有如下特点。

1）必须可以同时满足顾客和社会企业的需要。

2）包含能够应对市场变化和需求的对策。

3）一定要具有自己的特色，使顾客离不开你的产品或服务。

（4）研究对手的商业模式　首先，要做到知己知彼，必须要寻找竞争者，充分地了解、掌握和分析他们的信息，这样才可以找到自己的生存空间。其次，要想顾客之所想。除了向成功的社会企业家学习外，绝对以顾客的利益和市场需求为行动指南是公益创业者的第二条创业准则。思虑周到和完善实施，能帮助你战胜竞争对手，取得卓越的成果。再次，急顾客之所急。公益创业者还应尽量避免过于看重自己的观点和能力。因为故步自封容易使公益创业者忽视团队的意见，甚至忽略顾客的需求，不符合市场需求的产品会使你立刻失去竞争的优势，把市场白白送给你的竞争者。最后，要谨记市场始终如逆水行舟，不进则退。公益创业者需要紧跟时代的步伐、不断创新，才能够持续处于领先地位，确保自身企业的市场份额。经营永远是“不进则退”，市场永远没有停止变化的时刻。

复习思考题

1. 简述公益创业机会的概念和类型。
2. 简述公益创业机会识别的过程与途径。
3. 简述公益创业机会评价的标准。
4. 简述公益创业风险的分类。
5. 简述公益创业风险识别的方法与对策。
6. 简述如何设计社会企业商业模式以及进行商业模式创新。

案例分析

黑暗餐厅是否构成创业机会？

2003 年，清华学生陈龙在准备 GMAT 考试时无意接触到“Darkness Restaurant”这个词，经查源于1999 年苏黎世的“盲人餐厅”，经过考察，亚洲尚无第二家。陈龙从中发现了商机。他与两个朋友成立北京乐港餐饮公司，共同运作“巨鲸肚黑暗餐厅”连锁品牌。2007 年元旦，亚洲首家“黑暗餐厅”在北京开业。目前，乐港经营着五家连锁黑暗餐厅，年营业收入 1000 万元。除北京店外，全部采取加盟形式，当时计划在 2008 年开 20 ~30 家。后来，乐港获得香港中厦投资首轮1000万元的创业投资。

这家名叫“巨鲸肚”的“黑暗餐厅”位于北京国贸建外SOHO，其名字来源于《巨鲸历险记》。餐厅外观为全黑色，内部几乎也没有光线。客人进入餐区必须要佩戴夜视镜，经过特殊培训的侍应生引导，经由特殊设计的单行线盲道进入黑暗餐区。在进入黑暗餐区之前，客人不允许携带任何发光体入内。在餐厅内部，客人们除了体验摸黑吃饭的乐趣、享受“黑暗餐厅”特制美食（主要是套餐）之外，还能欣赏到餐厅为客人准备的一场创意十足的“黑暗剧”。此外，陈龙也为黑暗餐厅加载更多的功能，如提供婚宴、年会等服务，针对顾客多为情侣的社区网站等。

有的食客表示，在伸手不见五指的黑暗中享受美食，真是太刺激了。“黑暗餐厅”屏蔽了人们的视觉，鼓励人们尝试仅仅依靠触觉、嗅觉、味觉和听觉来体验独特的进食过程。这对绝大多数人而言，都是从未有过的体验。有的则认为，这种体验只有一次。有的甚至认为，在黑暗中进食实在太麻烦了。

资料来源：根据华尔街见闻相关新闻报道整理编辑。

思考题

1. 黑暗餐厅创意能否算是公益创业机会？理由是什么？
2. 该商业模式能否复制？体验能否工业化？

系列实训之4

- **实训目标**

1. 掌握识别公益创业机会的方法。
2. 了解公益创业风险，并掌握规避风险的办法。
3. 了解社会企业商业模式，掌握社会企业商业模式的设计技巧。

- **实训内容与要求**

1. 分组进行头脑风暴，寻找出一个公益创业机会，并模拟创立社会企业。
2. 对社会企业可能遇到的风险进行讨论，给出规避风险的相关策略。
3. 为社会企业开发出合理的商业模式。
4. 课堂报告：各组陈述，交流体会。

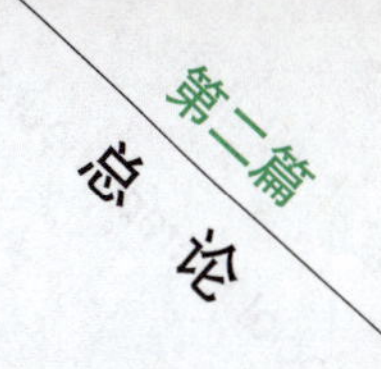

第5章 公益创业资源

内容提要

公益创业资源是公益创业的基础与前提，公益创业者识别、获取、开发和整合公益创业资源的能力是开展公益创业的重要条件。公益创业资源指公益创业过程中，一切合法的、可以为公益创业服务的物质条件或者非物质条件。公益创业资源可以分为物质资源和非物质资源，也可以分为直接资源和间接资源。公益创业资源包括人力资源、财产资源、市场资源、公共关系资源、政策资源、信息资源和技术资源等，它们为公益创业活动提供了启动的基础条件和发展动力。公益创业融资要以融资效益最大化、融资渠道合法性、融资节奏合理性和融资协作高效性的经营发展稳性为基本原则。在融资途径上，一般考虑自筹资本、股权融资、公益创投、天使投资等。公益创业资源的整合分为识别、获取、配置三个步骤。

公益创业资源与普通商业创业资源既有共性之处，也有自身的特点。因此，把握公益创业资源中公益创业的特点，更有助于公益创业者开展公益创业活动，灵活运用多种社会资源，创造更加丰富的社会价值，实现公益创业目标。

学习目的与要求

掌握公益创业资源的基本概念，理解公益创业资源的主要特点以及不同类型。了解公益创业融资原则与途径。掌握公益创业资源整合的步骤。

开篇案例

恩启：获得千万融资的社会企业

自闭症又称孤独症，是一种发育障碍的精神疾病。人们称孤独症儿童为“星星的孩子”，他们就像天上的星星，在遥远而漆黑的夜空中独自闪烁着。联合国将每年的 4 月 2 日定为“世界自闭症日”。目前，孤独症患儿仍在不断增加，据世界卫生组织统计，全球每 20 分钟就有一个自闭症儿童诞生。

由于自闭症儿童康复教育的特殊性，相关康复机构大多采用线下为主、线上为辅的模式。国内早期的自闭症互联网康复平台大都以线上论坛为起点，盈利点以线下康复机构为主。

作为中国孤独症儿童康复教育领域里最专业的“互联网 +”平台，恩启期待用线上优势、创新企业思维，带动自闭症行业的整体发展。

恩启是清华 X-lab 孵化出的社会创新项目，致力于用“互联网 +”推动孤独症康复教育行业专业水平整体提升，由恩启云课堂、VB-MAPP 评测助手、恩启社区 APP、孤独症教师机构认证查询系统、恩启自媒体以及线下的 IDEA 教研中心等共同组成。

恩启的使命是“让康复更有效”，其所有的产品和服务，也均是围绕该使命推出：恩启云课堂、VB-MAPP 评测助手等，主要致力于提升全行业康复教师的专业水准；孤独症教师机构认证查询系统，为家长、教师、机构在选择专业资源时提供参考依据；恩启社区、恩启微信公众号等也时时刻刻地在传播科学知识，提供科学方法；IDEA 教研中心致力于研究出最适合中国国情的康复教育体系，并让这套体系帮助全中国的自闭症儿童。近年来，恩启也相继推出了微电影《第十七次抛弃》《咖啡店的天真者》和自闭症科普绘本《天真者的故事》，旨在呼吁社会理解、倡导社会包容。

不难看出，恩启目前已经形成了商业价值和社会价值的良性统一，可以说恩启的社会价值越大，产生的商业价值就越大，反之亦然。

恩启作为一家社会企业，是怎样依托社会投资一步一步成长至今的呢？恩启创始人王伟在第一届星展银行“社会企业训练营”的发布会上，以一个过来人的身份说道：“一方面，社会企业发展非常不容易，早期缺‘资’：资金和资源；中期缺‘智’：智力支持；后期缺‘伞’：企业发展到一定程度，各种麻烦不断出现，需要更有力的资源帮我们站台，度过市场、政策、经营等方面一个个的坎儿。另一方面，不管是从草根进场到逐渐找到解决社会问题的战略方向的企业，还是企业非常成熟后再加入这个圈子，都有公共推广的需求。对于草根出身的企业来说，在早期更需要曝光机会，这个比资金都重要，资金可以出几十万块钱搞定，但这个确实难。”

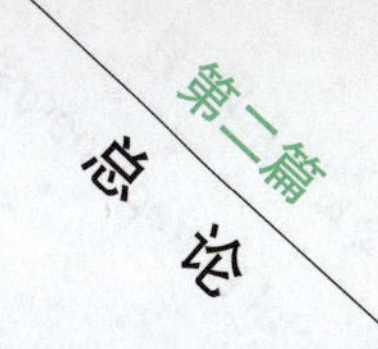

所以，发展早期的恩启早已意识到拼商业价值无法得到清控银杏、盛世投资、星展银行等高端资源的关注。因此，恩启秉承着用科学的技术和方法，促使整个行业的康复教育水平提高，让每一个孩子都能享受到更好的康复教育服务这一理念，踏踏实实地将自身的社会价值发挥到最大化。

近年来，随着社会投资领域的不断发展，社会投资的价值与理念被进一步传播，国内社会投资逐渐兴起，许多优秀的社会企业也随之被孵化出来。恩启正是抓住了这个机遇，展示自己、获得高额投资，借社会投资领域发展之力，一步一步地成长起来。

资料来源：根据社企论坛 CSEIF 公众号的《社企获得上千万融资的背后，是行业的支持》编辑整理所得

5.1 公益创业资源

公益创业资源是公益创业者开展公益创业活动必不可少的基本条件。没有公益创业资源，即使公益创业者本身非常优秀，公益创业机会非常宝贵，公益创业者也无法将公益创业机会转变为公益创业实践。可以说，公益创业资源是实现公益创业梦想的物质条件与基础，是公益创业机会落地的桥梁。

5.1.1 公益创业资源概述

1. 公益创业资源概念

公益创业资源指保证公益创业活动顺利开展的物质条件和非物质条件，既有一般创业资源的共性，也有公益创业自身的特点。公益创业资源为开展公益创业实践提供了资金保障、人才基础、政策环境、信息基础等多方面条件。

2. 公益创业资源特征

对于公益创业资源，应当把握四个理念。

（1）开放性　创业活动是人类社会实践活动中最具先锋性和创新性的一类社会实践行为，公益创业尤其体现了人类的社会性，以追求社会公平与和谐为主

要目标。公益创业活动中所有能为之作用的物质条件或非物质条件，都可以纳入公益创业资源的范畴。

(2) 时代性　不同时代中，创业资源有不同的含义，且各类资源的权重有所不同。农耕时代，土地与劳动力是重要的生产要素和创业资源；工业革命时代，机器和人力资源是创业活动必不可少的条件；信息时代，资本、技术和人力资源的地位越发重要。

互联网时代的公益创业，其创业资源具有一定的时代特点。适宜的社会环境和政策环境、充裕的社会物质财富和社会资本、具有较高水平的公益创业者和参与者等，都是这个时代中公益创业所需要的。对未来的公益创业而言，人工智能等日趋成熟的高新技术、更加宽容发达的社会环境亦将成为重要的创业资源。

(3) 均衡性　均衡性既体现在公益创业资源内部配置的协调，也体现在公益创业本身在社会资源配比的比例与比重。例如：资本是公益创业所必需的资源，但在实际过程中，资本并非越多越好，如果不注重资本质量和资本使用效率，获得再多的资本，也无法有效实现公益创业目标。

(4) 持续性　任何创业资源都并非“一朝具备，万事无忧”。不同类型的公益创业活动对于创业资源的需求各有侧重，即使是同一类型的公益创业活动，在不同时间段也具有不同的资源需求。因此，要用持续、发展的视角来考量公益创业资源。

3. 公益创业资源分类

根据不同的分类标准，公益创业资源有不同的分类方式。

按照资源的存在形式，公益创业资源可以分为物质资源和非物质资源。物质资源主要指具有一定物理形态的社会资源，例如自然资源条件、场地空间、工具、物料、资本等；非物质资源指人力资源、政策资源、信息资源等。

按照资源作用的形式，公益创业资源可以分为直接资源和间接资源。直接资源指人力资源、财务资源、服务市场资源和公共关系资源；间接资源指政策资源、信息资源等。

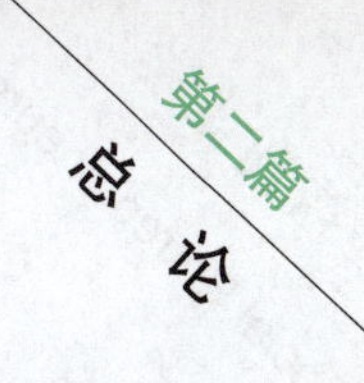

5.1.2 公益创业资源

1. 公益创业直接资源

（1）人力资源　人力资源是创业活动中永恒的首要资源。无论是商业创业还是公益创业，人才或者说人力资源都是创业实践活动中最为关键的资源。人是社会实践活动的主体，是创业活动的筹划者、实践者和执行者。公益创业的人力资源从广义上来讲，指一定时期内公益创业活动中的人所拥有的能够被公益创业组织所用，且对公益价值或者社会价值创造起贡献作用的教育、能力、技能、经验、体力等的总称。从狭义来讲，就是公益创业组织中所需人员具备的能力的总和。这里，我们采用广义的人力资源的概念。

在管理学的学科框架中，关于人力资源的理论随着人们对于管理活动的研究以及人们在社会中实践的不断发展而不断更新。管理大师彼得·德鲁克在《管理的实践》中首先提出并加以明确界定了人力资源的概念。他认为，人力资源拥有“协调能力、融合能力、判断力和想象力”；人力资源是一种特殊的资源，必须经过有效的激励机制才能开发利用，并给企业带来可预见的经济价值。美国经济学家西奥多·舒尔茨和加里·贝克尔提出了现代人力资本理论，该理论认为，人力资本是体现在具有劳动能力的人身上的、以劳动者数量和质量所表示的资本，它是通过投资形成的，人力资本理论将人在经济活动和管理活动中的价值与资本实现了等同。英国经济学家哈比森在《国民财富的人力资源》中提出，“人力资源是国民财富的最终基础。资本和自然资源是被动的生产要素，人是积累资本、开发自然资源以及建立社会、经济和政治体系并推动国家向前发展的主动力量。显而易见，一个国家如果不能发展人们的知识和技能，就不能发展任何新的东西。”

公益创业的人力资源与其他资源相比，具有其自身独特的特点：第一，能动性。相较于其他资源类型，人力资源是唯一一个可以互动的资源类型，而这种可互动性根源于人力资源的能动性。参与公益创业活动的成员，在不同的岗位上发挥自己的智力、体力等优势，不但执行管理计划，而且参与管理计划的设计与安排，这种能动性是人力作为公益创业首要资源的关键所在。第二，增值性。人力资源通过公益创业过程中的工作、教育、培训等经历，会实现知识的增进、阅历的拓展、经验的丰富，这些都会给人力资源的每个个体实现价值的增值。这一点区别于物资资源、财务资源等资源在创业实践过程中通过消耗而转化或者交换参与到其他社会活动中。因此，公益创业的人力资源管理得当，会使创业效益稳步提高。第三，社会性。与一般的创业资源的使用方式不同，人力资源的使用不仅仅取决于资源使用效益的最大化原则，还要符合基本的社会管理规范。对于物资资源和财务资源，机构可以相对自由地进行安排，而不必考虑对于资本或者物资的反馈，但是在对人力资源进行安排的时候，则要考虑相应的法律法规、社会道德伦理等因素。

（2）财产资源　财产资源是公益创业的物质基础，可以将财产资源分为资本和物资两类。

资本对于创业活动来讲，犹如启动机器的燃料，犹如维持机体健康的血液。没有资本，就无法在现代社会的经济或者社会活动中顺利开展或者维持相关的创业实践活动。对于公益创业来讲，足够的创业启动资本和充裕的流动资金是公益创业能够启动并且健康持续运转的重要前提。公益创业注册时需要注册资金，在项目开展时也需要必要的资金维持项目的运营，日常管理中，需要支付必需的人力成本的支出、办公项目的支出等。所以，财产资源对于公益创业至关重要。公益创业资本的性质不同于商业资本，它为公益创业事业所投入的资金是可持续使用的，所得盈余不分配，同时要兼顾公益机构中员工的激励与人才留任。公益创业的资本来源有自筹资本、政府购买、公益创投、社会捐助等。

物资是公益创业活动所需的实体性资源，包括场地、设施、设备等硬件。在公益创业的过程中，许多项目面临的一个难题就是场地问题。问题之一是公共空间场地匮乏，例如某公益创业项目拟开展社区老年健康教育和智能设备使用教育的公益活动，但是因为在该社区内无法寻找到合适的场地而不得不放弃。场地在公共服务设施配套建设时也面临此类困境，部分地方存在社区卫生服务机构和社区老年服务机构这些公共和公益服务的项目因为社区居民的不理解和不接纳而无法开办的情况。问题之二是缺乏免费活动场地。合适的场地临时或者长期使用的费用往往不菲，这成为很多公益组织尤其是小微公益组织在开展公益活动时遭遇

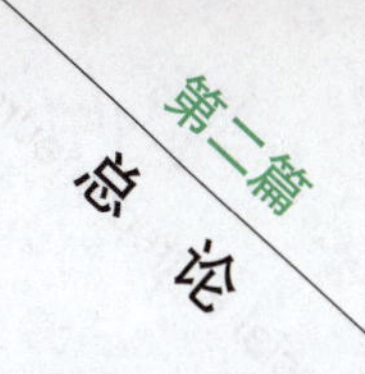

的难题。公共场所如何能够为公益创业项目和服务所用，并且在使用机制流程、费用、管理权限等问题上获得解决，在实践中还值得进一步探索。部分地区已经先行先试，做出了有益的探索与突破。《深圳经济特区慈善事业促进条例（送审稿)》第六十九条第二款规定，“国有的会展场所、体育场馆、车站、码头、机场、公园、商场、广场等公共场所应当为慈善活动免费提供场地，其他公共场所应当为慈善活动提供便利。”

（3）服务市场资源　市场资源，是关乎商业创业生存的关键问题。对于公益创业来讲，服务市场资源的开发与有效整合，也是公益创业项目在社会立足的必备条件。公益创业的市场资源是指公益创业组织在创业过程中所拥有或者掌握的与市场高度相关的资源要素，如市场份额、服务品牌、服务对象及其忠诚度、组织的美誉度等。我国公益事业的发展，经历了从政府统揽到政府主导，再到社会力量介入、政府举办的公益事业与民间公益组织并存的格局。公益创业实践活动围绕市场资源的开发与整合，从未停息，而且关于市场资源的竞争和争夺仍将持续。根据《慈善蓝皮书：中国慈善发展报告》数据显示，去年中国社会捐赠额约为 1 558 亿元，与前年相比较，去年社会捐赠总量增长率为 6. 86%；其中，基金会系统接收的捐赠总额预估为 680 亿元，在所有的捐赠渠道中贡献最大[㊀]。根据中国社会组织网的统计，去年我国社会组织总数量突破 80 万个的关口，达到 801 083 个，较前年增加了 8. 77%。其中，基金会 6322 个，比上年增加 10. 68%；社会团体 373 194 个，比上年增加 7. 75%；民办非企业单位 421 567 个，比上年增加 9. 65%。在公益创业如雨后春笋般不断加入社会公益服务的阵营时，公益创业组织之间的市场资源的争夺也是可以预见的。

（4）公共关系资源　公益创业的公共关系是指公益组织在公益创业实践过程中，为构建和改善与社会公众的关系，促进公众对组织的认识、理解及支持，达到树立良好的组织形象，促进公益服务的目的而开展的一系列公共活动，公益组织用于开展公共关系服务的渠道和合作方则可视为公益创业的公共关系资源。公众是公益创业公共关系的客体与对象，既涵盖公益创业服务的受众，也包括公

㊀ 慈善蓝皮书：中国慈善发展报告（2018）[M]. 北京：社会科学文献出版社，2018.

益创业过程中参与的相关方以及传播媒介。

公益创业的公共关系资源中，最为主要的公众群体是服务受众，他们是公益创业服务的直接接触者，也是公益创业服务的直接感知者。公益创业服务以他们为服务对象，通过为他们提供相应的公共服务实现社会价值的创造、社会公平和正义。

公益创业的公共关系资源中，需要平衡的是政府。以政府为主导是我国的公益创业事业的基本格局，政府也是我国公益创业事业中主要的政策制定者、实际的管理者、运营的监管者和重要的资金来源。因此，公益创业者要熟悉政府相关政策，了解政府的运营和治理方式，平衡好管理与被管理的关系。

公益创业的公共资源中，最具活力的是传播媒介，主要是各类媒体。媒体是创业活动的放大器，同时也是创业活动的双刃剑。尤其是在互联网和自媒体时代，由于公众对于公益创业所寄予的道德期待远高于商业创业，因此，公益创业者整合好传播媒介的公共资源就显得尤为重要。

2. 公益创业间接资源

（1）政策资源　如果说创业是游戏，那么政策资源就相当于游戏规则。政策资源是指在公益创业过程中，一切可以对公益创业行为产生影响的法律法规、政策性文件和决策。对于公益创业来说，合理整合政策资源，可以规避运营的风险，争取更多的运营便利。根据政策对于创业的作用，一般会分为利好政策和利空政策。

按照政策的级别可以分为国家政策和地方性政策。国家政策一般是来自中央人民政府或者是部委出台的各种政策性文件。根据政府信息公开的管理规定，相关的法律法规、政策性文件等在政府机构的官方网站上都可以公开获取。第十二届全国人民代表大会第四次会议通过的《中华人民共和国慈善法》于 2016 年 9 月 1 日起正式实施，意味着中国慈善事业进入一个新篇章，对公益创业活动发展具有极大的推动作用。国家政策普遍适用于全国范围之内，但是由于我国各省地市在政治、经济和社会等方面发展的不均衡性，对于公益创业的政策也存在一定的地方性差异。如北京、上海、广州、深圳等地市相继出台的一些地方性政策，为公益创业改革和发展提供了比较有力的政策支持。以《深圳经济特区慈善事业促进条例》为例，全文共计一百零六条，详细规定了慈善事业促进总则、慈善组

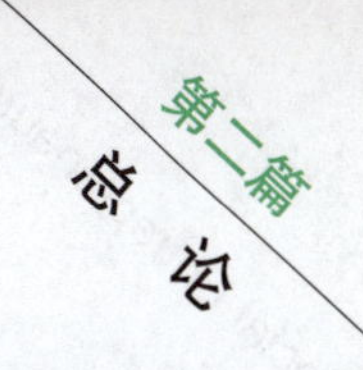

织、慈善募捐、慈善捐赠、慈善活动、宗教慈善、慈善信托、信息公开、培育扶持、税收管理、监督管理和法律责任等内容，使得深圳市的公益创业有法可依，有规可据。

(2) 信息资源　公益创业中的信息资源是指在公益创业的过程中积累起来的，以信息为核心的各种信息要素的集合，既包括了信息本身，也包括了为信息生产、交流、分析、使用而存在的各种设施、技术、人员等。公益创业者既是信息的使用者，也是信息的产生者与传递者。

信息资源是创业实践者进行决策的重要依据，信息经过合理的过滤处理才能为科学研究和决策提供参考。信息资源与财产资源等资源相比，具有可重复性、共享性、实效性和动态性的特点。在移动互联时代，尽管社会活动空间里信息资源是海量的，但是有效的信息资源却是稀缺的。对于公益创业者来说，获取信息的能力固然重要，但是，筛选、辨识和整合有效信息的能力则更为重要。

(3) 技术资源　科学技术是第一生产力。公益创业的实践活动，不仅仅需要帮扶弱势群体，改善社会治理，实现社会公平正义的初衷与热情，也不仅仅是具备了人力、物力和财力之后的实践活动，创业活动的与时俱进与有效进行，离不开技术的支持。

例如，屠呦呦团队研发的青蒿素，这一技术突破有效地治疗了疟疾，挽救了数百万的生命；袁隆平团队的杂交水稻技术，提升了农作物产量，增加了农民的收入；移动支付的发达，使得网络募捐成为现实，让公益与慈善成为随时随地随手可为；慕课的建设，使得贫困山区的孩子可以通过在线学习，扩展知识的视野。这些都是技术资源促进公益事业进步的实证。

公益创业要善于利用先进技术，将先进技术融入公益创业，改进公益服务的质量，提高公益服务的效率。

5.2　公益创业融资

在上述公益创业的资源中，资本是核心。在现代社会经济活动中，资本是一切经济活动的引擎与燃料。没有资本，公益创业机构就无法作为独立的法人注册成立，没有资本，公益机构也无法开展正常的经营活动。因此，资本对于公益创业来说至关重要。融资，也是贯穿公益创业始终的行为。公益机构筹建成立时，需要初始融资，机构成立运营之后，需要运营融资，机构运营遇到困难时，需要临时融资。公益创业的融资，并非是对资本量的一味追求，而是根据公益机构的发展需要而有针对性地开展的资金筹措的经济行为。由于公益创业的特殊性，以商业企业形式存在的公益创业（社会企业）和以非营利机构形式存在的公益创业，在融资的概念上存在着较大的差异，其财产的范畴、融资的路径、融资的规范都有所差异。对于社会企业来讲，其法律本质为营利性法人，在法律规范上主要受到《公司法》《合伙企业法》等市场主体法的规范与制约；而非营利公益机构，例如养老机构、基金会等，其运营在法律规范的适用上以《慈善法》及其配套法律法规为主。因此，本书中所涉及的融资概念以非营利性公益机构创业过程中的资本筹措活动为主，对于营利性的社会企业形态的公益创业融资不做赘述。

根据我国《慈善法》第五十一条的规定，“慈善组织的财产包括：（一）发起人捐赠、资助的创始财产；（二）募集的财产；（三）其他合法财产。”从相关规定中可以看到，公益创业的筹资途径和使用规范。

5.2.1 公益创业融资原则

公益创业机构融资，应当把握效益最大化、渠道合法、节奏合理、协作高效和经营发展稳定性的基本原则。

1. 融资效益最大化

公益创业融资的出发点是为了机构的稳定运营与发展，因此，在公益创业的融资过程中，并非规模越大越好，而是要实现融资效益的最大化。在衡量公益创业融资效益的时候，要考虑融资成本和融资结构。

融资成本不但包含了显性的利息、资本回报、股权等经济性指标，在公益创业融资过程中，还包含了隐性的，例如机构品牌、声誉等非经济性指标。因此，考察融资成本时，需要结合经济性指标和非经济性指标进行综合性衡量。在融资过程中，公益创业者可以运用相应的税收等优惠政策，对于捐赠者给予一定的协

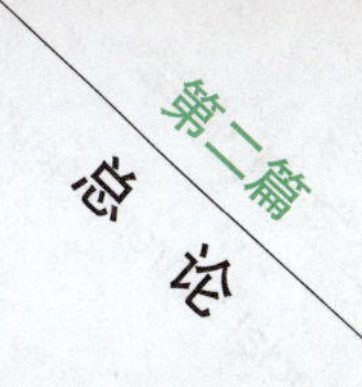

助与回报，这也可以为捐赠者带来实际的利益，以实现融资的可持续性和良性的反馈。

融资结构是指不同的资本类型在总资产中的构成与配比。在融资过程中，要合理配比自筹资金、捐赠资金、风险投资、公益创投等资金的比例。

2. 融资渠道合法性

公益创业的融资渠道要符合相关法律法规的规定。发起人自筹资金、公益创投、捐赠资金、慈善募捐等都是公益创业融资的主要渠道，但是每一项融资渠道都要符合相关法律法规的规定。作为公益创业者的自然人或者法人的自筹资金，应当不存在权利瑕疵，权属清晰，不存在共同权属的争议。公益创投的资助资金一般来自于政府财政资金或者民政部门的福利基金，申报公益创投获得支持的项目要求信息真实，符合相关的财务规定。以 2018 年第四届广州市社会组织公益创投活动为例，公益创投活动的资助总额为 2240 万元，相比第三届的 1850 万元，增加了 390 万元，增幅达 21%，其中为老服务专项公益创投资助总额高达 1000 万元。另外，该活动还开设了项目资金劝募平台，利用公开募捐的形式，多渠道筹措资金。

根据我国《慈善法》第三十六条规定，“捐赠人捐赠的财产应当是其有权处分的合法财产。捐赠财产包括货币、实物、房屋、有价证券、股权、知识产权等有形和无形财产。捐赠人捐赠的实物应当具有使用价值，符合安全、卫生、环保等标准。捐赠人捐赠本企业产品的，应当依法承担产品质量责任和义务。”第三十七条也规定了以义演、慈善拍卖等形式募捐的法律义务，“自然人、法人和其他组织开展演出、比赛、销售、拍卖等经营性活动，承诺将全部或者部分所得用于慈善目的的，应当在举办活动前与慈善组织或者其他接受捐赠的人签订捐赠协议，活动结束后，按照捐赠协议履行捐赠义务，并将捐赠情况向社会公开。”慈善组织开展公开募捐，应当取得公开募捐资格。依法登记满二年的慈善组织，可以向其登记的民政部门申请公开募捐资格。慈善组织通过互联网开展公开募捐的，应当在国务院民政部门统一或者指定的慈善信息平台发布募捐信息，并可以同时在其网站发布募捐信息。

3. 融资节奏合理性

融资活动是贯穿于公益创业活动始终的经营行为。融资的时机要根据经营的实际情况开展。对于公益创业企业来讲，除了创始之初的融资，在经营活动中要根据经营的实际需要、业务开展的情况有针对性地制订科学的融资计划。按时间长短划分，可以分为短期融资计划、中期融资计划和长期融资计划。按是否有规划可以分为常规性融资和临时性融资。

短期临时性融资一般是为某些突发性个案进行的短期融资或者由于经营需要进行的短期融资项目。

中期常规性融资一般是一些持续性的项目，主要用于项目的滚动发展和后期持续开发。

长期常规性融资一般是用于维持机构常规运营的融资，主要包括用于支付日常管理、员工费用等管理性支出。

4. 融资协作高效性

公益创业融资过程是涉及多方主体的专业化的经营活动，因此，既要体现多方共赢的协作性，也要体现经营活动的高效性。

在多方协作方面，专业的融资计划书或者项目计划书是开展工作的重要前提。多方协作的基础是利益的共赢，在此之上实现社会公共价值的增值。如政府的公益创投资金，公益创业企业的项目申报书就是实现“政府—服务群体—公益机构—其他相关社会群体”的资源整合、协同合作和社会价值创造的策划，也是各方进行利益协调分配的谈判蓝本。

融资活动的执行则体现着融资活动的效率。但从公益创业的发展现状来看，公益创业企业往往面临着人力资源不足、管理能力有限等实际困难的局限，限制了融资活动的执行效率。

5. 经营发展稳定性

对于公益创业融资，不但要注重融资的过程，还要注重融资的后续管理，以保持企业稳定发展以及合法合规使用融资资金。经营者首先应当区分出资人的个

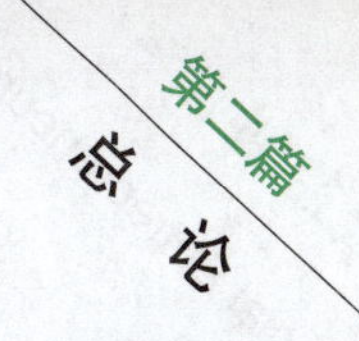

人财产和法人财产。若出资人的出资已经作为某民办非营利组织的法人独立财产，则出资人不能随意撤回。另外，对于公益创业企业通过募捐、公益创投、捐赠等渠道获得的资本性或非资本性财产，应当按照法律规定登记造册、严格管理、专款专用。并且，若为实现财产保值、增值等目的进行的投资，应当遵循合法、安全、有效的原则，投资取得的收益应当全部用于公益目的。公益创业企业的重大投资方案应当经三分之二以上决策机构组成人员同意。政府资助的财产和捐赠协议中约定的不得用于投资的财产，禁止用于投资。

透视

“抗癌公社”融资现状

网络保险互助平台——抗癌公社，本是为公益而生，它是最早的众保模式平台。众保模式是一种将社群互助与互联网结合，利用互联网的信息撮合功能，会员之间通过协议承诺承担彼此的风险损失。为了避免个体负担过重，约定每人每次互助金额不超过 3 元。其创始人张马丁早先也确是为了创建一个线上爱心互保社区而建立这样一个平台，这种以更低成本解决社会问题的方案可以称之为公益创业。

然而根据张马丁对外表示的三大原则，“公社坚持不预收费，社员分摊的钱交给基金会再拨付给受助人，公社不碰钱、受助人要经过第三方调查公司的审核后公示”可以看到，众保模式有潜在的风险，即成员的牟利性会影响到组织的发展，由于出现资金池的概率会大大提高，没有强力风控平台显然走不长远。据悉，目前该公社的运营经费主要来源于风投融资、基金出资。但其自身造血能力不足，规则漏洞问题极大地影响了公社的发展，其融资情况不容乐观。

相对来说，具有相似模式的“轻松筹”平台利用区块链技术诞生出新的理赔模式，反而较为健全。可以看到，公益创业在运营时需要兼顾组织营利与社会效益，否则在还未解决当下问题时，有可能会制造出新的问题，因为现有条件下公益创业的支持体系远不如商业领域完整，公益创业的土壤还需要其他养分保障。

资料来源：https://baijiahao.baidu.com/

5.2.2 公益创业融资途径

1. 自筹资本

自筹资本一般是公益创业初始阶段的主要融资途径。如国内最大的环境保护组织——阿拉善SEE基金会，是阿拉善SEE生态协会在2008年发起成立的，企业家会员需每年向阿拉善SEE生态协会缴纳会费，会费的数额由阿拉善SEE生态协会理事会决定，并有义务同时向阿拉善SEE基金会进行年度非定向捐赠，两项合计不少于10万元。2010年，在深圳正式注册成立的深圳壹基金公益基金会，注册原始基金为5000万元，由每家发起机构（上海李连杰壹基金公益基金会、老牛基金会、腾讯公益慈善基金会、万通公益基金会及万科公益基金会）各出资1000万元筹得。

一些中小型公益创业企业的初始资本的融资途径也是以自筹为主。广州市恒福社会工作服务社是由广州市供销合作总社发起，联合白云、天河、花都等10个区县供销社，由下属企业出资组建的民办社会工作服务机构。广州市中和社会工作服务中心是由广州颐和养老豪庭有限公司与部分理事成员共同出资注册成立的市级民办机构。

2. 股权融资

债权融资和股权融资是企业经营过程中主要的融资方式。两者的区别在于，债权融资所获得的资产相当于企业的负债，要在经营过程中予以偿还；股权融资所获得的资金，企业无须还本付息，但新股东将与老股东同样分享企业的盈利。公益创业企业在运营过程中，可以考虑采用股权融资的方式来获得资本的增量；在实践操作中，可以考虑邀请潜在的出资人加入公益创业企业，同时可以获得作为理事的身份参与公益创业企业的具体决策和执行。

3. 公益创投

公益创投是公益机构融资活动中重要的资金来源。按照公益创投的出资方的不同，可以分为政府公益创投资金和非政府公益创投资金。如广州市连续五年开

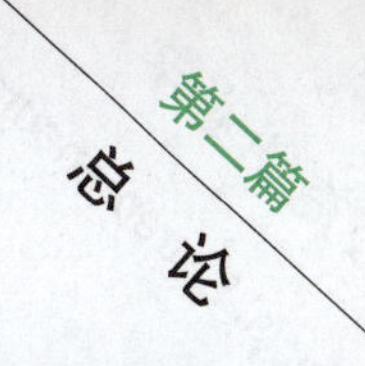

展公益创投活动，2018 年筹措资金 2240 万元，用于开展第五届广州市社会组织公益创投活动，其中“为老服务”类项目资助总额为 1000 万元，累计五年投资资金达 9330 万元，带动社会资本投入公益创投服务共 6000 余万元。近年来，类似政府主导的公益创投活动在国内许多城市都有较快发展，如苏州、深圳、北京等地都先后涌现了比较成功的案例。

除了政府出资的公益创投，基金会、公益创业机构本身也扮演了公益创投出资人的角色，公益创投成为基金会、公益机构、慈善机构行动模式的新尝试。在传统的资助模式之下，单纯给予资金式的资助模式的低效运转引起了基金会和公益机构的反思，发现通过公益创投的方式给予组织方一定的资金使用权限和活动权限，可以在更大范围内调动相应的社会资源。因此，一些基金会开始积极探索公益创投模式。这也给公益创业者带来了更为丰富的资金来源和充足的社会资源。如阿拉善 SEE 生态基金会每年组织的公益创投资助项目，已经形成了一定的良性循环。

4. 慈善募捐

公益创业机构经过合法途径获得慈善组织的资质，则可以开展基于慈善宗旨募集财产的活动。慈善募捐，包括面向社会公众的公开募捐和面向特定对象的定向募捐。

慈善组织自登记之日起就可以开展定向募捐，定向募捐不需要特定的资质审批。面向特定对象的募捐应当在发起人、理事会成员和会员等特定对象的范围内进行，并向募捐对象说明募捐目的、募得款物用途等事项。

慈善组织的公开募捐则需要遵守《慈善法》的相关规定。慈善组织开展公开募捐，应当取得公开募捐资格。依法登记满两年的慈善组织，可以向其登记的民政部门申请公开募捐资格，民政部门应当自受理申请之日起二十日内做出决定。慈善组织符合内部治理结构健全、运作规范、符合条件的，可授予其公开募捐资格证书；不符合条件的，不授予其公开募捐资格证书并书面说明理由。法律和行政法规规定的自登记之日起就可以公开募捐的基金会和社会团体，由民政部门直接发给其公开募捐资格证书。开展公开募捐，可以采取下列方式：在公共场所设置募捐箱；举办面向社会公众的义演、义赛、义卖、义展、义拍、慈善晚会等；通过广播、电视、报刊、互联网等媒体发布募捐信息；其他公开募捐方式。

慈善组织通过互联网开展公开募捐的，应当在国务院民政部门统一或者指定的慈善信息平台发布募捐信息，并可以同时在其网站发布募捐信息。开展公开募捐之前，应当制定募捐方案，募捐方案包括募捐目的、起止时间和地域、活动负责人姓名和办公地址、接受捐赠方式、银行账户、受益人、募得款物用途、募捐成本、剩余财产的处理方式等，募捐方案应当在开展募捐活动前报慈善组织登记的民政部门备案。开展公开募捐，应当在募捐活动现场或者募捐活动载体的显著位置，公布募捐组织名称、募捐资格证书、募捐方案、联系方式、募捐信息查询方法等。

5. 慈善捐赠

社会捐赠是公益创业的另一筹资来源。慈善捐赠指自然人、法人和其他组织基于慈善目的，自愿、无偿赠予财产的活动。自然人、法人和其他组织开展演出、比赛、销售、拍卖等经营性活动，承诺将全部或者部分收益用于慈善目的的，应当在举办活动前与慈善组织或者其他接受捐赠的人签订捐赠协议，活动结束后按照捐赠协议履行捐赠义务，并将捐赠情况向社会公开。慈善组织接受捐赠，应当向捐赠人开具由财政部门统一监（印）制的捐赠票据。捐赠票据应当载明捐赠人、捐赠财产的种类及数量、慈善组织名称和经办人姓名、票据日期等。捐赠人匿名或者放弃接受捐赠票据的，慈善组织应当做好相关记录。慈善组织接受捐赠，捐赠人要求签订书面捐赠协议的，慈善组织应当与捐赠人签订书面捐赠协议。书面捐赠协议包括捐赠人和慈善组织名称，捐赠财产的种类、数量、质量、用途、交付时间等内容。

6. 慈善信托

伴随着我国社会经济的发展、社会物质财富的积累以及社会整体对于公益慈善认知的提升，慈善信托成为人们从事公益慈善事业的一种选择。根据我国《慈善法》的规定，慈善信托属于公益信托，是指委托人基于慈善目的依法将其财产

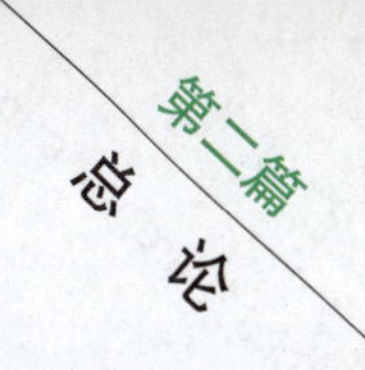

委托给受托人，由受托人按照委托人意愿以受托人名义进行管理和处分、开展慈善活动的行为。设立慈善信托、确定受托人和监察人，应当采取书面形式。受托人应当在慈善信托文件签订之日起七日内，将相关文件向受托人所在地县级以上人民政府民政部门备案，经过备案的慈善信托可以享受相应的税收优惠。慈善信托的受托人管理和处分信托财产，应当按照信托目的，恪尽职守，履行诚信、谨慎管理的义务。慈善信托的受托人应当根据信托文件和委托人的要求，及时向委托人报告信托事务处理情况、信托财产管理使用情况，且应当每年至少一次将信托事务处理情况及财务状况向其备案的民政部门报告，并向社会公开。慈善信托的委托人根据需要，可以确定信托监察人。信托监察人对受托人的行为进行监督，依法维护委托人和受益人的权益。信托监察人发现受托人违反信托义务或者难以履行职责的，应当向委托人报告，并有权以自己的名义向人民法院提起诉讼。

7. 天使投资

以天使投资为代表的公益创业的孵化资金，是创新创业发展过程中的一个新趋势。以往的风险投资、天使投资青睐的是能够未来孵化出“独角兽”企业的商业创业，但是近年来，一些天使投资也开始试水为公益创业项目提供资金，扶持社会企业和公益企业的发展。为公益创业提供孵化、发展和支持资金的天使投资，首要衡量指标区别于对商业创业的投资，不是资本回报，更多的是社会价值的创造，如北京市银杏公益基金会开展的“银杏计划”以挖掘和资助社会创业家、帮助社会创业家们更有效地和更持续地开展公益创业为目的。天使投资对于公益创业的投资，根据公益创业的类型，一般有不同的投资形式和策略。单纯为慈善型的公益创业项目一般只产生社会效益，无法实现经济上的可持续性，此类项目天使投资资金投入相对较少，更多是侧重于对创业者的智力投资与环境建设方面的投入。有微利型可以实现自身运营的公益创业项目，还有在经济上可以实现较好的营利、甚至可以持续滚动发展的商业型公益创业，这两类对于天使投资者来讲是较好的选择，是将实现商业价值与社会公益价值创造有机结合的投资形式。

透视

出路在哪里？从审计署最新处罚看公益性资产融资规则

一、法律法规对公益性资产融资的规定

（一）何为公益性资产？

《关于贯彻国务院关于加强地方政府融资平台公司管理有关问题的通知》首次明确了公益性资产的范围，公益性资产是指为社会公共利益服务，且依据有关法律法规规定不能或不宜变现的资产，如学校、医院、公园、广场、党政机关及经费补助事业单位办公楼等，以及市政道路、水利设施、非收费管网设施等不能带来经营性收入的基础设施等。《关于进一步规范地方政府投融资平台公司发行债券行为有关问题的通知》亦明确提出："公益性资产"是指主要为社会公共利益服务，且依据国家有关法律法规不得或不宜变现的资产。

（二）公益性资产不得作为资本注入融资平台公司

《国务院关于加强地方政府融资平台公司管理有关问题的通知》首提学校、医院、公园等公益性资产不得作为资本注入融资平台公司。

（三）公益性资产不得计入企业资产申报企业债

发改委和财政部近日联合印发的《关于进一步增强企业债券服务实体经济能力严格防范地方债务风险的通知》对企业债券发行主体提出九项条件，包括：严禁将公立学校、公立医院等公益性资产及储备土地使用权计入申报企业资产。国家发展改革委办公厅、财政部办公厅下发的发改办财金［2018］194 号文《关于进一步增强企业债券服务实体经济能力严格防范地方债务风险的通知》规定：纯公益性项目不得作为募投项目申报企业债券。

（四）银行不得向退出类平台发放公益性项目贷款

中国银监会《关于加强 2012 年地方政府融资平台贷款风险监管的指导意见》规定：各银行不得向退出类平台发放保障性住房和其他公益性项目贷款。

（五）限制保险机构向融资平台的公益性项目提供保险债权计划融资

保监会、财政部下发的《关于加强保险资金运用管理支持防范化解地方政府债

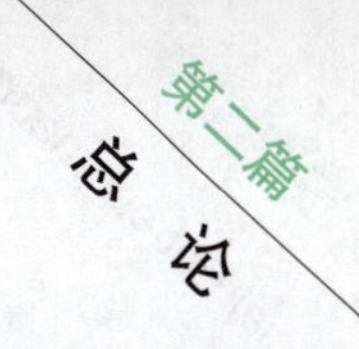

务风险的指导意见》：融资平台公司作为融资主体的……投资项目为公益性项目的，应当符合法律或国务院规定，且融资主体和担保主体不得同为融资平台公司。《关于明确债权投资计划投资融资平台监管口径的通知》规定：投资计划偿债主体为融资平台的，投资项目应当主要为经营性项目。投资项目为公益性项目的，仅限于保障性住房和轨道交通等符合法律或国务院规定的项目，且信用增级充分有效。

（六）禁止国有企事业单位间接为地方政府提供任何形式的融资

《关于规范金融企业对地方政府和国有企业投融资行为有关问题的通知》规定：除购买地方政府债券外，不得直接或通过地方国有企事业单位等间接渠道为地方政府及其部门提供任何形式的融资，不得违规新增地方政府融资平台公司贷款。

二、启示

（一）政府债券是公益性项目融资的正途

国发［2014］43 号文[一]规定：没有收益的公益性事业发展确需政府举借一般债务的，由地方政府发行一般债券融资，主要以一般公共预算收入偿还。有一定收益的公益性事业发展确需政府举借专项债务的，由地方政府通过发行专项债券融资，以对应的政府性基金或专项收入偿还。

（二）合法合规的 PPP 模式和政府购买服务模式是公益性项目的支持

国发［2014］43 号文规定：鼓励社会资本通过特许经营等方式，参与城市基础设施等有一定收益的公益性事业投资和运营。财政部《关于坚决制止地方以政府购买服务名义违法违规融资的通知》将建设工程排除在政府购买服务范围之外，但同时规定：党中央、国务院统一部署的棚户区改造、易地扶贫搬迁工作中涉及的政府购买服务事项，按照相关规定执行。

（三）国有企业从事公益性项目的合规界线之探讨

实践中出现了一些地方国有企业为政府承担公益性项目建设的现象。我们建议密切关注交易模式之合规性，避免违反 23 号文[二]有关“不得直接或通过地方国有企

[一] 《国务院关于加强地方政府性债务管理的意见》国发［2014］43 号。

[二] 2018 年《关于规范金融企业对地方政府和国有企业投融资行为有关问题的通知》（简称“23 号文”）。

事业单位等间接渠道为地方政府及其部门提供任何形式的融资”的禁令，即不能让地方政府承担最终兜底付款责任，否则仍然存在变相增加地方政府隐性债务之嫌。

目前，一些公益性项目仍然以地方政府作为隐性增信，审计部门亦指出涉嫌增加地方政府隐形债务。

资料来源：https://mp.weixin.qq.com/s/g Cy6mEEFKL7UhQayjfE10Q，有删减

5.3 公益创业资源管理

5.3.1 公益创业资源的识别

公益创业资源的识别是指创业者在创业实践中辨别和判断出对创业活动有促进作用的资源。

公益创业资源的识别有赖于内部因素和外部因素。内部因素主要包括创业者自身的素质、公益组织内部对于创业资源占有的广度和深度、公益组织内部对于资源合理利用的战略意识和战略规划、公益组织内部已有的技术条件对于资源甄别的效能。外部因素包括干扰信息源的作用、资源呈现的时机等。

创业资源的识别需要公益组织和公益创业者保持对于资源整合的高度敏感性，提高战略决策的能力。例如某养老服务机构，在一次外展服务中得知，其服务的社区内有一栋闲置的厂房，并合理利用民政部、发展改革委等11个部委联合印发的《关于支持整合改造闲置社会资源发展养老服务的通知》文件精神中所传达出的行业支持性政策信息，主动联系了厂房业主，并初步达成了将该闲置厂房联合改造为社区居家养老服务点的意向。此举充分发挥了闲置社会资源的效力，引导社会力量参与，有效推动了养老服务业发展提质升级。

5.3.2 公益创业资源的获取

获取公益创业资源，需要积极主动的态度、合作共赢的心态、合法公平的原

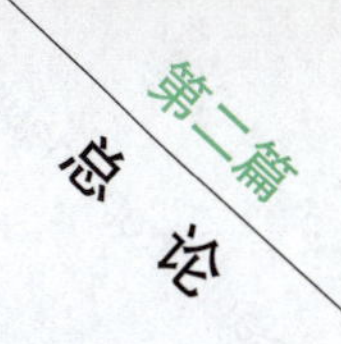

则、精简高效的过程。创业资源的获取需要公益创业者摒弃“等、靠、要”思想。在现实中，一些公益组织很容易认为自己做的是公益慈善事业，所以政府、企业等合作伙伴就有支持的义务，依赖思维往往阻碍了机构的发展。公益机构获取资源，由于不能给资源提供方提供对等的或者市场价值意义上的经济回报，本身在资源市场上与商业企业相比就存在一定的弱势，在急需资源的情况下，更需要以主动的心态，积极主动地扩展获取资源的信息渠道。在获取资源的过程中，应当保持合作共赢的心态，尽管大部分公益机构不能以直接的经济回报给予资源的提供方或者合作方，但是公益机构可以以品牌战略合作、公共形象宣传等隐形价值方式对资源提供方或者交换方给予回报。因此，获取资源并非单向的创业活动，而是双向互利或者说多方利益均衡的过程。获取资源的原则应当是合法公平的，公益创业的过程是产生社会福利价值的创业活动，其所有涉及资源变动的情况，都应当符合相关法律法规。公益创业资源的获取过程要精简高效，通过有效的流程管理，在保证严谨的情况下，实现资源利用上的时间效率。

透视

野蛮生长的95后公益创业者郑懿：仅靠志愿者，公益走不长

郑懿，山东师范大学公共事业管理专业2013级本科生。在学校里，她是以连续三年专业第一的成绩包揽所有国家、校级奖学金的学霸；而在学校外，她是一家公益组织的负责人，一名职业公益人。

刚踏入大学校门，郑懿和伙伴们就成立了“雨点公益”大学生志愿服务队。大二的时候，学院里开设了一门《非政府组织》的课程。在这门课上，郑懿选择了一个垃圾分类的课题来完成作业，和同学们一起组成一个环保类NGO。从那时起，郑懿和NGO之间产生了一种说不清的缘分。

之后，郑懿又参与到了一系列关爱自闭症孩子的活动中，当面对那些孩子和疲惫的家长、特教老师们时，她受到了很大触动。她看到大批的志愿者站在狭窄的特教中心走廊中，隔着玻璃望向屋子里的孩子们，手足无措，他们不知道到底该做些什么。

也是从那时起，她意识到，仅仅依靠志愿者，公益是走不长的。因为志愿者队伍具有很强的不确定性、非专业性，大量的志愿者活动越来越多地成为满足大学生和志愿者本身助人需求的活动。

而要想真正地帮助到社会上需要帮助的弱势群体，必须运用专业的公益人和组织。同时，公益组织拥有更大的能量和影响力，能够为受助者链接社会各界的资源。以自闭症孩子为例，如果巨大的康复成本能够由社会资源来分摊，那一个自闭症孩子的治疗康复就不会拖垮一个家庭了。

2015 年，“雨点公益”的 300 位志愿者走上街头为自闭症儿童筹集善款，她们用所筹善款购买了自闭症孩子们需要的各种康复教具、乐器、健身器材，也为特教中心的老师们带去了很多节日礼物。

望着孩子们和老师们开心的笑脸，郑懿更加坚定了心中的想法——把专业的事留给专业的人去做，她要做一个职业公益人！

公益是一件好事，却也是一件难事。目前，大多数的公益组织收入往往不能弥补场地费、人工费等服务成本。很多坚持下来的草根公益团体都是靠发起者的其他收入来“输血”维持。

虽然还很年轻，但关于如何做好公益，郑懿有她自己的见解。

“发展公益不能只靠理想和情怀，我觉得更应该保障公益从业人的生活，让公益人生活得体面。对于一些能够踏踏实实从事公益事业的优秀人才。我们必须用富有竞争力的待遇让其扎根公益。”

同时，郑懿为“雨点公益”设计了三个核心理念，并在公益活动中实践了它们。

第一是自食其力。“雨点公益”不是向政府和社会伸手要钱，而是给弱势群体创造就业机会，甚至帮助很多有想法、有能力的残障人士创业。让他们能够在自食其力中体会到实现自我价值的成就感。

第二是以残助残。残疾人可以帮助自己，残疾人也可以帮助残疾人。做公益的过程中，郑懿结识了茅经典，她是 2012 年伦敦残奥会和 2016 年里约残奥会的乒乓球冠军。“在跟她相处的过程中，反而体会到处处被照顾的感觉。经典姐也跟我讲了很多真实的残障人士的事例，这些都让我意识到，其实残障人士不一定就是弱势群体，其实他们往往有着比普通人更强的意志力，只要给他们平台，一定能迸发出巨大的能量！”

最后是以老扶残。“雨点公益”和很多公益组织一样，从建立初期就面临着志愿者不够用的情况。在这种情况下，郑懿几乎跑遍了济南市各个街道的老年大学，经过长期的探索，现在“雨点公益”已经建立了完善的“以老扶残”机制，引导越来越多的老年人进入志愿者和社会服务领域，让他们在帮助别人的同时发挥余热、实现更大的人生价值。

一念善心，十方震动；“雨点公益”，汇聚成海。

她主持的公益项目多次获得省、市、区级财政支持的政府采购百万余元，现已于济南市建立12 个公益服务基地，为几十名大学生提供了就业岗位，为189 名残障人士创造了就业机会。公益项目还引入高校、社会组织、机构、企业及个人志愿者，从2016 年5 月至今，共提供志愿服务时长超过2 000 小时，服务残障人士、自闭症儿童超过1 000 人，参与服务的志愿者共计1 020 人次，向社会展示了“爱心回报社会，大学生在行动”的温暖和决心。

后来，郑懿和“雨点公益”的故事，也被越来越多的人所熟知，先后受到了网易新闻、大众网、生活日报、大众日报、齐鲁晚报等各大媒体的报道。

在第二届山东省“互联网 +”大学生创新创业大赛中，郑懿终于带着“雨点公益”的项目站上了金奖的领奖台。

这一刻，这个野蛮生长的95 后女孩儿终于证明了自己的选择。

资料来源：KAB 创业俱乐部 https://mp.weixin.qq.com/s/JnSJRRZPKCx-Pe8974Rlow

5.3.3 公益创业资源的配置

公益创业资源获取后，对资源的配置尤其重要，这是创业资源在公益创业过程中发挥作用最为关键的一个步骤。优质的资源，如果不能在开发利用的过程中实现优化配置，对公益创业事业产生积极的促进作用，就意味着资源本身价值的内在贬损。

创业资源配置是指根据公益创业需求，对物资资料、设备、资本、劳动力等生产要素或创业资源进行组织的过程。对创业资源进行有针对性的合理配比、整合的过程就是公益创业资源配置的过程。对于创业资源的配置，应当把握效率原则。

复习思考题

1. 公益创业资源的类型有哪些？
2. 公益创业资源的获取途径有哪些？
3. 大学生公益创业在创业资源的整合上应当注意什么问题？

案例分析

公益创投在深遍地开花

聋人创业项目“声活”火了后，其早期天使投资人陈维伟也跟着火了。这是陈维伟的第一个公益创投项目。“很多人都会觉得我很幸运，投资的项目这么快就取得了一定的成功，其实这个成功是必然的。”在陈维伟看来，投资主要是投人，和普通的商业投资相比，社会创新项目的创业者自身有更强的自我驱动力，因为他们都有一个共同的信念，自己做的事情能给社会带来更正面的影响，所以这会提高团队的执行力和凝聚力。“但是做公益创投，投资者心态上也要有个清晰的认识，公益创投更多是‘耐心资本’，收益慢，也不会是暴利。投资者要有一颗公益的心，要看到项目所产生的社会价值。”

在投资了“声活”项目后，陈维伟陆续投入了几个社会创新项目，包括做智能饮料瓶回收的环保企业，残疾人创业的互联网公司和为社会创新项目提供投资、孵化服务的“社创星”项目。然而他坦言，他在投资界的同道者并不多。“现在很多优秀的、有创意的公益项目，甚至是能帮助弱势群体创业的，缺乏资金支持，但关注这个领域的投资人还是不多。”

资料来源:《深圳特区报》,http://sztqb.sznews.com/html/2016-11/22/content_3668410.htm

思考题

1. 为什么陈维伟选择投资“声活”？
2. 你认为“声活”项目还缺乏哪方面的资源支持？
3. 联系生活实际，为什么公益创业项目的投资人不多？

系列实训之5

- **实训目标**

1. 了解公益创业所需的资源类型。
2. 了解公益创业资源整合的途径。

- **实训内容与要求**

1. 请以小组为单位，根据本小组的公益创业的项目设计一幅思维导图，介绍项目的所需创业资源类型和获取途径。
2. 请到当地各级民政部门官方网站或者相关部门网站搜集与你们小组相关的公益创业的政策资源。

第6章　公益创业计划书

内容提要

公益创业计划书是为了更好地规划发展及履行社会责任而对社会企业所做的全方面计划，能帮助公益创业者全面了解社会企业经营状况，并对社会企业未来经营提供有力指导。公益创业计划书的受众群体主要有两类，一类是投资者等社会企业外部的利益相关者，另一类是社会企业内部成员。一份完整的公益创业计划书主要包括以下内容：封面及目录、执行总结、社会企业描述、经营的产品或服务、市场分析、竞争分析、营销计划、管理团队和社会企业组织结构、社会企业运营计划、财务分析等方面。公益创业计划书的质量将对公益创业项目融资方面起关键作用，其质量评定主要采取第一方、第二方以及第三方评价。

学习目的与要求

理解公益创业计划书的重要性，掌握撰写公益创业计划书的基本方法及步骤，掌握公益创业计划书的展示要点，了解公益创业计划书的评价标准。

开篇案例

公益创业计划书需要回答的五个问题

实际上，一个社会企业的公益创业计划书，主要就是回答这样五个问题。

第一个问题，项目要解决什么样的社会问题？就是说为什么要做这个项目。

第二个问题，项目服务对象是谁？也就是说，你这个项目是为谁做的。

第三个问题，项目要满足客户什么样的需求？

第四个问题，项目的成果，项目的目标是什么？ 如何来衡量？

第五个问题，项目如何实施，也就是如何做，做什么？

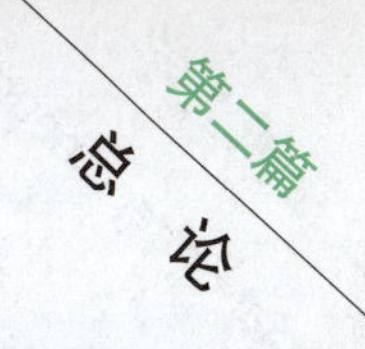

这些就是我们一个项目计划所要回答的五个问题。

这五个问题是一个非常重要的思维逻辑框架。因此，我们如果能够用这样的思维逻辑去制订项目计划的话，不但能够让我们的项目做得更加有效，而且可以养成一种有效的思维习惯。我们很多伙伴，包括很多发起人，往往在做项目的时候首先考虑的是："我这个项目怎么做，做什么？"也就是刚才所讲的第五个问题，但是，对为什么做？为谁做？要满足客户什么样的需求？到底要什么样的结果和目标？这些问题并没有很好的考虑，或者根本就没考虑过。所以，现在为什么我们很多时候尽管花了很多时间去做项目，但是成效甚微，甚至没有成效，就是我们忽视了对前面四个问题的正确回答。因此我觉得要把我们的公益项目计划制订得科学合理，必须要按照这样的思维逻辑思考问题。

公益创业计划书一定要让买方看到成果。我们在写项目计划书的时候，非常重要的一点就是要让资助方，要让买单方清楚地看到你的成果，因为著名的管理大师彼得·德鲁克非常明确地指出，非营利组织是为成果而存在的。所以作为资助方也好，购买方也好，它要的是你项目的成果，所以我们必须要在项目计划书中让他们清楚地看到你的成果。

资料来源：节选自《徐本亮：如何制定公益项目的计划？》
https://mp.weixin.qq.com/s/CvsNmpIn1nQumtIbKIqb3A

6.1 公益创业计划书概论

6.1.1 公益创业计划书定义

公益创业计划书是一种有效的工具，它能让公益创业者全面了解社会企业经营状况，并对社会企业的未来经营提供有力指导。公益创业计划书是为了更好地规划发展及履行社会责任而对社会企业所做的全方面计划。本章所指的公益创业计划书本质上是社会企业的创业计划书。

在传统的观念上，大多数人认为，公益创业者进行公益创业完全凭借着一腔热情，团队中的人都是充满着社会责任感的人，不需要用公益创业计划书来硬性约束他们的行为，他们可以通过内心的责任感来进行社会公益活动的经营，不需要专门设计计划书，更不需要进行资源的规划，而且撰写公益创业计划书需要耗费一定的时间和精力，所以很多人认为完全没有必要撰写公益创业计划书，这种想法是极其错误的。作为一个组织，不管是商业组织还是社会组织，都需要进行资源的合理配置，包括人力资源、物质资源等等。要想实现组织的长久发展，必须要进行合理的规划，这样才能避免社会企业行为的盲目性，提高风险的可控性，帮助社会企业稳健发展。

6.1.2 公益创业计划书的受众

一般来说，公益创业计划书的受众群体有两大类，一类是投资者等社会企业外部的利益相关者，另一类是社会企业内部成员。

1. 社会企业外部的利益相关者

社会企业除了需要承担相应的社会责任，也要通过筹集资金来进行自主经营，从而实现自身的“造血”功能，所以，公益创业计划书的外部受众群体包括投资者、政府相关部门、潜在的商业合作伙伴、潜在的顾客等。无论是投资者还是合作伙伴，都希望对社会企业有一个大致的了解和认识，而这类群体的成员大多数都没有充足的时间对社会企业进行全面的调查和了解，所以只有通过公益创业计划书这种渠道来增加他们对社会企业的认知。为了让这部分群体能够通过阅读计划书更好地了解社会企业，要求公益创业计划书必须简洁明了，层次清晰，准确无误。而每个群体关注的内容、侧重点也会有所差别，例如，对于投资者来说，他们更关注的是项目本身的发展前景、获利可能性、业务增长情况等，这要求公益创业计划书能够让投资者一目了然，此时，采用图表和数据来描述会比文字更有说服力。此外，为了让投资者及银行等相关利益主体更好地了解社会企业的经营情况，需要真实、准确地对社会企业的发展前景做出预估，而不是盲目臆测。此外，公益创业计划书要对社会企业所处的行业竞争情况有清晰的认识和分析，并对自己未来的应对策略有很好的规划，让投资者能够看到社会企业经营的信心及风险控制的有效性。

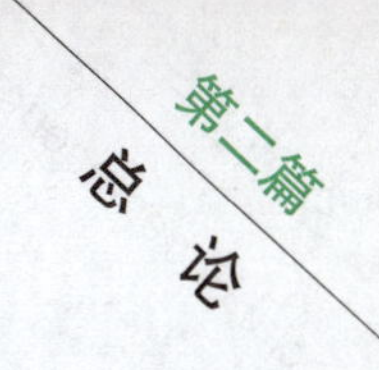

2. 社会企业内部成员

除了投资人、银行等外部利益相关者之外，社会企业内部成员是公益创业计划书的主要受众群体。一份好的公益创业计划书能够让社会企业内部员工清晰了解社会企业未来的发展方向，鼓舞员工、振兴士气。社会企业内部的行动有了指南，才能保持统一、有序、高效。为了让公益创业计划书起到有效指导的作用，计划书不能只是由上层领导层根据自己的理解来制定，而是要群策群力，一份清晰的公益创业计划书包括市场调查、市场分析、社会企业具体的运营方案等各个方面，不同部门的人员组成一个有效的团队，分别负责一个部分，共同来完成公益创业计划书的撰写，只有这样才能保证每部分的有效性、正确性、准确性，才能使员工对社会企业经营的每个环节有清晰的认识，从而做到及时发现问题，及时处理。且多部门共同完成公益创业计划书也有助于增强团队的凝聚力。

6.1.3 公益创业计划书的作用

公益创业计划书在社会企业中的作用已经毋庸置疑，越来越多的投资者在进行选择项目时都会看社会企业是否有清晰完整且真实可信的计划书。具体来说，公益创业计划书的作用主要有以下几个方面。

公益创业计划书是创办社会企业之前对社会企业所进行的整体规划，有助于公益创业者进行全局战略性的思考。公益创业是复杂的系统性工程，需要考虑的事情涉及方方面面，一旦某一环节考虑不周就有可能让公益创业胎死腹中。对于公益创业者来说，必须要全盘考虑公益创业中出现的各种问题和风险，并在创作过程中将社会企业的优势、劣势、风险和机会进行切实的分析，从而对社会企业的未来发展增进了解和认识，减少公益创业失败的风险。

公益创业计划书是社会企业全体员工的行动纲领和指南，起着战略指导作用。公益创业不是公益创业者单打独斗的行为，而是需要团队合作才能实现的。对于团队的每一位成员来说，他们需要统一的行动纲领，了解社会企业未来的发展方向、目标以及战略部署，只有在明确的文件指令下，才能够明确自己每一步该做什么、怎么做，要达到的目标是什么，而不是走一步算一步。另外，团队成员每个人的能力不同，需要人尽其才，公益创业计划书将社会企业的工作进行分解，进而根据工作需要进行人员配备，让每个人都能找到自己最适合的位置。所以，公益创业计划书对于人员配置、指挥公益创业团队成员工作等方面具有重要的作用。

公益创业计划书是外界了解社会企业的展示性文件，好的公益创业计划书是社会企业进行自我推销的有利形式。即便是社会企业，也需要向外界更好地传达社会企业的理念及价值观，获得更广泛的认可。为了能够广泛宣传社会企业的理念，需要找到一种媒介，而公益创业计划书则是很重要的媒介之一。因为公益创业计划书除了给投资人和社会企业内部员工展示，还可以向相关利益方展示，从而获得更多的关注。好的公益创业计划书能够在业界引起共鸣，获得更多投资人的青睐，让社会各界对社会企业有更深刻的认识和了解。所以，社会企业不应对公益创业计划书掉以轻心，认为公益创业计划书是可有可无的，真实有效的公益创业计划书胜过社会企业所进行的广告宣传，能够帮助社会企业赢得投资、指导社会企业获得成功。

6.2 公益创业计划书的撰写

6.2.1 公益创业计划书撰写前必须具备的前提条件

公益创业计划书在社会创业过程中的作用与商业企业几乎一样，那么如何写好一份公益创业计划书，从而起到事半功倍的效果呢？写好公益创业计划书必须具备一定的前提条件，主要包括以下几个方面。

1. 选择一个好的创意

公益创业者失败的原因可能包括资金的不足、管理经验的欠缺、团队的分崩离析、创业者自身的不努力等各个方面，但是大数据显示，很多新创社会企业的失败是因为没有一个符合市场需求的好创意。选择一个好的创意会让社会企业的公益创业行为成功一半。如何选择好的创意呢？一个好的创意不仅仅是创意本身的好与坏，要想获得社会的认可，既要求创意本身不落俗套，更要求创意符合社会需要。创意的选择大体可以从以下几个方面来进行。

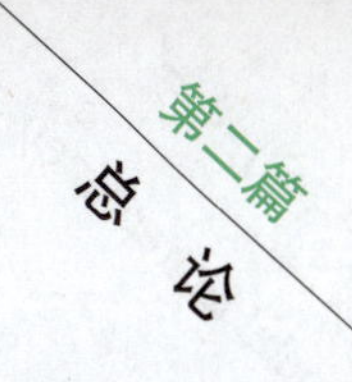

(1) 环境趋势　创意就是要满足社会的需求，所以要及时关注社会趋势的变化，并让自己的创意与趋势变化相适应。环境的变化可以是经济环境、社会环境、政治环境，也可以是技术环境的变化，每一环境的变化都提供了足够的市场空间和机会，为公益创业者提供了更好的创业可能。

1）经济环境。了解经济环境的变化主要是可以帮助公益创业者及时了解社会需求的变化，人们关注点的改变等，如经济不景气时期，人们会精打细算，消费需求会下降；而在经济回暖，需求迅速回升之时，人们收入水平提升，消费结构升级，对于生活必需品的需求下降，对旅游、教育、娱乐等非必需品的需求上升，公益创业者需要抓住消费者需求的变化，开发满足消费者需要的产品和服务。社会企业更多注重的是以商业的方式来做公益，所以经济的景气程度与社会企业的发展情况紧密相关；也有一些社会企业是需要筹集资金来进行发展的，这种类型的社会企业的发展则更依赖于经济的发展。经济景气时，商业企业会有额外的资金来解决社会问题，愿意为了社会发展做出更多的努力和贡献，社会企业发展也更容易些；而在经济低迷时期，商业企业更多关注的是自身的生存问题，在公益方面的支出必然会缩减。社会企业要根据经济环境的变化来调整自己的发展战略。

2）社会环境。社会环境所包括的内容非常丰富，社会环境的变化在一定程度上影响了消费者的需求方向及消费习惯。当前，中国社会环境多变，如新生儿出生率在二胎政策放开后大幅度提升、老龄化加剧、年轻人婚育年龄不断后移等现象。每一项社会环境的变化都会催生新的市场需求。如中国老龄化问题的日益严重，催生了“夕阳再晨”等社会企业的诞生，他们专门将服务老年人市场作为发展方向，他们教老年人如何使用最新的电子产品、如何用微信进行社交沟通及消费、如何应对社会上的诈骗等，让老年人的生活变得丰富多彩。这类社会企业适应整个社会环境的变化，不但自身获得了快速发展，也帮助解决了我国的很多社会问题。

3）政治环境。不管是公益型企业还是商业型企业，都要遵守国家的法律法规，更要了解国家政策与法律法规的变化。如作为共享单车企业，从其解决交通拥堵等方面来看，具有公益特点，但是在单车的停放、企业经营等方面都要遵守国家的相关法律，违规同样要接受处罚。此外，国家政策的变化也会给社会企业提供创意的来源，某些领域政策的放开或限制对于社会企业来说都可能是机会。如世界上很多国家都给出了停止生产和销售传统燃油车的时间表，这对于电车生产企业来说是一次非常大的机遇，加大对于电车的研发以提高电池的续航里程是他们经营生产的重点，这种为适应政策变化所做的调整，既是对社会环境所做出的贡献，也是社会企业自身发展的必然转型。

4）技术环境。技术环境的变化主要为社会企业提供公益创业成功的手段和来源。社会企业并不是仅仅只要求给社会带来益处，社会企业要想生存发展下去，让自己的福利范围扩大，还必须要学会如何利用最新的技术手段服务于目标顾客，并利用技术手段来提高效率节约成本。尤其是在信息技术不断更新的时代，社会企业要思考如何用最新的技术来武装自己，如社会企业要学会用微信公众号等新媒体进行自我推销，让更多的受众知道自己的存在价值和意义，要用新技术帮助社会企业降低成本、提高效率。

（2）社会“痛点”　所谓的痛点指的是，人们对于现有产品或服务的一些不满足或不满意的状态，人们的不满意恰好是社会企业发展的新机会。所以，社会企业要随时对社会上的痛点进行发现和总结，找到自己生存和发展的机会。如交通出行无法实现一大部分人们“点到点”的需求，为解决此“痛点”便有了共享单车的出现。人们的需求随时都在发生着改变，人们对现有的不满就可能是未来社会企业产品和服务发展的方向，不要对消费者的抱怨视而不见或者故意掩盖，而应该经常和消费者沟通了解他们的需求，将抱怨当作自己改革的动力。当今社会，存在着太多的“痛点”，贫困、战争、失学儿童、女性歧视、垃圾污染等等。而这些社会的“痛点”有多大的可能可以变成社会企业的生存点呢？在面对海洋白色垃圾时，人们更多的是抱怨，而荷兰少年 Boyan Slat 则将人们的抱怨变成自己的理想，立志清理海洋垃圾，并将其变成现实。他发明了利用太阳能和潮汐能作为动力的设备，以极低的成本清除太平洋的垃圾，并成立了专门用于海洋垃圾处理的公司。2014 年，他获得了联合国环境署颁发的“地球卫士奖”。令人震惊的是，如果把所有海上垃圾收集起来，卖掉清出来的塑料，把垃圾转换成石油以及其他的产品，他们能够赚取超过五亿美金的收入。充分地利用社会

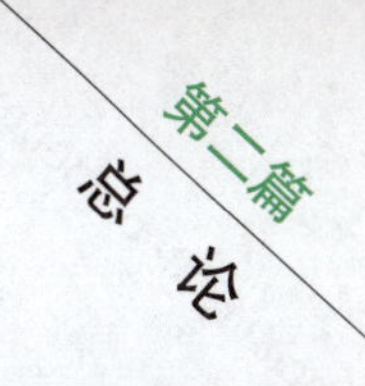

“痛点”，不仅让 Boyan Slat 这个荷兰少年解决了“海洋白色垃圾”这一社会问题，还获得了高额回报。所以，公益创业可以从社会“痛点”出发。

（3）市场缝隙　市场缝隙是指主流市场无暇顾及或无意顾及的领域。很多社会上的大问题，由于目标明显，会引起社会的高度关注，所以会有专门的公益组织或机构去解决这样的问题，例如，关注青少年及儿童、助学方面的中国儿童少年基金会等，关注女性的有中国妇女发展基金会等，关注贫困及人类生存状况的中国扶贫基金会等。但是这些公益性组织所关注的都是频率比较高、范围比较广的大问题，且获得帮扶也有一定的难度，所以最近一些利用新媒体平台出现的各种捐助平台如轻松筹、水滴筹，就是针对大型公益组织现有不足而出现的。消费者的需求是多样化的，很多消费者的个性化需求无法被大型公益组织或机构关注并得以解决实现。这种小众的个性化需求对于社会企业来说就是创意的重要来源。市场缝隙往往意味着潜在的市场机会，不被关注的需求未必不是市场需求，如果新创社会企业能够从关注市场缝隙出发，充分开发消费者的潜在需求，就可以实现曲线救市，获得竞争的成功。

2. 进行充分的市场调研

好的创意选择只是让社会企业有了经营的好点子，好的想法必须与市场需求进行有机结合。想当然认为产品生产出来就会被接受，只会因为一厢情愿而导致社会企业经营陷入困境。要想了解市场需求，必须进行充分的市场调研。先于产品或服务提供的市场调研，是了解消费者真正需求的重要手段，虽然市场调研可能会影响产品及服务面向市场的时间，但是所谓“磨刀不误砍柴工”，在了解消费者需求后，所提供的产品或服务受市场欢迎的可能性就会提高，从而有利于公益创业获得成功。进行市场调研也是帮助社会企业进行创意筛选的重要方法，创意还只是停留于想象中，而市场调研则是告诉社会企业哪些是可以被接受的创意，哪些是无法被市场接受的、没有实现价值的创意。

3. 领导者的重视和统筹规划

公益创业计划书必须要得到公益创业者的充分重视，并亲自参与公益创业计划书的设计和撰写，新创社会企业的领导者需要对公司未来的经营有全盘规划，并指导员工进行公益创业计划书的撰写。如果将公益创业计划书当作一个任务进行应付，随意将公益创业计划书交给下级员工去做甚至是外包，是无法充分发挥公益创业计划书的指导性作用的。所以，好的公益创业计划书一定是在社会企业领导的重视并参与下实现的，缺少了领导的重视，公益创业计划书必然就是流于形式的一纸文稿而已。公益创业计划书是由不同部门人员配合完成的，每个部门的人员只是将涉及本部门的内容做到最好，但是公益创业计划书是一个整体而不是分割条块，需要社会企业领导站在高处统筹规划，进行合理整合，保证公益创业计划书的整体性。

4. 人员的合理分工及互相配合

有了好的创意、完成了市场调查并得到了领导者的重视，一份好的公益创业计划书也就完成了一半，好的公益创业计划书的完成离不开社会企业各部门人员的配合。即便是新创社会企业，也是需要由具有不同才能的人共同完成，公益创业者单打独斗无法完成社会企业的创办。充分调动不同人员的积极性，让其发挥各自的才华，才能保障社会企业在发展中获得成功。每个部门的人员对所在部门负责的领域是最为熟知的，公益创业计划书所涵盖的内容庞杂多样，既包括营销类的知识，也包括管理及财务等方面的知识，这不是单个人能够掌握的。所以，好的公益创业计划书一定是融合了各部门人员的意见，将部门人员合理分工并彼此进行配合才能将每个部分的内容写得详尽可靠。

6.2.2 制定公益创业计划书的步骤

1. 准备阶段

由于公益创业计划书的编写涉及的内容较多，因而制定公益创业计划书前必须进行充分的准备、周密的安排。首先，通过文案调查或实地调查的方式准备关于社会创业企业所在行业的发展趋势、同类社会企业组织机构状况、同类社会企业财务报表等方面的资料；其次，确定公益创业计划书的目的与宗旨；最后，成立专门的公益创业计划书工作小组，制订公益创业计划书编写计划，确定公益创业计划书的种类与总体框架，并制定公益创业计划

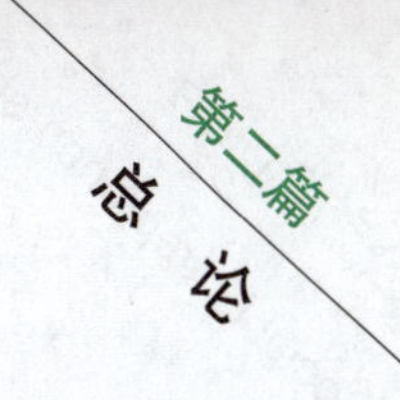

书编写的日程安排与人员分工。

2. 形成阶段

该阶段包括拟定执行总结/摘要和草拟公益创业计划书两部分。主要是根据社会创业执行总结/摘要全面编写公益创业计划书的各部分，包括对公益创业项目、社会企业、市场竞争、营销计划、组织与管理、技术与工艺、财务计划、融资方案以及创业风险等内容进行全面分析，初步形成较为完整的公益创业计划书方案。

3. 修改完善阶段

公益创业计划书小组在这一阶段对该领域进行广泛调查并征求多方意见，进一步补充、修改和完善草拟的公益创业计划书。检查公益创业计划书是否完整、务实、可操作，是否突出了公益创业项目的独特优势及竞争力，包括公益创业项目的市场容量和盈利能力，项目在技术、管理、生产、研究开发和营销等方面的独特性，公益创业者及其管理团队成功实施社会创业项目的能力和信心等，力求引起投资者的兴趣，使之领会公益创业计划书的内容，支持公益创业项目。

4. 定稿阶段

在该阶段进行定稿，并印制成正式公益创业计划书文本。

6.2.3 公益创业计划书的内容

关于公益创业计划书的内容格式，虽然没有统一的标准，但是其所涵盖的内容基本上相差不大，只是在内容顺序上略有不同。一般来说，一份完整的公益创业计划书主要包括以下内容：封面及目录、执行总结/摘要、社会企业描述、产业分析、市场分析、竞争者分析、产品和服务分析、营销策略分析、财务分析、团队介绍，另外，还包括社会企业组织结构、社会企业运营计划等方面内容。

1. 封面及目录

封面和目录是读者最先看到的内容，很多人认为封面和目录不是好的公益创业计划书的主体内容，可以不用太过关注。实际上封面与人的样貌一样重要，一份好的公益创业计划书一定要有独特的封面设计。所谓的独特并不是指浓墨重彩、添加太多夸张的元素，而是最好设计与自己经营的主题相关的元素，并且以简约风格为主，让读者能够一目了然，这就要求设计者有很好的审美能力。在目录方面，很多设计者容易忽视其重要性，由于公益创业计划书的阅读者未必有足够的时间逐字逐句对计划书进行阅读，而是只看自己感兴趣或和自己相关的那一部分，所以目录在这时候就显得很重要，它具有指引作用，阅读者可以根据目录找到所关注部分的对应的页码，直奔主题。总的来说，缺少目录的公益创业计划书不是一份完整的计划书。

透视

“滴水恩大学公益创业孵化有限公司”商业计划书

项目基本情况介绍：2008 年，湖南大学的公益创业项目“滴水恩大学公益创业孵化有限公司”在第六届“挑战杯”中国大学生创业计划竞赛中获得了“挑战杯”金奖，是我国第一个获得“挑战杯”金奖的公益创业项目。

目　录

1　执行总结
　1.1　创业背景
　1.2　公司简介
　1.3　市场分析
　1.4　公司运作模式与效用
　1.5　项目集群
　1.6　公司发展战略
　1.7　营销策略
　1.8　投资与财务
　1.9　风险分析及资本退出
2　项目背景及分析
　2.1　创业背景
　2.2　项目背景
　2.3　公司基本信息
　2.4　公司概述
　2.5　公司特色
3　市场分析
　3.1　市场现状分析
　3.2　公司竞争力分析
　3.3　细分市场及定位
4　公司服务与运作模式
　4.1　公司服务
　4.2　项目筛选
　4.3　具体业务运作流程

4.4 公司服务效用
5 项目集群展示
5.1 核心项目展示
5.2 子项目集群
6 公司发展战略
6.1 公司定位
6.2 战略规划
7 营销战略
7.1 服务定位
7.2 定价策略
7.3 品牌营销
7.4 网络渠道营销
7.5 公益营销
7.6 其他营销方式
8 内部管理体系
8.1 组织结构
8.2 管理策略
8.3 人力资源管理规划
8.4 人力资源绩效管理
9 投资分析
9.1 股本结构及规模
9.2 投资计划
9.3 财务管理
9.4 投资回收期
9.5 投资净现值
9.6 内含报酬率
9.7 敏感性分析
10 财务评价
10.1 财务预测框架
10.2 财务盈利能力分析
10.3 已包装核心项目财务
10.4 公司总财务报表
11 风险管理
11.1 风险分析
11.2 规避风险原则
11.3 规避风险措施
11.4 风险资本退出
附录

2. 执行总结/摘要

执行总结也称作执行摘要，类似于论文写作中的摘要部分，用简短的语言将自己计划要经营的内容及目标，以及实现目标所要采取的手段和方法等进行描述，执行总结/摘要主要是为了节省阅读者的时间，让读者进行通篇阅读之前对社会企业计划经营的内容有大致的了解，如果感兴趣就会继续阅读下去。为了能够吸引读者，引导其继续往下阅读，执行总结/摘要既要言简意赅、条理清晰，又要充满热情和憧憬，让每个读者都能感受到公益创业者的信心与决心。在执行总结/摘要的写作过程中，要注意不要只对社会企业自身的业务进行描述，尤其是为了获得投资而书写的公益创业计划书，一定要对市场机会进行分析，并说明社会企业将如何抓住市场机会，详尽的市场分析能够帮助投资人做出正确的投资决策。总而言之，执行总结/摘要作为公益创业计划书的重要内容，是整个公益创业计划书的浓缩和提纲，叙述要达意，语言要精练，篇幅要适当，逻辑要清晰，一定要让读者产生读下去的兴趣。

透视

“滴水恩大学公益创业孵化有限公司”商业计划书——执行总结节选

公司简介

滴水恩大学公益创业孵化有限公司是在“公益助学＋就业＋创业”的基于集群的高校产学研与公益一体化创业教育背景下产生的、兼顾社会效益的营利性企业。其宗旨是最大限度地帮助大学生创业与就业，转化高校科技成果，广泛推广公益创业事业。公司注册资本为100万元，股东由×××投资公司、部分教师、学生团队组成。

公司的运作模式及效用

滴水恩大学公益创业孵化有限公司是孵化学生自主创建项目及高校“毛坯”科技成果的兼顾社会利益的营利性企业。公司依托高校创新产学研集群项目，以创业结合公益一体化的模式运作。

公司采用科学的筛选流程，包括决策过程、产品服务、市场调查等7个环节，同时对通过审核的项目进行包括提供营销战略管理、团队实践素质拓展培训、商业计划书修改完善等多项措施的包装美化，力求实现“筛选有理，包装有道”。

公司依托高校创新产学研，具有研发创新、项目孵化、创业人才培养等功能。

项目集群

公益创业强调创建兼顾社会效益的营利性企业，公司职能以孵化创业子项目为主，孵化项目主要分为自主开发项目和与其他风险投资机构联合投资的项目。其中，现有待投资核心项目包括便携式快速测定仪、开心传媒等，自主开发项目包括中国公益创业网、考研培训机构等。同时，公益创业还包括资助非营利组织和支援

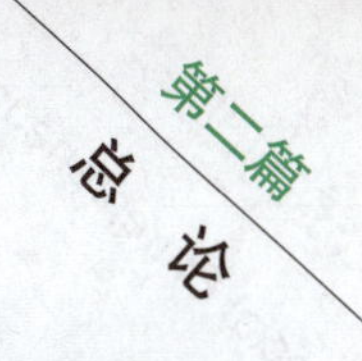

志愿公益活动，公司也将致力于这两个领域达到“公益营销”的目的。公司现已资助百万学子义务家教、滴水恩万人千村公益项目等，直接关注、关爱留守儿童和空巢老人等弱势群体。

投资与财务

公司初期共需资金145.64万元，其中用于固定资产投资20万元，无形资产投资20万元，流动资金投资5.64万元，长期股权投资五年,总投资额为100万元。公司资本100万，占总投资额的68.6%。公司在第二年和第五年需要外借20万（银行三年中期贷款，利率为7.56%）。所筹得的资金主要用于公司的筹建以及初期的创业投资。股份结构分布如表6－1所示。

表6－1　股份结构分布

股东性质	出资金额	比率	出资方式
* * *	50 000	5%	货币资金
管理层人股	300 000	30%	货币资金
* * *	250 000	25%	货币资金
其他企业法人	400 000	40%	货币资金
合计	1 000 000	100.00%	

公司投资回收期为3.22年，投资净现值为62.99万元（R =15%,5年），内含报酬率为62%，达到创业投资回报率平均水平以上，且远大于资金成本率15%。

3. 社会企业描述

社会企业描述就是通过对社会企业进行介绍让投资者及相关主体进一步了解和认识该社会企业，让相关利益主体从了解一个抽象的概念转向了解具体的形态，真实感受到社会企业的存在。该部分主要包括社会企业经营的基本内容，如社会企业名称、法律形式、注册地址、社会企业的经营历史及现状，社会企业经营的产品及服务范围、社会企业未来发展的方向及目标规划等。社会企业描述部分并不是简单地将社会企业真实的信息如实书写就可以了，而是要突出社会企业的特点，尤其是在社会企业经营的产品和服务方面，要突出自己的竞争力、优势，而在社会企业的主要目标方面，既要让人觉得充满愿景又要切实可行。

4. 产业分析

产业是由生产具有替代性产品的一群企业所构成的。社会企业必须对自己所处的产业类型有总体了解，如所处产业的规模大小、产业竞争程度、产业发展趋势等等。产业分析可以让社会企业清楚地认识自己所处的产业状况，例如，所在产业到底是“朝阳产业”还是“夕阳产业”决定了该产业未来的发展状况，如果该产业处于朝阳产业，意味着社会企业未来发展有无限可能，而处于夕阳产业则意味着社会企业必须要进行转型或及时退出市场。产业规模的大小则决定了社会企业未来发展空间的大小；产业增长速度决定了社会企业未来的发展速度；产业竞争程度决定了社会企业未来经营的难易。产业分析是系统客观评价社会企业商业机会的重要指标，因为社会企业的发展与所处产业紧密相关，虽说也有社会企业的发展远远快于产业的发展，但从长远来看，二者必然保持一致。基于此，计划书的读者也更愿意看到产业的客观分析，并且当社会企业对自身增长的预估与产业出现明显差别的时候会产生质疑，如果社会企业无法对此进行有效的解释，那么这份计划书是不会被认可的。

5. 市场分析

产业分析是从相对宏观的角度来进行分析，市场分析则是从微观的角度来进行分析。市场分析是创业计划书的重要内容，这部分主要是在市场进行细分的基础上来选择社会企业的目标市场，并对目标市场进行市场定位。和产业分析相比，市场分析明显更为重要，因为进行充分的市场分析能够详细了解目标市场的需求特点，从而来决定自己的产品特点，产品符合消费者的需求才能够真正做到适销对路。而社会企业若想通过计划书来筹资，也需要通过该部分向投资者传达目标市场的规模大小，只有规模大的市场才能吸引投资者的兴趣和关注。市场分析具体包括以下内容。

（1）市场细分　市场的需求是多样化的，而社会企业的经营能力有限，很少有社会企业将所有的市场都当作自己的发展目标。基本上社会企业都是在市场细分的基础上来选择自己最有可能进入并获得成功的市场。市场细分是目标市场选择的前一个环节，市场细分简单来说就是将社会企业面对的复杂需求的消费群体进行分类，并对每个类别的市场进行认真详细的分析和描述，然后把具有相同特征或需求的市场合并到一起，变成一个顾客群，每个顾客群构成一个子市场，子市场之间存在着明显的需求差别。市场细分的标准可以有很多，可以按照人口统计变量来进行细分（如年龄、性别、家庭人数、收入、教育程度等），按照行为变量来细分（利益诉求、品牌忠诚、产品使用率等），按照地理因素进行细分（如城乡之分或者地形不同而形成的地理因素差别等），还可以按照社会文化或者心理因素等进行细分。市场细分既是社会企业进行目标市场选择的前提，也是帮助社会企业开拓新市场的有效手段。目前，在市场营销学理论中，对市场细分已经有了成熟且明确的手段和流程，计划书在写作的时候需要对该内容进行仔细研究，从而在计划书中进行恰当的运用。

（2）目标市场选择　合理地进行了市场细分后，社会企业就要选择计划服务的目标市场。目标市场选择指的是，在将市场划分为几个子市场之后选择一个或者几个子市场作为自己预期服务的对象。社会企业尤其是新创社会企业资金资源有限，无法对所有的客户提供服务，所以必须选择出自己的主体客户，将更多的资源向主体客户倾斜；此外，不同客户的产出是不同的，社会企业必须优先关注那些能够给社会企业带来利润或者是当前最需要得到社会企业帮助的那部分客户。

（3）市场定位　经过市场细分和目标市场选择，社会企业就可以进行自身的定位了。也就是说，社会企业计划在目标顾客中以什么样的形象出现，能够让目标顾客遇到需求的时候立刻想到社会企业的存在。如夕阳再晨主要针对的是中老年人的服务市场，所以当中老年顾客想要学习互联网知识或者遇到困难时，就会首先想到该社会企业。

透视

“滴水恩大学公益创业孵化有限公司”商业计划书——市场分析节选

细分市场及定位

1. 市场细分

目前，科技创业者所需的主要服务大致有5项：房产服务、物业管理服务、商业咨询服务、信息服务和风险投资服务。其中，每一项服务都可以衍生出新的实业，而我国现有孵化器最薄弱的环节就是缺乏这样的衍生能力。

2. 市场定位

公司发现高校在科研成果转化和社会公益事业上应有职能的缺失，为了把两者更好地结合起来，公司以公益创业为核心思想，致力于社会企业家的培养，同时将目标市场定位于高校科研成果转化和高成长性创业团队。

公司将充分利用高校的专业优势，弥补现有市场空白，致力于提高孵化体系的服务支持水平，做好市场服务，建立完备的体制以吸引风险投资，针对各项科研成果孵化出相对独立的子项目。将孵化公司提供服务的重点定位在：商业咨询服务、信息服务和风险投资服务，通过把孵化器、创业者和风险投资者结成联盟，积极拓展企业发展、技术开发、市场营销、竞争研究分析等由服务衍生出的新兴业务。

6. 竞争者分析

所谓知己知彼方能百战百胜，要想在市场上获得成功，除了要了解自己的客户，更要了解自己的竞争对手。尤其是新创社会企业，应该向对手学习而不是排斥对手，这是充分了解市场且避免走弯路的有效手段。社会企业虽然追求的是社会效益和社会价值，但是社会企业同样面临着如何生存的问题，因此对竞争者进行分析也是必不可少的。在对竞争者进行分析时，首先需要识别竞争对手是谁。技术的发展使得产业间的融合变得越来越普遍，你的竞争对手未必和你来自同一个行业或领域，它很有可能是跨行业和跨领域的。因此，识别直接和间接竞争者对社会企业来说具有重要的意义。首先，你要知道对你构成威胁的是哪些主体；其次，需要了解竞争者所处的市场地位，也就是其竞争力如何，竞争优势表现在哪些方面？其未来的发展动向如何，是否存在漏洞等；再次，需要了解和竞争对手相比自身的优缺点，能否提供比竞争对手更好的产品或服务来满足社会需求，你将要采取哪些策略来应对竞争对手的威胁等。

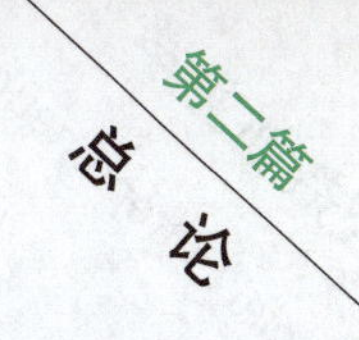

透视

“滴水恩大学公益创业孵化有限公司”商业计划书——竞争者分析节选

对比潜在竞争对手，我们的优势有以下几点。

（1）公司将依赖全面、权威的专家团队，为企业提供金融协调服务、市场调查与策划、信息和专家网络服务、政策法律事务服务、审计会计事务服务、人力资源开发服务等。公司完整的服务体系使孵化企业得以彻底摆脱琐碎事务的困扰，专注于产品的开发和市场的开拓，迅速切入市场，这是现有孵化器难以比拟的。

（2）我们团队核心成员来源于高校、依托于高校，能够第一时间获得高校创业团队的相关创业信息，不仅有条件以较低成本获得创业项目，而且能较全面地了解创业团队成员的具体信息，可以降低因一些道德风险引发损失的可能性。

（3）针对学生创业团队可能对收费服务极谨慎这一原则，我们在对服务定价时具有极大的灵活性，我们会通过“品牌资本入股”和“人力资本入股”等方式孵化创业企业，增强自己的竞争力。

同时，我们努力创造条件，使同时被孵化的创业者能方便地进行交流，分享经验和信息，互相鼓励，甚至结成业务合作伙伴。这是现有孵化器由于各种原因难以达到的。

7. 产品和服务分析

行业和市场分析是从行业和顾客的角度出发来考虑问题的，而社会企业也必须要从自身来分析，让投资者及相关主体知道社会企业到底会给社会带来什么样的价值。这一部分应该是公益创业计划书的核心内容，是真正对企业经营内容进行的介绍和分析。社会企业需要详细地分析产品或服务的名称、性质，该产品或服务在当前的竞争性、前沿性；和竞争者相比，该产品或服务领先的地方表现在哪里；该产品或服务解决了当前哪些问题；与哪些最新的技术进行了结合；给顾客带来了哪些价值等等。很多计划书都会在这部分夸大其词，过分地描述产品或服务的一些未必能够实现的功能，以期获得投资，这是错误的做法。对于社会企业来说，客观的、实事求是的描述更容易获得认可。毕竟，不切实际的想法是能够被识别且不被接受的。

8. 营销策略分析

营销策略分析在公益创业计划书中也可以叫作经营策略分析。作为一个企业，不管是商业性的还是公益性的，都需要对未来的经营做出相应的规划。该部分对于商业企业来说主要涉及产品、价格、渠道、促销等策略。社会企业和商业企业在该部分会有一些区别。作为社会企业来说，经营策略应该至少包括以下内容。

（1）社会企业的产品或服务推广　社会企业需要将自己的产品和服务向更广的领域进行推广，从而让更多人获益。如何进行推广需要向相关主体进行说明，要让相关利益主体知道社会企业未来打算采取什么措施来推广社会企业，并且采取的措施要让人能够感受到其可操作性和有效性。

（2）社会企业的定价策略　社会企业并不是所有活动都是免费的，社会企业也需要进行生存和发展，所以就要给自己的产品和服务进行合理定价，社会企业进行产品、服务定价不是为了获得超额利润，而是为了让社会企业更好地生存从而给社会带来更大的价值，所以定价更需要进行认真斟酌。

9. 财务分析

一份好的公益创业计划书离不开合理的财务分析，对于投资人来说，他除了对社会企业经营的项目感兴趣之外，吸引他的应该就是社会企业的财务分析。财务分析是对社会企业所有规划提供的基本支持。投资人可以通过财务分析了解社会企业未来经营的预期情况，也可以通过数据分析对社会企业过去的经营情况有大致的了解，从而大体掌握社会企业的资金运营状况，进而进行自己的投资决策。一般来说，财务分析内容应该以财务报表的形式呈现。如果是已经运营一段时间的企业，还需要将历史财务数据在财务报表中呈现，这样的信息披露更能获得投资者的认可。不管是已成立的社会企业还是新创社会企业，都需要在财务报表中表明未来的长短期规划。合理的财务分析需要公益创业者能够解决以下问题：社会企业预期投入的成本有多少，这些成本是如何构成的，融资渠道有哪些，已筹资多少，计划筹资多少，等等。

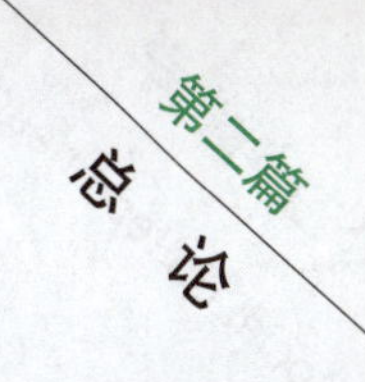

10. 团队介绍

对于社会企业来说，最重要的资源是人力资源。对于很多投资者来说，项目团队比项目本身更重要。实践表明，很多竞争的项目，最终获胜的团队并不是其项目更有创意或更有市场前景，而是团队成员有着更好的合作和执行力。所以说，社会企业创业团队介绍是必不可少的一项，也是投资人重点考核的内容之一。在该项内容中，需要阐述的内容首先是团队主要成员的介绍，如姓名、年龄、工作背景等等，方便投资人对社会企业的管理团队有清晰的认识和判断。在这部分，尤其需要重点介绍社会企业主要负责人的情况，主要负责人的才能及责任心等方面将决定其领导公司的未来走向。除了团队人员的背景介绍，还需要对团队成员的任务分工，也就是团队的组织结构进行说明。新创社会企业人员数量很少，更多的时候老板是员工，员工也是老板，但是无论社会企业规模大小、成立时间长短，在员工间进行合理的任务分工，明确责任定位，对于社会企业的长远发展都是必要且有积极作用的。总而言之，一个团结向上、优势互补、责权明确、任务分解到位的管理团队更能够给人以积极向上的正能量。

6.2.4 公益创业计划书撰写过程中需要注意的问题

虽说公益创业计划书的内容构架与普通的创业计划书没什么差别，甚至在具体内容上也大体相同，但是仍然需要注意的是，在撰写过程中，公益创业计划书需要偏重于对于公益性创业的需求，而不完全是商业盈利性需求。此外，在撰写过程中还需要注意以下问题。

1. 重点突出

投资人面对着一大堆的公益创业计划书，如何使自己的计划书在堆成山的计划书中脱颖而出是撰写计划书时需要考虑的。所以，好的公益创业计划书一定要突出重点，且要将自己项目的优势很好地呈现出来，也就是说，不要将每一部分都详细剖析，一定要抓住核心要点，将要点部分更好地展现出来。项目的要点一般有以下几个方面：产品或服务的核心价值、市场发展前景、竞争优势、盈利模式等，这些都是投资人重点关注的。

2. 实事求是

有些公益创业者为了获得投资人的青睐，将项目的发展前景无限扩大。这样做是不可取的，也是能够被投资者一眼看穿的。因为任何项目都是机会与挑战同在，成功与风险并存，不存在百分之百能够成功的项目，一味地强调成功的概率，对潜在的风险和挑战不进行说明和分析，迟早会为自己的谎言付出代价。在创立社会企业的过程中，诚信是最基本的要求，不能实事求是，对风险一带而过、含糊其辞的公益创业计划书是不会赢得投资者认可的。

3. 条理清晰

公益创业计划书涵盖内容多样、知识体系庞杂，如此多的内容放到一份计划书中，要想让投资人能够不因为计划书的厚重而望而却步，条理清晰是必要的。一份条理清晰的公益创业计划书背后必然是一个思路清晰、逻辑关系明确、做事干脆利落的社会企业创业团队。一份杂乱无章的公益创业计划书则反映出社会企业创业者自身存在的思路混乱、对所有事情毫无头绪的问题。此外，不同的主体对公益创业计划书的关注点也不同，为了能够让不同的主体都能通过计划书找到自己感兴趣的内容，要求公益创业计划书必须要涵盖各方面的内容，这就要求社会企业创业团队精诚合作，部门之间要认真沟通，绝不能条块分割，而要整体作战。

4. 语言平实

虽然公益创业计划书所涵盖的内容包括了营销学、管理学、人力资源、财务管理等方方面面的知识，但是要清楚地认识到公益创业计划书是给投资者及其他相关主体阅读的，在书写过程中要考虑到阅读主体的需要，不要将计划书写成专业教科书似的文件，而要语言平实，通俗易懂，少用行话、术语。在进行数据对比分析时，尽可能用图表来进行形象的展示，一张图表胜过十张纸的文字说明，图文并茂的计划书更具有可读性。

5. 结构合理

由于公益创业计划书是由多个部门配合完成的，每个部门只负责自己那一块

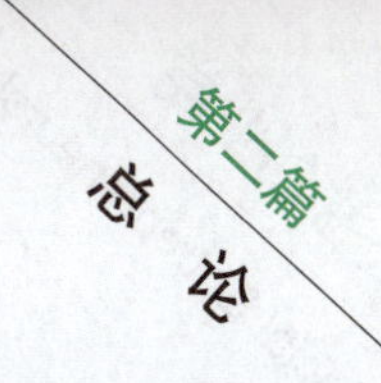

内容，如果不进行统一规范管理，会导致整体性不强，条块分割严重，甚至有些杂乱无章。为了避免从外观上就给人不严谨、不规范的感觉，在由不同的部门完成公益创业计划书的写作之后，一定要有专门的人员进行公益创业计划书的整合。整合需要站在高处，保证不同部分之间衔接的连贯性，同时需要查看数据及内容上是否存在前后矛盾的地方，更要从最基本的格式方面着手，保证在体例等方面保持统一。一般来说，公益创业计划书的结构按照封面、目录、总结/摘要、社会企业概况、市场分析、产品介绍、组织结构、营销策略、财务分析、团队介绍、风险分析的编排来进行，可根据社会企业的实际情况进行内容的整合或扩充。

6.3 公益创业计划书的展示与评价

6.3.1 公益创业计划书的展示

公益创业计划书撰写完成后，就需要向外界及内部员工等进行展示。一般来说，首先进行的是书面展示，也就是将公益创业计划书终稿打印出来进行展示，如果计划书引起了投资人的关注或兴趣，接着需要进行的是口头展示。

1. 书面展示

进行书面展示的时候，首先需要注意公益创业计划书的风格及整体内容的布局等。其次，不同章节内容的侧重点需要有所差别。封面部分需要注意计划书的整体风格，将企业的logo合理地嵌入到计划书的封面上，且将社会企业的名称、负责人的姓名及联系方式等必要的因素编排到封面中，排版要简洁大方，避免色彩过多及杂乱；就内容部分而言，既要面面俱到，又要详略得当。一般来说，目录部分可自动生成，需注意页码的对应，且不要让目录拖沓冗长，最多到三级标题即可；摘要部分要求语言精炼、简洁，保证语言流畅，富有吸引力；企业概况简洁明了，重点介绍社会企业与众不同之处；市场分析需要用客观数据说话，不要夸大也不要刻意隐瞒社会企业的不足；产品介绍不应主要介绍产品的构成，而应更多地介绍产品或服务的功能和作用，也就是产品或服务能够给消费者带来的价值；组织结构要重点介绍团队管理者的能力及团队整体素质及构成情况；营销策略和财务分析是需要详细说明的部分，营销策略需要对社会企业未来的营销计划及具体执行策略进行详细的介绍，让投资人知道社会企业未来的行动方向，而财务分析则重点提供社会企业未来三年的现金流量表、资产负债表以及损益表等。风险分析主要是从投资者的角度分析项目的风险在哪里，社会企业是否有应对风险的策略等。

2. 口头展示

如果公益创业计划书需要进行口头展示，那么说明公益创业计划书已经在书面展示环节成功获得了投资人的认可。这个时候，首先要更全面细致地熟悉公益创业计划书的内容，然后将书面的公益创业计划书用幻灯片的形式进行展示。幻灯片的制作在一定程度上也影响了成功的可能性。投资人没有更多的时间或精力面对复杂的幻灯片，所以幻灯片的制作既要简洁，又要保证把关键内容都包括进去且要引起并获得投资人的关注和认可，这是具有很大难度的。在幻灯片制作的过程中，需要遵循以下原则：① 幻灯片的制作要遵循6－6－6法则，也就是说每行不超过6个单词（英文），每页不超过6行，连续6张纯文字幻灯片后需要有视觉停顿（用带图片、视频、图表等的幻灯片进行穿插）；② 幻灯片总数不要超过12张。这些原则是公认需要遵守的，每个社会企业还要根据自己的实际情况，在内容展示中进行有机的调整，不完全拘泥于规则要求。好的幻灯片制作加上充满激情和诚意的演讲才是保证社会企业获得成功的关键。

6.3.2 公益创业计划书的评价

公益创业计划书是公益创业者自己或委托有关人员、机构为公益创业实施或公益创业融资预先制定的方案，其质量直接关系到公益创业项目的成败。因此，相关组织或个人拿到公益创业计划书后，首先要对公益创业计划书进行评价，以判定其优良程度，一般有第一方、第二方以及第三方评价。第一方为创业者，主要判定制定的公益创业计划书是否具有吸引力或可操作性。第二方为资源提供方，包括风险投资者、一般投资人以及管理者、员工等。第三方为独立的咨询机构，受人委托对公益创业计划书进行公正性评价。

1. 公益创业计划书评价要素

一般从六个方面对公益创业计划书进行评价。

(1) 公益创业计划书的完整、全面性。

(2) 方案可行性。

(3) 技术含量或创新性。

(4) 经济效益。

(5) 资金筹措方案。

(6) 市场前景。

2. 公益创业计划书的评价标准

公益创业计划书使用者的目的不同，相关评价标准也不同。以下是公益创业投资基金或投资者角度的评价标准。

(1) 执行总结/摘要：内容清晰、简洁、重点突出，具有吸引力。

(2) 社会企业描述：明确阐明社会企业的目的、性质、背景及现状，创业理念和战略目标。

(3) 产品或服务描述：描述产品或服务的基本性能、特征、商业价值、技术含量、发展阶段、所有权情况。

(4) 生产计划：描述生产或服务计划、经营难度、需要的资源、地区、税收、交通、供应商等。

(5) 市场分析与营销策略：包括市场描述、竞争分析、市场细分、市场定位、产品定价、营销渠道、促销方式等。

(6) 组织计划：包括关键人物背景、组织结构、角色分配、创业团队实施战略的能力。

(7) 财务计划：财务报表清晰明了，内容包括相应时间段的现金流量表、资产负债表、损益表等。

(8) 融资回报：阐明利益分配方式、可能的退出策略等。

(9) 可行性：一是市场机会，明确市场需要及合适的满足方式；二是竞争优势，社会企业拥有的独特核心能力以及持续竞争优势；三是管理能力，管理团队能够有效地发展社会企业，并合理规避投资风险；四是财务预算，社会企业的发展业务具有明确的财务需求；五是投资潜力，社会创业项目具有真正的实际投资价值。

(10) 公益创业计划书的写作：计划简洁清晰，不冗余。

复习思考题

1. 公益创业计划书的作用是什么？
2. 公益创业计划书包括哪些内容？
3. 撰写公益创业计划书需要注意什么？
4. 如何展示公益创业计划书？
5. 简单描述公益创业计划书的评价要素。

案例分析

女大学生创立“葛生情”公益创业项目

赵传档，重庆交通大学经济与管理学院 2014 级工程造价专业本科生，在校平均绩点 3.91，长安大学推免硕士生，明德奖学金获得者。曾于 2017 年 2 月公派哈佛大学进行学术交流。

2015 年 1 月至今，为帮扶家乡贫困农户宣传销售野生优质葛粉，赵传档同学自发成立“葛生情”公益创业项目，利用线上电子商务平台销售自主设计包装的葛粉、线下奶茶店销售特色葛冻饮品，从技术革新、商业模式创新等方面帮助农户提高了收入，受到腾讯网、华龙网等媒体报道。当笔者问到她是如何想到成立这个项目的，她回答道：“我以前听过一句话，社会的痛点就是创业的起点。”这与她从小的经历是分不开的。

赵传档成长于农村，她坦言，自己从小生活的环境是存在这种“痛点”的。年幼的她目睹了周围许多农民的生活状态：工作环境恶劣，劳作十分辛苦。好不容易生产出来的葛粉却无奈因当地环境闭塞，难以销售。

“当我们经过不断学习之后会发现，只要我们善于运用新知识，是可以改变这种社会的‘痛点’的。我感觉我的心里面一直都是有这样一个种子在的。”抱着这种信念，她在求学的路上不断充实自我，不断开阔自己的眼界。

进入大学以后，赵传档加入了创行协会，认识了很多优秀的人，社团的经历使得她对创业有了初步的了解。

“机缘巧合，大一上学期快结束的那个寒假，我无意中看到楼下的展板上有一

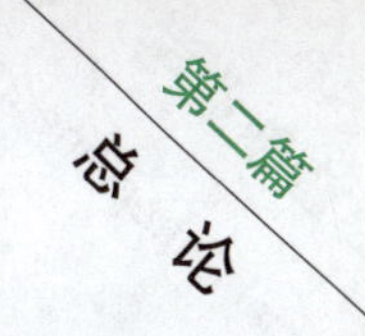

个公益创业的活动，就把这个记下来了，花了一个寒假的时间在做这个事情。”心中埋藏已久的种子开始渐渐萌芽。随后，她成立了自己的项目团队，开始撰写创业计划书、投稿、答辩；然后，进行实地调研、开发产品包装、建立宣传销售平台。在自主创业过程中，她还发现农户手工生产葛粉效率低、且产品质量难以保证和统一，于是和团队共同努力设计了“葛粉粉碎烘干一体机”，获得社会企业资助并申报国家实用新型专利。

“葛生情”公益创业项目成立至今，深受老师、同学及社会各界人士的肯定。对于这份殊荣，赵传档表示，“我们没有什么了不得的成绩。很多人都会想到，只是缺少迈出第一步决心和勇气。当你勇敢迈出第一步，未来的路也会越来越明朗。”

资料来源：节选自重庆交通大学《毕业季专访》

https://mp. weixin. qq. com/s/OzGX3q8xp7dz6ga3oR0w-g

思考题

1. 赵传档成立“葛生情”公益创业项目的原因有哪些？
2. 从“葛生情”公益创业项目发展完善的过程中，对你有何启发？
3. 在“葛生情”公益创业项目创业计划书的撰写与展示中，应该注意哪些问题？

系列实训之6

- **实训目标**

1. 掌握公益创业计划书相关知识。
2. 通过实际写作提升公益创业计划书的撰写能力。

- **实训内容与要求**

1. 分组。根据小组的创业构想，各组开展市场调查。
2. 根据公益创业计划书的撰写要求，撰写一份完整的公益创业计划书。
3. 各组在课堂上进行公益创业计划书的展示和交流，并对公益创业计划书进行修改。

第7章 新社会企业的开办

内容提要

创立新社会企业可选择个人独资企业、合伙企业以及公司制企业等组织形式，不同的组织形式有不同的设立条件和设立程序。创办社会企业必须考虑相关法律问题，如企业名称权、商标专用权、专利权、著作权、商业秘密专有权等，法律法规不仅对社会企业存在约束作用，也对新社会企业的发展与运营起保护作用。

发展初期是社会企业生命周期中最危险、失败率最高的阶段，生存是社会企业的第一要务，创业者要充分了解新社会企业管理的特殊性，掌握新社会企业成长管理的技巧和策略，从而对新社会企业进行有效管理。社会企业的风险管理是一项重要的工作，成长阶段新社会企业主要风险的来源有资金不足、制度不完善、因人设岗等，创业者要加强风险意识，提高自身风险控制和化解的能力，为成长中的新社会企业保驾护航。

学习目的与要求

了解创设新社会企业可选择的主要法律形式，熟悉新社会企业的设立条件和设立程序。掌握新社会企业管理的特殊性和成长所需的管理技巧，了解新社会企业可能遇到的主要风险以及如何进行风险控制。

开篇案例

残友集团

身患先天遗传重症血友病，饱受身体出血的痛苦，双腿萎缩只能以轮椅代步……郑卫宁自懂事起就深深体会到残疾人的各种痛苦。

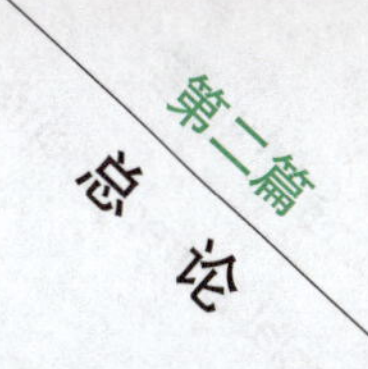

1997 年，在国内刚刚起步的互联网，让郑卫宁找到了人生方向。42 岁的他率领 4 名残疾人朋友成立了创业小组，凭着母亲留给他的救命钱，创办了中华残疾人服务网。这是一个以残疾人以及残疾人家属为主要服务对象的综合性网站，涉及的内容非常广泛，既有相关政策法规的介绍，也有包含残疾人生活、交友、学习、就业的内容。由于内容全面、及时、服务性强，形式又活泼，网站发展得很快，成立一年就在全球残疾人福利网站中创下点击率最高的纪录。网站成立至今，获得的国际国内奖项及荣誉不计其数，同时还带动了一大批残障人士走入了网络生活，特别是帮助他们以前所未有的勇气进驻高交会，更是翻开了弱势群体使用高科技的崭新一页。

2005 年，为了帮助更多的残疾人在网络世界中实现信息无障碍的沟通与交流，郑卫宁创办了深圳市信息无障碍研究会，旨在推广互联网平民化、普及化，弥补信息差距、缩小数字鸿沟，发展新经济时代的信息无障碍慈善事业，共享信息权利，共建和谐社会。 深圳市信息无障碍研究会与 IBM 全球信息无障碍中心等机构进行合作，在全国首次广泛推广信息无障碍理念和信息无障碍相关产品。

2007 年，郑卫宁创办了深圳市残友软件有限公司，现已发展成为国际上唯一一家全部由残疾人软件技术精英组成的高科技软件企业，同时也是北京大学、湖南大学等各所高校软件及计算机学院肢体残障优秀毕业生汇聚的摇篮。

2008 年，面对每年都有十几万残疾大学生毕业的现实情况，为了让更多的优秀残疾大学生能更好地服务社会，更好地实现人生价值，郑卫宁成立了深圳市残友动漫文化发展公司、深圳市残友电子商务有限公司、深圳市残友科技有限公司和残友集团。

残友软件解决的是专业性软件人才的就业问题，残友动漫解决的是文科美术人才的就业问题，残友电子商务解决的是因为身体原因不方便外出的残疾人的就业问题，残友科技解决的是低学历的残疾人的就业问题。

郑卫宁成立残友集团，以“发展和谐科技，融入现代产业体系”为历史己任，以实现“大规模的残疾人集中就业，重构中国高科技产业人力结构”为伟大构想，探索在现代信息时代新经济环境下，残疾人依靠自己的智力与性格优势，实现自己的生存价值，同时为社会创造巨大的经济与社会财富，实践“残疾人人力资源是现代产业体系发展的优势补给而不再是社会发展的弱势包袱”的宏伟愿景。

残友集团如今已成为拥有44家社会企业、1个基金会和13家社会组织的大型企业集团，集团业务分布在全国各地，包括新疆、河南、上海等省、市、自治区，覆盖软件、动漫、电商、电影特效等多个领域。其中，旗下的残友软件、残友善务已在新三板挂牌，智建公司明年也将登陆创业板，客户包括微软、IBM、华为及大亚湾核电站等企业。残友软件被评为国家级高新技术企业，获得国际软件顶级资质CMMI5认证。

资料来源：根据残友集团相关新闻报道整理编辑所得

7.1 成立新社会企业

7.1.1 社会企业组织形式选择

企业组织形式是指企业财产及其社会化大生产的组织形态，它表明一个企业的财产构成、内部分工协作与外部社会经济联系的方式。

我国尚无有关社会企业法律形式的特别规定。因此，根据我国现有法律的规定，社会创业者创办社会企业，可以选择个人独资企业、合伙企业和公司制企业等企业形式。

1. 个人独资企业

(1) 个人独资企业的概念　个人独资企业又称为个人业主制企业，是指依法设立的，由一个自然人出资兴办，财产完全归投资人个人所有，投资人单独承担企业债务无限责任的企业。在各种企业组织形式中，个人独资企业的设立是最为简单的。

(2) 个人独资企业的特征

1）个人独资企业仅由一个自然人投资设立。

2）个人独资企业的全部财产为投资人个人所有，投资人以其个人财产对企业债务承担无限责任。

3）个人独资企业为非法人企业，不具有法人资格。

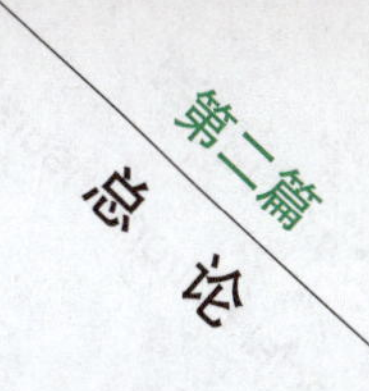

4）个人独资企业设立需要符合法律所规定的场所、资金、人员等方面的条件。

5）个人独资企业一般规模较小，设立条件与程序较为宽松简便，进入或退出市场较为灵活。

（3）个人独资企业的设立条件　设立个人独资企业须满足以下条件。

1）投资人为一个自然人。设立个人独资企业的只能是具有相应民事权利能力和民事行为能力的自然人，自然人之外的法人、其他组织不能投资设立个人独资企业。

2）有合法的企业名称。企业的名称应当如实地表现企业的组织形式特征，并应符合法律、法规的要求。

3）有投资人申报的资金。投资人申报的出资额应当与企业的生产经营规模相适应。

4）有固定的生产经营场所和必要的生产经营条件。生产经营场所包括企业的住所和与生产经营相适应的处所，是企业的主要办事机构所在地，是企业的法定地址。

5）有必要的从业人员。企业要有与其生产经营范围、规模相适应的从业人员。

2. 合伙企业

（1）合伙企业的概念　合伙企业，是指自然人、法人和其他组织依照《合伙企业法》在中国境内设立的普通合伙企业和有限合伙企业。普通合伙企业由普通合伙人组成，合伙人对合伙企业债务承担无限连带责任；有限合伙企业由普通合伙人和有限合伙人组成，普通合伙人对合伙企业债务承担无限连带责任，有限合伙人以其认缴的出资额为限对合伙企业债务承担责任。

（2）合伙企业的特征

1）合伙企业设立主体包括自然人、法人和其他组织。

2）合伙企业必须有合伙协议，以合伙协议为法律基础。

3）合伙人承担无限责任。所有合伙人不以自己投入合伙企业的资金和合伙企业全部资金为限，而以合伙人自己所有财产对债权人承担清偿责任。

4）合伙人承担连带责任。所有合伙人有责任向债权人偿还合伙企业债务，不管自己在合伙协议中所承担的比例如何，一个合伙人不能清偿对外债务时，其他合伙人有清偿责任，但是若某一合伙人偿还合伙企业的债务超过自己所应承担的数额，则有权向其他合伙人追偿。

（3）合伙企业的设立条件　设立合伙企业必须具备以下条件。

1）有两个以上的合伙人。若合伙人为自然人，则应当具有完全民事行为能力。法律、法规禁止从事营利性质活动的人，如国家公务员，不得成为合伙企业的合伙人。

2）有书面的合伙协议。合伙协议是合伙人建立合伙关系，确定合伙人各自权利和义务的法律契约。合伙协议依法由全体合伙人协商一致，以书面形式订立。

3）有各合伙人认缴或实际缴付的出资。合伙人可以用货币、实物、土地使用权、知识产权或者其他财产权利出资。对非货币出资需要评估作价的，可以由全体合伙人协商确定，也可以由全体合伙人委托评估机构进行评估。

4）有合伙企业的名称、生产经营场所和从事合伙经营的必要条件。

5）法律、行政法规规定的其他条件。

3. 公司制企业

按照我国《公司法》的规定，公司是指由股东出资设立的，股东以其全部认缴的出资额或者所认缴的股份为限对公司承担责任，公司以其名下的全部财产对公司债务承担独立责任的企业法人。公司制企业分为有限责任公司和股份有限公司。

（1）有限责任公司

1）有限责任公司的概念。有限责任公司又称有限公司，是指由一定人数的股东组成的、股东只以其出资额为限对公司承担责任，公司以其全部资产对公司债务承担责任的公司。

2）有限责任公司的特征

（a）有限责任公司是企业法人。有限责任公司有独立的法人财产，享有法人财产权。

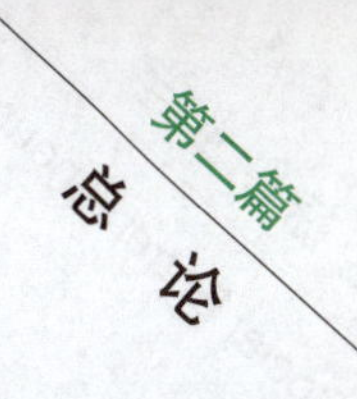

（b）股东人数的限制性。有限责任公司的股东人数为五十个以下。

（c）股东责任的有限性。有限责任公司以其全部财产对公司债务承担责任，股东仅以其认缴的出资额为限对公司承担责任，不需要以超过自己出资以外的个人财产为公司清偿债务。

（d）公司股东共同制定公司章程。

3）有限责任公司的设立条件。设立有限责任公司应具备以下条件。

（a）股东符合法定人数。公司由五十个以下股东共同出资设立，股东可以是自然人，也可以是法人。现行《公司法》允许一个自然人也可以设立有限责任公司。

（b）有符合公司章程规定的全体股东认缴的出资额。有限责任公司的注册资本为在公司登记机关登记的全体股东认缴的出资额。法律、行政法规以及国务院决定对有限责任公司注册资本实缴、注册资本最低限额另有规定的，从其规定。

（c）股东共同制定公司章程。公司章程由全体出资者在自愿协商的基础上制定，经全体出资者同意，股东应当在公司章程上签名、盖章。

（d）有公司名称，建立符合有限责任公司要求的组织机构。设立有限责任公司，除其名称应符合企业法人名称的一般性规定外，还必须在公司名称中标明“有限责任公司”或“有限公司”。建立符合有限责任公司要求的组织机构，指有限责任公司组织机构的组成、产生、职权等符合《公司法》的规定。有限责任公司的组织机构一般是指股东会、董事会、监事会、经理、执行董事、一至二名监事、经理。

（e）有公司住所、固定的生产经营场所和必要的生产经营条件。

上述三种不同企业组织形式具有不同的典型特征，具体如表7-1所示。

表7-1　不同企业组织形式的典型特征

项目	个人独资企业	合伙企业	公司制企业
法律基础	无章程或协议	合伙协议	公司章程
责任形式	无限责任	无限连带责任	有限责任

（续）

项目	个人独资企业	合伙企业	公司制企业
投资者	完全民事行为能力的自然人，法律、行政法规规定禁止从事营利性活动的人除外	完全民事行为能力的自然人，法律、行政法规规定禁止从事营利性活动的人除外	无特别要求，法人、自然人皆可
注册资本	投资者申报	协议规定	认缴制
出资	投资者申报	货币、实物、工业产权、非专利技术、土地使用权	货币、实物、工业产权、非专利技术、土地使用权
所得税义务	个人所得税	个人所得税	企业所得税/个人所得税
解散后义务	5 年内承担责任	5 年内承担责任	无

资料来源：王艳茹．创业基础如何教［M］．北京：清华大学出版社，2017

4）一人有限责任公司。一人有限责任公司也简称“一人公司”“独资公司”或“独股公司”，是指由一名股东（自然人或法人）持有公司的全部出资的有限责任公司，组织机构比较简单。《公司法》对其有如下特别规定。

（a）一个自然人只能投资设立一个一人有限责任公司，该一人有限责任公司不能投资设立新的一人有限责任公司。

（b）一人有限责任公司应当在公司登记中注明自然人独资或者法人独资，并在公司营业执照中载明。

（c）一人有限责任公司不设股东会。依法律规定需股东做出决定时，应当采用书面形式，并由股东签名后置备于公司。

（d）一人有限责任公司应当在每一会计年度终了时编制财务会计报告，并经会计师事务所审计。

（e）一人有限责任公司的股东不能证明公司财产独立于股东自己财产的，应当对公司债务承担连带责任。

（2）股份有限公司

1）股份有限公司的概念。股份有限公司是指由一定人数以上的股东组成，其全部资本分为等额股份，股东以其所持股份为限对公司承担责任，公司以其全

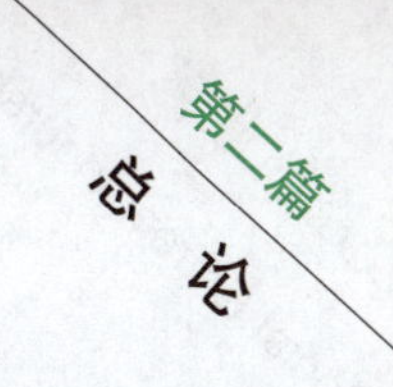

部资产对公司的债务承担责任的企业法人。

2）股份有限公司的特征

①股份有限公司是企业法人，有独立的法人财产，享有法人财产权。

②限定发起人人数，股份有限公司的发起人人数应当在二人以上二百人以下。

③股份有限公司以其全部财产对公司债务承担责任。

④股份有限公司的股东对公司债务负有限责任，其限度为股东认购的股份。

⑤股份有限公司股东共同制定公司章程。

⑥股份有限公司的设立可以采取发起设立或者募集设立的方式，股份以股票的形式表现，股东的股份可以自由转让，但不能退股。

3）股份有限公司的设立条件。设立股份有限公司应具备以下条件。

（a）发起人符合法定人数。设立股份有限公司，应当有二人以上二百人以下的发起人，其中必须有半数以上的发起人在中国境内有住所。

（b）有符合公司章程规定的全体发起人认购的股本总额或者募集的实收股本总额。股份有限公司采取发起设立方式设立的，注册资本为在公司登记机关登记的全体发起人认购的股本总额。在发起人认购的股份缴足前，不得向他人募集股份。股份有限公司采取募集方式设立的，注册资本为在公司登记机关登记的实收股本总额。法律、行政法规以及国务院决定对股份有限公司注册资本实缴、注册资本最低限额另有规定的，从其规定。

（c）股份发行、筹办事项符合法律规定。这里的股份发行指设立发行，是设立公司的过程中，为了组建股份有限公司，筹集组建公司所需资本而发行股份的行为。设立阶段的发行分为发起设立发行和募集设立发行两种：发起设立发行即所有股份均由发起人认购，不得向社会公开招募；募集设立发行即发起人只认购股份的一部分（不得少于公司股份总数的35%），其余部分向社会公开招募。

（d）发起人制定公司章程，采用募集方式设立的经创立大会通过。公司章程虽然由发起人制定，但以募集设立方式设立股份有限公司的，必须召开由认股人组成的创立大会，并经创立大会决议通过。

（e）有公司名称，建立符合股份有限公司要求的组织机构。名称是股份有限公司作为法人必须具备的条件，除必须符合企业名称登记管理的有关规定外，还应标明“股份有限公司”字样。股份有限公司必须有一定的组织机构，对公司内部实行管理和对外代表公司。股份有限公司的组织机构一般是指股东大会、董事会、监事会和经理。

（f）有公司住所。

7.1.2 新社会企业的注册

设立社会企业，必须到工商行政管理部门办理登记手续，领取营业执照。未经国家登记机关登记的，不得以公司或企业的名义从事经营活动。

1. 社会企业注册流程

2016年5月18日，国务院常务会议决定全面实施“五证合一、一照一码”制度，将社会保险证和统计登记证整合在内，进一步降低创业准入的制度性成本，将营业执照、组织机构代码证、税务登记证和社会保险证、统计登记证进行有效整合。

不同组织形式的社会企业注册登记流程存在一定差异，但新社会企业的注册登记的一般流程如下。

（1）企业名称预先核准

1）咨询后领取并填写《名称（变更）预先核准申请书》《投资人授权委托意见》，同时准备相关材料。

2）递交《名称（变更）预先核准申请书》、投资人身份证、备用名称若干及相关材料，等待名称核准结果。

3）领取《企业名称预先核准通知书》。

（2）网上预审

1）创业者打开工商局网站。

2）找到在线办事，注册账号并登录。

3）选择企业登记的选项，按要求填写并上传PDF材料，完成后提交。

提交材料后，工商局会在5个工作日内进行审核，如果存在问题会另行通知申请者修正并继续提交。网上审核通过后，申请者需要预约提交书面材料的

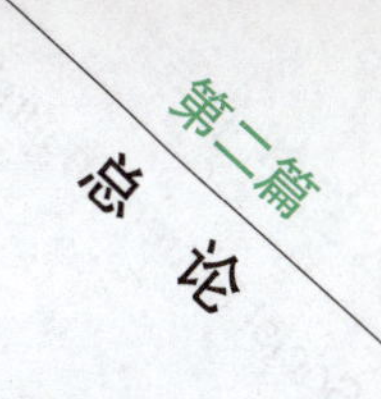

时间。

(3) 提交书面材料　按照预约的时间将书面材料提交到工商局，工商局将于7个工作日左右电话告知申请者领证。

书面材料包括。

1) 企业设立登记申请书（内含《企业设立登记申请表》《单位投资者（单位股东、发起人）名录》《自然人股东（发起人）、个人独资企业投资人、合伙企业合伙人名录》《投资者注册资本（注册资金、出资额）缴付情况》《法定代表人登记表》《董事会成员、经理、监事任职证明》《企业住所证明》等表格)。

2) 公司章程（提交打印件一份，请全体股东亲笔签字；有法人股东的，要加盖该法人单位公章)。

3) 法定验资机构出具的验资报告。

4)《企业名称预先核准通知书》及《预核准名称投资人名录表》。

5) 股东资格证明。

6)《指定（委托）书》。

经营范围涉及前置许可项目的，应提交有关审批部门的批准文件。

(4) 领取营业执照（五证合一）　工商局对企业提交的材料进行审查，确定符合企业登记申请要求，发放工商企业营业执照，并公告企业成立。

(5) 公章备案及刻制　凭营业执照、法人身份证明等到公安局指定的专业刻章店刻印公章、合同章、财务章等印章。

(6) 开立企业银行账户　开立银行账户是新社会企业与银行建立往来关系的基础。依照我国相关法律规定，每个独立核算的经济单位都必须在银行开户，各单位之间办理款项结算，除现金管理办法规定外，均需通过银行结算。银行账户包括基本账户、一般账户、专用账户、临时账户等，不同存款账户的功能和用途各不相同。企业可根据自己的具体情况选择开户银行。

2. 社会企业注册相关文件的编写

新社会企业进行工商注册需要向所在地工商行政管理部门提交相关材料。创业者根据所选择的企业组织形式，填写或提交法定的材料。如填写各种登记表，编写公司章程、合伙协议、发起人协议等文件。

（1）公司章程　公司章程是指公司依法制定的，规定公司名称、住所、经营范围、经营管理制度等重大事项的基本文件，是股东共同一致的意思表示，载明了公司组织和活动的基本准则，是公司的宪章。公司章程对公司的成立及运营具有十分重要的意义，它既是公司成立的基础，也是公司赖以生存的灵魂。

各国公司法对公司章程的内容都有明确的规定，这些规定主要体现在公司的记载事项上。公司章程的记载事项根据是否由法律明确规定，分为必要记载事项和任意记载事项。其中，必要记载事项分为绝对必要记载事项和相对必要记载事项。

绝对必要记载事项是每个公司章程必须记载、不可缺少的法定事项，缺少其中任何一项或任何一项记载不合法，整个章程即归无效。这些事项一般都是涉及公司根本性质的重大事项，其中有些事项是各种公司都必然具有的共同性问题。

有限责任公司的章程必须载明的事项有：公司名称和住所；公司经营范围；公司注册资本；股东的姓名或名称；股东的权利和义务；股东的出资方式和出资额、股东转让出资的条件；公司的机构及其产生办法、职权、议事规则；公司的法定代表人；公司的解散事由与清算办法；股东会认为需要记载的其他事项。

股份有限公司的章程必须载明的事项有：公司名称和住所；公司经营范围；公司设立方式；公司股份总数、每股金额和注册资本；发起人的姓名、名称和认购的股份数；股东的权利和义务；董事会的组成、职权、任期和议事规则；公司法定代表人；监事会的组成、职权、任期和议事规则；公司利润分配办法；公司的解散事由与清算办法；公司的通知和公告办法；股东大会认为需要记载的其他事项。

相对必要记载事项是法律列举规定的一些事项，由章程制定人自行决定是否予以记载。如果予以记载，则该事项将发生法律效力，但如果记载违法，则仅该事项无效；如不予记载，也不影响整个章程的效力。确认相对必要记载的事项，目的在于使相关条款在公司与发起人、公司与认股人、公司与其他第三人之间发生拘束力。

任意记载事项是指法律未予明确规定，是否记载于章程，由章程制定人根据本公司实际情况任意选择记载的事项。公司章程任意记载的事项，只要不违反法

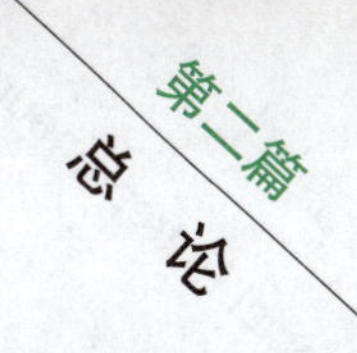

律规定、公共秩序和善良风俗，章程制定人就可根据实际需要而载入公司章程。任意记载事项如不予记载，不影响整个章程的效力；如予以记载，则该事项将发生法律效力，公司及其股东必须遵照执行，不能任意变更；如予变更，也必须遵循修改章程的特别程序。

透视

有限责任公司章程范文

一、总则

第一条　依据《中华人民共和国公司法》《中华人民共和国公司登记管理条例》及有关法律、法规的规定，制定本公司章程。本公司章程对公司股东、董事、监事、经理均具有约束力。

第二条　公司经公司登记机关核准登记并领取法人营业执照后即告成立。

二、公司名称和住所

第三条　公司名称：________有限公司。(以预先核准登记的名称为准)

第四条　公司住所：____________________________

三、公司的经营范围

第五条　公司的经营范围：(含经营方式)

四、公司注册资本

第六条　公司的注册资本为全体股东实缴的出资总额，人民币________万元。

第七条　公司注册资本的增加或减少必须经股东会代表2/3以上表决权股东一致通过，增加或减少的比例、幅度必须符合国家有关法律、法规的规定，而且不应影响公司的存在。

五、公司股东名称

第八条　凡持有本公司出具的认缴出资证明的为本公司股东，股东是法人的，由该法人的法定代表人或法人的代理人代表法人行使股东权利。

第九条　公司在册股东共________人。

第十条　公司置备股东名册，并记载下列事项。

(一)股东的姓名或者名称及住所。

(二)股东的出资额。

(三)出资证明书编号。

六、股东的权利和义务

第十一条　公司股东享有以下权利

……

第十二条　公司股东承担以下义务。

……

七、股东(出资人)的出资方式和出资额

第十三条　出资人以货币认缴出资额。(以实物、工业产权、非专利技术、土地使用权认缴出资额，应提交相应证件，经其他股东同意，评估折算成人民币并于公司成立后6个月内依法办理其财产权的转移手续，在出资证明中注明。)

第十四条　出资人按规定的期限于______年______月______日前缴足认资额，逾期未缴足出资的股东，向已足额缴纳出资的股东承担违约责任。

八、股东转让出资的条件

第十五条　股东之间可以相互转让其全部出资或者部分出资。

第十六条　股东向股东以外的人转让其出资时，必须经全体股东过半数同意，不同意转让的股东应当购买该转让的出资，如果不购买该转让的出资，则视为同意转让。

九、公司的机构及其产生办法、职权、议事规则

第十七条　股东会是公司的权力机构。股东会由公司全体在册股东组成。股东会成员名单:______________________________。

第十八条　公司股东会依法行使下列职权。

……

第十九条　股东会分为股东年会和临时股东会两种形式。年会每年召开一次，在会计年度结束后______个月内召开。临时会由董事会提议召开，有下述情况时应召开临时会：代表1/4以上表决权的股东或1/3以上的董事、监事提议召开时，临时股东会不得决议通知未载明的事项。

第二十条　股东在股东会上按其出资比例行使表决权。

第二十一条　公司设立董事会，为公司股东会的常设执行机构，对股东会负责。

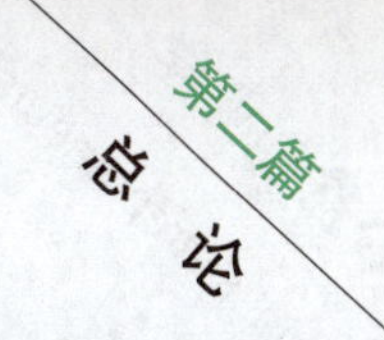

董事会由______名董事组成，设董事长一名，副董事长______名。

董事会成员名单如下。

第二十二条　董事会行使下列职权

……

十、公司的法定代表人

第二十三条　公司的法定代表人为公司董事会董事长。法定代表人代表公司参与民事诉讼活动。法定代表人应全力维护公司的利益。

现任法定代表人是。

……

十一、公司的解散事由与清算办法

第二十四条　公司出现下述情况时，应予解散。

……

第二十五条　清算组在清算期间行使下列职权。

……

第二十六条　清算结束后，清算组提交清算报告，并编制清算期内收支报表和各种财务账目，向原登记机关办理注销手续，公告公司终止。

十二、公司财务、会计

第二十七条　公司应当依照法律、行政法规和国务院财政主管部门的规定建立本公司财务、会计制度。

第二十八条　公司应当在每一会计年度终了时制作财务会计报告，并依法经审查验证。财务会计报告应当包括下列财务会计报表及附属明细表。

全体股东(签字盖章)：

年　　月　　日

资料来源：根据网络资源整理编辑

（2）合伙协议　合伙协议是依法由全体合伙人协商一致、以书面形式订立的合伙企业的契约。根据《中华人民共和国合伙企业法》，订立合伙协议、设立合伙企业，应当遵循自愿、平等、公平、诚实信用原则。合伙协议经全体合伙人签名、盖章后生效，合伙人按照合伙协议享有权利，履行义务。

合伙协议应载明：合伙企业的名称和主要经营场所的地点；合伙目的和合伙企业的经营范围；合伙人的姓名及其住所；合伙人出资的方式、数额和缴付出资的期限；利润分配和亏损分担办法；合伙企业事务的执行；入伙与退伙；合伙企业的解散与清算；违约责任。

（3）发起人协议　发起人协议是指股份有限公司的发起人就公司的宗旨、经营范围及应承担的责任等有关方面经认真协商讨论后所达成的协议书。

发起人协议应载明：公司名称和住所；公司的宗旨和经营范围；公司组织机构和经营管理；发起人认购股份金额和期限等。

7.1.3　公益创业必须考虑的法律问题

创业者在进行公益创业时，必须熟悉和掌握与公益创业相关的法律知识，并处理好一些重要的法律问题。法律法规对公益创业不仅存在约束作用，也对新创企业的发展与运营起保护作用。遵纪守法的公益创业能够赢得政府的支持、员工的信赖、供应商的合作以及消费者的信任，甚至能够成为行业标杆，为公益创业营造良好的生存发展空间。

1. 企业名称权

企业名称权是指企业依法对其登记注册的名称所享有的权利。由于企业的营利性，企业不仅依法享有决定、使用、变更企业名称以及排除他人非法侵害的权利，还有依法转让自己名称的权利。

企业名称是企业在营业上所用的名称，即企业在营业上有法律行为时，用以署名或由代理人使用，与他人交易的名称。企业名称在商业活动中的应用，代表着一定的经营活动和商誉，具有商业上的财产和价值，既可以作为资产直接投资，也可以有偿转让，具有财产权利的基本内容与特征；同时，它是企业的人格化标志，是与其他经营主体区分的标志，始终与其所代表的企业相联系，与企业共存亡，有着人身权鲜明的特征。因此，企业名称权具有人身权和财产权的双重属性。

同时，企业名称权属于一种专属使用权，具有排他效力。一个企业名称经核准登记后，具有排斥他人以同一或相似的名称进行登记的效力，在登记主管机关辖区内，同行业的其他企业不得以与此相同或近似的名称申请登记。

2. 商标专用权与商标法

商标是指商品生产者或经营者在其生产或经营的商品上所使用的，以区别市场中其他商业主体提供的同一种或类似商品的显著标记，通常由文字、图形、字母、数字或其组合等构成，具有独占性、时效性、地域性、财产性和类别性等特征。商标是企业的无形资产，其价值体现在商标的独特性和为企业带来巨大的经济利益上。

商标专用权简称“商标权”，是指商标注册人依法支配其注册商标并禁止他人侵害的权利，包括商标注册人对其注册商标的排他使用权、收益权、处分权、续展权和禁止他人侵害的权利。

商标法是调整企业在商标注册与使用中出现各种问题的行为规范。商标法规定，自然人、法人或者其他组织对其生产、制造、加工、拣选或者经销的商品(提供的服务)，需要取得商标专用权的，应当向商标局申请商品商标注册。注册商标有效期为10年，自核准注册之日起计算，期满前12个月内申请续展，在此期间内未能申请的，可再给予6个月的宽展期。续展可无限重复进行，每次续展注册的有效期为10年，自该商标上一届有效期满次日起计算。期满未办理续展手续的，注销其注册商标。

3. 专利权与专利法

专利权，简称“专利”，是专利权人在法律规定的范围内独占使用、收益、处分其发明创造，并排除他人干涉的权利。

专利权具有时间性、地域性及法律确认性。此外，专利权还具有如下法律特征：①专利权是两权一体的权利，既有人身权，又有财产权；②专利权的取得须经专利局授予；③专利权的发生以公开发明成果为前提；④专利权具有利用性，专利权人如不实施或不许可他人实施其专利，有关部门将采取强制许可措施，使专利得到充分利用。

专利法是确认发明人（或其权利继受人）对其发明享有专有权，规定专利权的取得与消灭、专利权的实施与保护，以及其他专利权人的权利和义务的法律规范的总称。

我国专利的类型有发明专利、实用新型专利和外观设计专利。申请发明或者实用新型专利的，应当提交请求书、说明书及其摘要和权利要求等文件。申请外观设计专利只需要向国家专利局提交请求书以及外观设计的图片或照片等，并写明使用该外观设计的产品及其所属类别。发明专利权的期限为 20 年，实用新型专利权和外观设计专利权的期限为 10 年，均自公告之日起生效。

4. 著作权与著作权法

著作权也称版权，是指作者对其创作的文学艺术和科学作品依法享有的权利。著作权包括发表权、署名权、修改权、保护作品完整权、复制权、发行权、出租权、展览权、表演权、放映权、广播权、信息网络传播权、摄制权、改编权、翻译权、汇编权以及应当由著作权人享有的其他权利等共 17 项。

著作权法是指国家制定或认可的，调整由文学、艺术和科学作品产生的社会关系的法律规范的总和。

我国实行作品自动保护原则和自愿登记原则，即作品一旦产生，作者便享有版权，登记与否都受到法律的保护。著作权的保护期限设定为：作品的作者是公民的，保护期限至作者死亡之后第 50 年的 12 月 31 日；作品的作者是法人、其他组织的，保护期限到作者首次发表后第 50 年的 12 月 31 日。

5. 商业秘密专有权

商业秘密是指不为公众所知悉，能为权利人带来经济利益，具有实用性并经权利人采取保密措施的技术信息和经营信息。商业秘密是企业的财产权利，它关乎企业的竞争力，对企业的发展至关重要，有的甚至直接影响到企业的生存。

作为一种无形财产权，商业秘密的权利人与有形财产所有权人一样，依法对商业秘密享有占有、使用、收益和处分的权利。

商业秘密权不同于一般的知识产权，它具有以下的独有特征：商业秘密不为公众所知悉，而其他知识产权都是公开的；商业秘密权的权利主体不是单一的；

商业秘密权的客体——技术信息和经营信息，本身也具有其个性特征；商业秘密权的保护期限不具有确定性，取决于权利人的保密措施和其他人对此项秘密的公开；商业秘密权的确立无须国家审批，自商业秘密产生之日起自动取得。

7.2 新社会企业生存管理

7.2.1 新社会企业管理的特殊性

新社会企业的运作是一个从无到有、从 0 到 1 的过程，面临着极大的风险。发展初期是社会企业生命周期中最危险、失败率最高的阶段。生存是社会企业的第一要务，创业者要充分了解新社会企业管理的特殊性，从而对新社会企业进行有效的管理。

1. 以生存为首要目标

在创立初期，新社会企业的资产、信誉、规模、品牌知名度等都不够，社会企业在这个阶段最主要的目的就是在激烈的市场竞争中生存下来，一切事务都围绕着生存展开，使社会企业的利益相关者确信其是值得信赖的，消费者认可和接受其所提供的产品和服务。新社会企业里的大多数人，包括创业者，都要尽力去宣传，寻找销售企业产品或服务的机会，尽快达到盈亏平衡，获取正的现金流。只有这样，社会企业才能战胜创业初期管理这一挑战，顺利进入成长期，步入一个新的发展阶段。

2. 依靠自有资金创造现金流

在社会企业初创期，现金流关乎社会企业生产经营活动的持续发展，是社会企业存活的保障。现金流一旦出现问题，社会企业将发生偿债危机，甚至可能导致破产。

由于新社会企业经营时间有限，很难从外部融入有效资金，所以社会企业只有依靠自有资金运作来创造自由现金流，实现对社会企业的有效控制与发展。所谓社会企业的自由现金流就是不包括融资、资本支出以及纳税和利息支出的经营活动净现金流。因此，创业者必须密切关注社会企业的现金流状况，控制发展节奏，开源节流，切忌大手大脚。

3. 所有的人做所有的事

新社会企业在成立初期，尽管建立了正式的部门结构，但很少按照正式组织的方式运作。虽然有名义上的分工，但运作起来通常是只要有需要做的事情，团队所有人就会一同完成，员工之间很少计较得失、越权或越级，相互之间只有角色的划分，没有职位的区别。此外，新社会企业管理团队的员工极具个人特色，未形成统一的风格，这需要一定时间让员工在管理过程中不断适应与磨合，提高团队的运作效率。因此，创业者应该充分认识到员工之间互补的重要性，以弥补个人在知识、技术和能力等方面的不足，有效发挥各员工的优势，使员工团结合作。

4. 创业者亲自深入运作细节

创业者在新社会企业创立初期的经营过程中，应亲自参与与利益相关者谈判、策划新产品方案等事情，在这个过程中可能会遭遇被拒绝或欺骗、资金不足、技术缺乏等问题。只有创业者对经营全过程的细节了如指掌，才会使新社会企业得以快速成长。

7.2.2 新社会企业的成长

1. 新社会企业成长的驱动因素

社会企业顺利度过创业期后，随着产品和服务逐步被市场消费者所认可，社会企业逐渐进入成长阶段，销售收入、资产、规模等都在逐步增加，社会企业的竞争能力不断增强。其中，社会企业成长的推动力量包括社会企业家精神、市场、组织资源等。

（1）社会企业家精神　随着社会的发展，愈来愈多的社会企业家用营利实体的方式设立非营利机构，因为这是一个可以达到社会愿景的最佳策略，社会企业家不会让资源的限制阻碍实现其“愿景”。社会企业家是创新的个体，是富有社会变革远见的、具有资源动员能力的、拥有必需的商业技能去实现社会变革的人，他们同商业企业家的区别在于，社会企业家会将企业管理技能运用于实现社

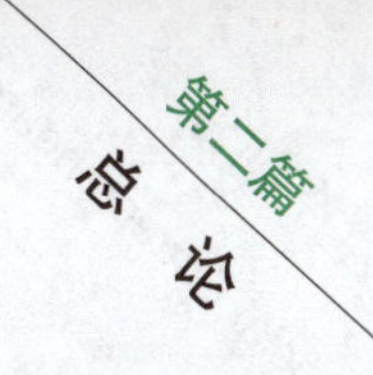

会目标上。

社会企业家精神意味着改变社会。社会企业家精神有三个层次：第一个层次是一体化的社会企业家精神，它不仅给予个人经济方面的利益，更多地与社会利益密切相关，与责任相关，与社会利益彼此相连，互相依靠；第二个层次是反哺式的社会企业家精神，经营反哺式企业，以降低成本，增加企业的收入来源；第三个层次是配套式的社会企业家精神，指非政府组织下开办的营利型企业，企业本身不创造社会利益，但其利润用来补偿非政府组织有关社会使命的运作成本。

（2）市场　在市场经济背景下，市场是社会企业的根本。新社会企业在选择进入的行业领域时应充分分析其市场增长潜力，行业市场的发展速度是新社会企业成长发展的重要因素。市场容量的迅速扩大能带动众多的新社会企业快速成长，互联网经济的快速发展使得许多新企业崛起就是最好的例证。

（3）组织资源　新社会企业的成长取决于其所能控制和利用的组织资源，组织资源主要包括物质资源、人力资源、资金资源和无形资源等。社会企业成长过程中的资源优势能够帮助社会企业具备一定的竞争力，充足的组织资源与新社会企业的市场占有率和现金流量等有着直接的关系。因此，在长期发展中，社会企业要善于运用组织资源的配置和积累来形成社会企业的竞争优势，实现社会企业产品或服务的市场占有率与业绩的提高，使新社会企业不断成长与发展。

透视

小小的水泵，撬动了整个缅甸的农业

有这么一群人，2014 年以来扎根缅甸农村，为改变这个国家而孜孜不倦地研究。他们开发出了一系列产品，用机械帮助农业运作，还教农民们如何选种施肥，提升产量，继而建立了缅甸最大的农业服务平台，累计帮助农民增加了超过 2.5 亿美元的价值产出。

Aim：为缅甸农民增加收入

缅甸被称为“世界上最孤立和最贫穷的国家之一”。这是因为缅甸的农业长期没能得到良性发展，缺乏足够的经验。农民没有学到科学的种植技术，农产品缺乏有效的保存方法，而且生产效率低下。以灌溉方式为例，农民每次要从远处挑水过来，费时间、费精力，而且没有相应的合理产出。当累了大半天的他们回到家时，往往没空去想家庭的教育、医疗等问题，甚至孩子还要下田帮忙。很多类似这样的问题，都是发展中国家所遇到的瓶颈。

Approach：用社会创新设计重塑全国农业生态

他们采用了一种被称为“社会创新设计”的理念，以人为本，按需设计。为此，他们深入农村，与村民同吃同住，观察农民的生活，慢慢挖掘出明确的痛点，然后进行分析，收窄问题范围，最后进行对策的思考和执行。

再考虑到农民难以负担得起高价产品，需要解决的问题就变成了：“如何制造出低成本而轻便及省力的农务工具，使灌溉可以自动化？”那么，答案就是：设计出便于安装和操作的低成本灌溉工具，并不断根据反馈进行修改。

对此，他们设计了很多种产品。有的是简单的水泵——“大象宝宝”，安装和操作简单，很多人都能自主学会组装，售价只需16美元。有的是被称为“水点”的水滴灌溉系统，在科学计算下，可以通过压力将一滴滴水慢慢渗透入植物根部，完全不用人为操作和加水，大大地提升了农耕效率。

于是，Proximity Designs打造了一个缅甸生产体系：开在缅甸的工厂，从本地购买材料，从当地雇佣和培训人员。然后，找到遍布农村的小店作为批发中间商，再雇佣一些村民作为中间商。通过这种简单的方式很快建立起遍布全国农村的销售网络，辐射到了大量用户。

如果农民买不起，怎么办？解决完营销问题，他们还为农民提供低息贷款服务。在过去，银行不肯给农民提供贷款。而现在，人们可以提前贷款购买机器、种子或牲畜，获得更多收入后再还清欠款。

随后，他们还开设农业服务，提供低成本的技术咨询协作，例如种子选择、化肥使用和病虫害管理等等，教习科学种植技术。

Action：一体系的网络，改变了整个国家

灌溉产品适用于大小田地，节省人力，特别灵活；浇水量是自动计算的，科学增产。例如“Yetagon”，在缅甸语种意为“瀑布”：这是一种售价仅为71美元的灌溉设备，包括滴灌和喷灌产品，可以提升农田近33%的产量；它的销量已经超过22.5万台，平均为每位农民提升了将近250美元的年收入。

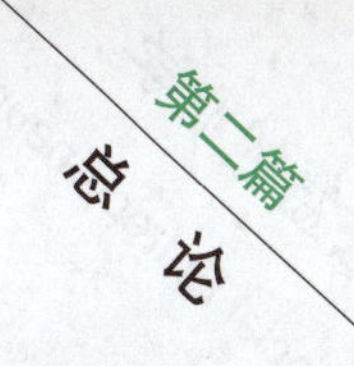

农民通过学习农业技术，能提高农田产量，增加收入；贷款购买的灌溉产品节省了时间和精力，物超所值。贷款的偿还很快，人们还可以将时间投入到其他活动中创收。而工厂可以获得更多订单和收入，工人和中间商都能从中受益，生产效率能进一步提高。

如今，Proximity Designs 已经成为缅甸最大的农业服务平台。团队有负责研究的金融分析师和数学家，有负责开发产品的工程师，有负责提供种植技术支持的农学师等，他们提供四种专业的服务：农场技术（Farm Tech）、农艺服务（Agronomy Services）、农场经济（Farm Finance）、经济调查（Economic Research），从各方面指导农业发展。

Proximity Designs 还有专门的团队，研究经济政策对缅甸的影响。他们会参与新经济政策的讨论和制定，以推动社会决策对农民更为公平包容。而 Proximity Designs 还会继续将营收投入研发，设计出更多实用的创新产品，促进缅甸农业的发展。在销售网络中，他们还引入了另一家社会企业 d. light 设计的太阳能灯，将它推广至各地，让更多人能在夜晚创造更多收入。

愿这家社会企业，能够将创新的火花带到更多偏远的地方，让人们贫瘠的生活绽放出绚丽的色彩。

资料来源：友成企业家扶贫基金会

2. 新社会企业的成长管理技巧和策略

新社会企业的成长和发展是在变革创新和强化管理的基础上，不断积累和整合各种资源，从而实现社会企业持续发展的过程。新社会企业成长的管理需要注意以下六个方面。

（1）注重整合外部资源，追求外部成长　社会创业是在现有资源条件下，将不同的资源进行组合利用和开发并创造价值的一个过程。因此，为使社会企业在不确定的环境中持续成长，创业者需学会尽可能多地寻找外部资源提供者，强化沟通实现外部资源的有效整合，发挥资源的杠杆效应，促进新社会企业的发展与壮大。

（2）管理好保持社会企业持续成长的人力资本　人力资本指通过投资人力

资源而形成和凝结于人力资源体中，并能带来价值增值的智力、知识、技能及体能的总和。创业者本人不一定是受过高等教育或能力突出的人，但是其创办的新社会企业要成功生存下去并不断成长，就必须有一批有能力的员工。通过建立有效的人才机制、构建管理团队，让更多优秀人才参与决策，以保持和增强社会企业持续成长的人力资本。

（3）及时实现从创造资源到管好、用好资源的转变　社会企业成长是一个持续利用资源和环境，不断创造财富的过程，而社会企业在快速成长期内，需要筹措更多的资源来满足自身的发展，因此充分利用既有的、有限的资源对社会企业成长而言至关重要。社会企业在开发创造各种生产经营活动必需资源的同时，从注重创造资源向注重管理已创造出的资源进行转变，加强对各种资源的管理，充分利用已创造开发出的资源为社会企业创造更多的价值，实现创造与利用并举。

（4）形成比较固定的社会企业价值观和文化氛围　社会企业价值观是社会企业在成立及长期生产经营活动中逐渐形成的，是社会企业管理者和员工共同接受的价值取向。社会企业价值观是社会企业生存与发展的内在动力，是社会企业精神的灵魂，是社会企业行为规范制度的基础，是把所有员工联系到一起的精神纽带。因此，社会企业价值观对社会企业员工有着巨大的内聚作用。社会企业价值观虽然是无形的，却融入社会企业成长的全过程之中，渗透在新社会企业生产经营发展的方方面面。

社会企业文化氛围是由社会企业员工对社会企业使命的认可、愿景的期望以及社会创业者的目标、理念和态度共同形成的。个性鲜明、富有特色的社会企业文化会对社会企业的业绩产生十分显著的影响，因为当员工清楚创业者及管理团队的使命愿景、目标追求后，其在生产经营中的付出与努力将直接反映在社会企业业绩上，从而促进新社会企业的成长。

（5）注重用成长的方式解决成长过程中出现的问题　成长阶段主动变革。企业家应该具备战略眼光和改革魄力，及早主动变革，注重管理创新，对工作流程、内部组织以及社会企业文化等方面进行必要的调整与完善，以克服社会企业成长的“瓶颈”。

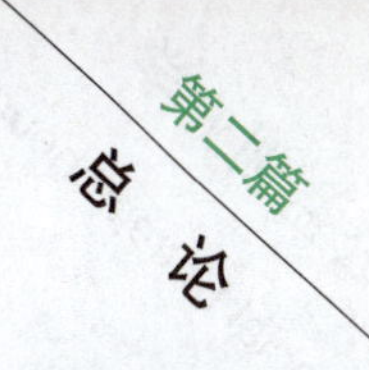

科学地把握创新与变革的切入点。绝大多数的变革失败是因为企业内部的阻力，由于变革会改变社会企业之前的习惯和秩序，所以变革不可能一步到位。因此，社会企业进入成长阶段后，要善于科学地把握创新与变革的切入点，从某个最为合适的方面切入，由点及面地逐步推进变革。

创新人力资源管理。社会企业应采取积极的人力资源政策，聘用合乎社会企业价值观和战略目标的人才；创新内部培养机制，开发社会企业现有人才的潜力；注重高层次人才的挖掘；营造宽松的工作环境，尽力满足员工的兴趣、爱好需求。让员工能够自主择岗，充分发挥自己的才能，从而成为社会企业变革成功、持续成长的决定力量。

创新经营体系。社会企业应在原有管理的基础上，对经营体系进行创新和完善，构建出科学合理的社会企业经营管理系统，这些涉及如何整合资源、如何运营、如何通过管理控制保证目标的有效实现、如何实现经营管理的连续性与有效性。

（6）从过分追求速度到突出社会企业的价值增加　当社会企业发展到一定程度时，就需要向价值增加快的地方进行转移和延伸，以获得最大的价值增加效益，这样才能避开快速成长的风险，实现可持续的健康发展。因此，成长阶段就要依靠社会企业经营结构、组织结构、技术结构等方面的不断完善，依靠社会企业内部资源配置的优化和核心竞争力，关注顾客、员工、政府等方面的利益，使社会企业从过分追求增长速度向追求社会企业价值增加进行转变，从而获得可持续、稳定的社会企业价值的增长。

7.2.3　新社会企业的风险防控

每个社会企业在生产经营过程中都面临着企业外部环境突变和内部决策不当等导致的各种风险，因此如何控制风险是社会企业经营者必须进行研究的。社会企业的风险管理是一项重要的工作，企业家首先要明确有哪些风险，然后才能有的放矢地采取措施。企业家还要加强风险意识，进行科学的管理和决策，提高自身风险控制、危机管理的能力，为成长中的新社会企业保驾护航。

1. 成长阶段新社会企业主要风险的来源

（1）资金不足　对于新社会企业而言，资金风险是最普遍的问题。新社会企业成立之后，随着经营模式的不断完善，经营规模的不断扩大，管理层次的不断增加，社会企业的各种费用支出也出现明显的增加，是否有足够的资金支持社会企业的日常运作对社会企业而言至关重要。如果创业者不能及时解决财务问题，一旦出现财务风险导致资金不能及时供应，甚至出现资金链断裂等严重问题，极易造成创业夭折。

造成资金不足的原因有很多。内部因素主要包括创业者经验不足、人脉缺乏、管理混乱等，例如投资规模过大、决策失误等；外部因素主要包括技术风险、市场风险和金融风险等，例如融资渠道少、技术价值快速贬值等。

（2）制度不完善　随着新社会企业员工队伍的扩大，生产规模增加、管理幅度扩张、资金规模提升以及市场区域拓展等因素大大增加了管理难度。因此，新社会企业管理制度的不足就会逐渐显现出来。

社会企业对员工在生产经营、发展战略、产品开发等问题上的矛盾与分歧难以及时解决，会不利于员工团结协作以及汇集力量推动新社会企业成长，甚至有可能使社会企业陷入困境。管理机制的不完善会影响社会企业获取生产经营与壮大发展所需的专业人才，使社会企业对经营中出现的发展、产品、技术、员工等问题不能及时解决，最终导致社会企业运作缺乏核心竞争力和市场竞争力，造成社会企业市场的萎缩。

（3）因人设岗　因人设岗是指社会企业根据员工的知识、能力和技能特点进行工作岗位设计，通过创造或调整岗位来吸纳、留用稀缺人才，从而为社会企业创造出更大的经济价值和收益。因人设岗以人为中心，重视的是人尽其才，才尽其用。

在新社会企业创建初期，员工所承担的义务是重叠交叉的。这时候的社会企业是围绕人，而不是围绕工作本身进行组织的。爱迪斯曾认为，初创期人员的成就越大，其自满程度就会越高，企业的危机就越大，后期推动企业变革的作用力也就相应越大。

2. 新社会企业成长阶段的风险控制与化解

（1）完善组织架构，学会授权　在创业过程中，创业者和社会企业只是对各种市场机会被动地做出反应，而不是有计划、有组织、定位明确地开发利用自

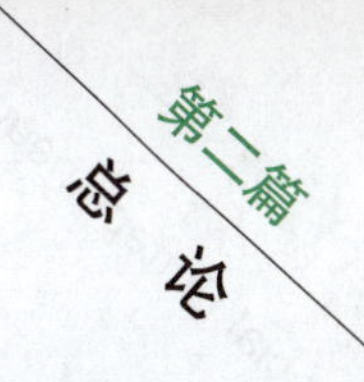

己所创造的未来机会。相应地，社会企业的行为是被动的，而不是主动的、具有预见性的。创业者常常会依习惯直接给下属安排工作，而不会依照工作流程行事。社会企业为了更好地发展，必须建立一整套完善的组织架构来有效地执行决策、规范决策，并且不仅仅是简单地设计社会企业的组织架构，还需要同步健全和完善社会企业的管理制度和规章。如完善激励机制，既要调动老员工与合伙人的积极性，又要凝聚社会企业发展需要的优秀人才，采用感情、事业和物质多管齐下的方式，给员工以强大的奋斗动力。此外，创业者在管理体系完善之后还应重视精简社会企业的管理层级，学会授权，既防止官僚化管理的出现，又能将社会创业者从琐碎的事务中解脱出来，集中精力在社会企业发展等战略问题上。

（2）建立风险责任机制，监督决策　风险责任机制是根据社会企业的风险控制规划和实施方案，确定相应的责任主体，做到风险管理工作责任落实，各行其职，各负其责。新社会企业要建立完善的风险控制目标体系和风险报告制度，社会企业内部各风险管理运作主体要严格按照既定目标要求和具体标准从事相应的风险监控和管理。首先，要通过分析，主动预测风险可能会带来的负面影响，及时分析社会企业在投资或贷款等重大决策上可能造成的负面影响；其次，积极预防风险，通过加强管理，特别是合同管理、投资决策、财务管理等，建立健全的社会企业各项规章制度并进行监督；最后，学会减少风险和转移风险，对无法回避的系统风险，应当设法分解和转移。

（3）发展核心竞争力，战略制胜　保持竞争优势是每个社会企业得以持续成长的关键，选择一个正确的发展战略，逐步形成稳定、持续的竞争优势是新创社会企业快速成长的关键所在。短期的竞争优势可以使社会企业快速成长，但随着竞争对手的学习和创新，社会企业的竞争优势会逐渐减少。要维持竞争优势，社会企业就必须不断培育和发展市场竞争能力，寻找竞争力的核心所在，并提高其营销能力和管理水平，在产品或服务、营销、品牌、企业文化等多个方面创造其他企业所没有的优势。创业者要根据不断变化的市场情况，及时研究、调整发展战略，形成并强化社会企业的竞争优势，让竞争对手难以学习、模仿，从而实现社会企业的持续发展。

复习思考题

1. 简述设立新社会企业可选择的组织形式。
2. 简述新社会企业的注册流程。
3. 简述新社会企业如何保护商标权。
4. 简述新社会企业成长的驱动因素。
5. 简述新社会企业成长阶段的主要风险。

案例分析

绿康医养集团

绿康医养集团全称为浙江绿康医养投资管理有限公司，通过民非注册创立于2006 年，为失智失能老人提供养老服务，2013 年注册公司，转型为社会企业，是一家专业从事养老机构、残疾人养护机构、老年康复及康复护理医疗机构的投资建设、直营托管、连锁经营管理和养老护理人才培养、老年科学技术研究以及老年产品研发贸易的集团公司。

绿康医养集团的创业团队基于对医疗资源配置、康复护理供需的深刻认识，明确把服务人群定位于三无老人（无劳动能力、无生活来源、无赡养人和扶养人的60 周岁以上老人）、失能失智老人、残疾人等最需要同时接受医疗康复和养老照护的群体，由于定位精准，绿康医养逐渐做大做强，并实现了跨省连锁。

经过十多年的发展，绿康医养集团已经逐渐厘清自身形象和企业边界：它既不是纯商业化的养老企业，更不是民营医院，而是服务刚需人群，也就是主要承担政府提供养老兜底公共产品的民生事业，通过合理的投资和回报逐渐做强做大自身并且回报员工和股东，以高品质的服务扶助弱势群体。

绿康医养集团已成长为涵盖养老、医疗、康复、护理、教学、科研、文化、老年用品研发和贸易等八大领域健康养老产业链的集团化公司。旗下拥有 15 家康复护理医疗机构、9 家养老助残服务机构，并成立了个护职业培训学校、老年科学技术研究所、老年服务评估中心、老年用品贸易有限公司、养老咨询公司、原居日间照料公司和旅居养老服务公司。

绿康医养集团可提供服务总床位 10 000 多张，其中养护服务总床位 6 500 张，开放医疗康复住院床位 3 600 张，主要为“三无”、空巢、失独、失能失智老人、养老自理及半自理老人、残障人员（包括智残、肢残及精神残疾）、慢性病及临终关怀患者提供生活照料、基本医疗、老化预防、老年康复、康复护理、心理慰藉、

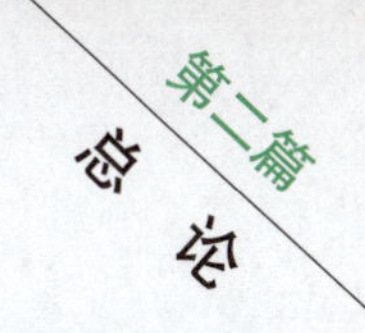

长期照护和临终关怀（舒缓疗护）等全方位服务。

绿康医养拥有一支由医养院管理精英和经验丰富的医生、护士、康复治疗师、护理员、社会工作者、营养师、心理师等1 500 多人组成的专业团队，致力于医养院管理、服务质量、技术创新和人才培养等核心能力的提升。经过十多年的探索与实践，创新“公建民营、民办公助”“医养结合、康复养老助残”的办院模式，形成了较为成熟的“养老院—医院—护理院”一体化发展格局，在民政、卫生、残联、人力社保等主管部门的关心支持下，走出了一条跨部门资源整合、社会福利社会化的新路子，走在了行业前列，被誉为“绿康模式”，受到国家领导人、各级政府和社会各界的高度关注和肯定。

绿康医养集团传承中华孝善文化，始终奉行“帮天下儿女尽孝、替世上父母解难、为党和政府分忧”的崇高使命，努力践行“追求老年品质生活”的企业核心价值观，正朝着“成为老年康复护理专家和医养服务行业引领者”的企业愿景和实现中国绿康梦而奋力前行。

资料来源：根据绿康医养集团资料及相关新闻报道整理编辑

思考题

1. 绿康医养集团属于哪种组织形式？
2. 你认为驱动绿康医养集团成长的因素有哪些？
3. 这个案例给你的启示是什么？

系列实训之7

- **实训目标**

1. 对新社会企业的设立流程、管理等方面有直观的体验和认识。
2. 模拟运用新社会企业管理、风险防范的技巧和策略。
3. 模拟操作新社会企业的运营。

- **实训内容与要求**

1. 分组进行讨论并选择新创社会企业的使命、目标客户群体、经营内容等。
2. 讨论并选择社会企业的组织形式。
3. 模拟新社会企业从设立到管理的一系列过程，写出创业报告。
4. 课堂报告：各组陈述，交流体会。

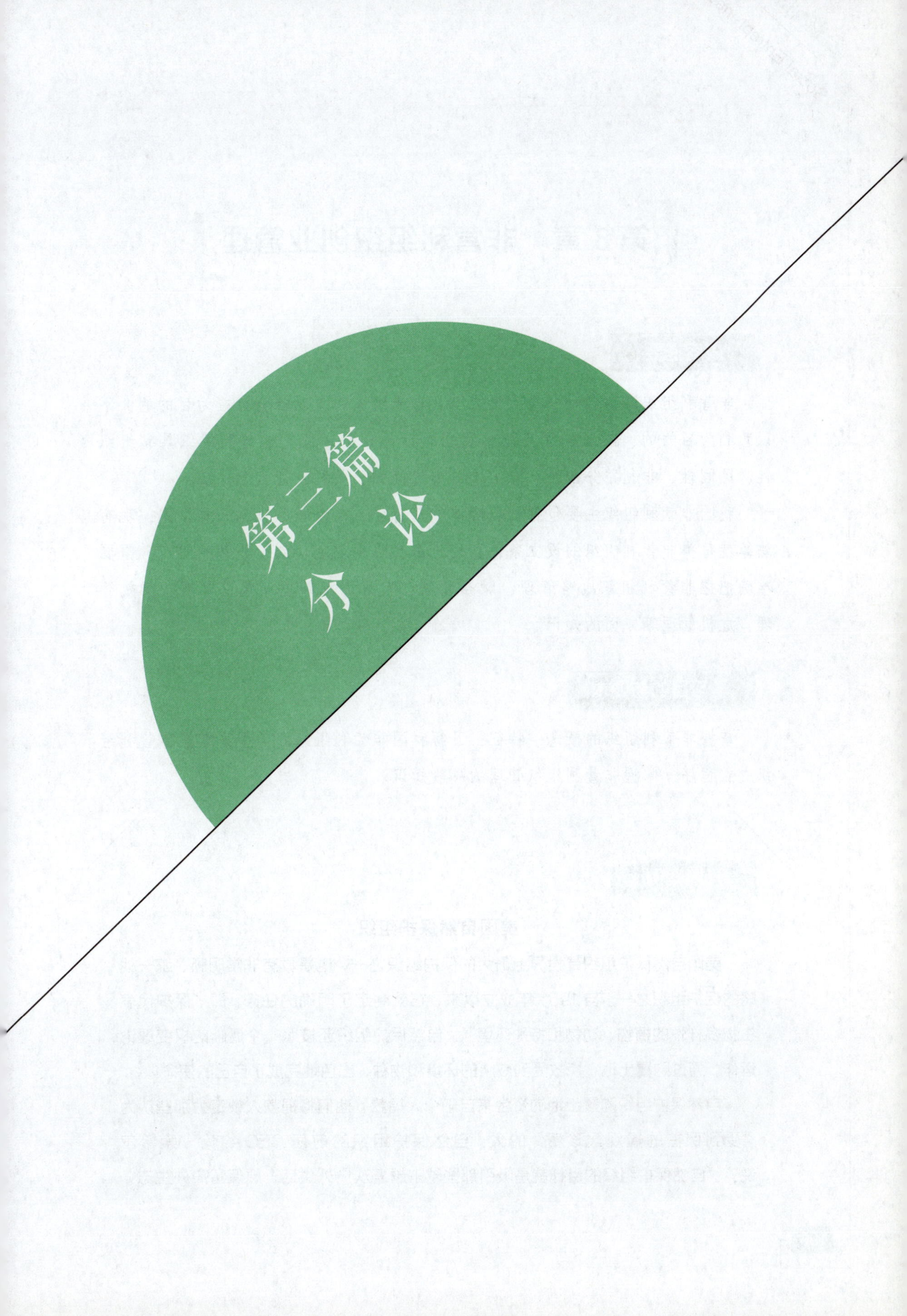
第三篇
分论

第8章 非营利组织创业管理

内容提要

非营利组织即由各种社会力量或个人自愿组成的、以社会公益为目的的、不以营利为目的的、依法成立且能够独立运行的社会组织。非营利组织具有组织性、民间性、非利益分配性、自治性、志愿性和公共利益性六个特征。

我国非营利组织主要包括社会团体、基金会、社会服务机构三种形式，现有法律就每类非营利组织的设立条件和程序都有明确规定。创设非营利组织，需要准确把握非营利组织战略管理、财务管理、人力资源管理、营销管理、绩效管理、危机管理等方面的知识。

学习目的与要求

掌握非营利组织的概念、特征，了解我国非营利组织的类型，掌握非营利组织成立程序，掌握非营利组织管理的一般知识。

开篇案例

美国自然保护组织

美国自然保护组织是世界上最大的保护组织之一，也是具有非常明晰、统一战略的保护组织之一。自1951年成立以来，它就制定了明确的任务，即“保护代表生物多样性的植物、动物和特殊环境”。自然保护组织还按照一个清晰的权变理论运作，通过购置土地，挽救受到威胁的环境和物种，出色地完成了自己的使命。

自然保护组织购置土地的资金来自于个人捐款，他们将捐款人锁定为那些认为“受到保护的景观最珍贵”的人。自然保护组织的前任CEO约翰·索希尔说：“自然保护组织的目标就是吸引那些越来越喜欢户外生活、想保留户外生态，并希望寻找能够真正完成这个任务的组织的人，他们喜欢我们采用私营公司的方式实现自己的目标。我们用传统的方式保护环境，那就是购买地皮。”自然保护组织不愿意依赖政府基金，而且一直对此保持警惕。

与其他组织不同，自然保护组织将自己定位为一个争取基金的私人组织，财务独立，采用市场的方法运作，索希尔这样描述自然保护组织的定位：“我们认为自己就像精明的亚当·斯密。”自然保护组织自觉采取一种积极、非对抗、好消息不断的方法，这也与他们的整体战略相一致。例如，他们可能会向捐款人通报自然保护组织保护地的增加数量。

自然保护组织通过采用明晰、统一而且符合自身使命和战略的方法，取得了很大的成就。正如所有优秀的战略一样，这些方法包括了一系列决策。同时，由于对自身使命有清醒的把握，自然保护组织制定了一个保持自身独特性的战略，一个让他们避免工作失去重心、浪费资源的战略。

资料来源：综合网络资源改写

8.1 非营利组织概述

8.1.1 非营利组织的概念及特征

1. 非营利组织的概念

关于非营利组织，国内外的相关概念有非营利组织（Non-profit Organizations）、非政府组织（Non-governizations）、第三部门（Third Sector）、独立部门（Independent Sector）、慈善组织（Philanthropic Organization）、志愿组织（Voluntary Organization）、公民社会（Civil Society）等。之所以有这么多相关概念，一方面表明非营利组织具有多元性，另一方面也体现出人们在非营利组织理解和研究视角上的差异性。萨拉蒙认为，“非营利领域”大量被使用的称呼无法帮助人们理解其内涵，“每一种称呼仅反映了该领域某一方面的性质，但却抹杀了其他方面的性质。”如公民社会组织主要强调这类组织与公民社会的内在联系。

那么到底什么是非营利组织？关于非营利组织的定义主要有如下几种。

（1）直接给出法律上的定义　世界上很多国家都在法律上对非营利组织有特殊规定。如美国《国内税法法典》第501（C）（3）称“非营利组织本质上是一种组织，限制将其净余额分配给任何监督与经营该组织的人，诸如组织的成员、董事与经理等”。并且规定非营利组织必须满足三个条件：一是组织的运作目标完全是为了从事慈善性、教育性和科学性的事业，或是为了达到税法明文规定的其他目的；二是组织的净收入不能用于私人受惠；三是组织所从事的主要活动不影响立法，也不干预公开选举。

（2）依据组织的资金来源加以定义　如联合国国民经济核算体系定义非营利组织为：其大部分收入不是来自销售或提供服务带来的利润，而是依靠其会员的会费、政府资助或社会支持者的捐赠。该定义方式的缺陷在于，要确定一个组织是否为非营利组织，其会费和捐赠收入在总收入中的合理比例难以确定。

（3）根据组织的目的或功能给出定义　如果以促进“公共利益”或“团体利益”为目的，则属于非营利组织。但是由于“公共利益”的定义多样化，这种定义方式将无法为跨国研究提供统一的分析框架。

（4）结构—运作定义　这一定义是美国约翰·霍布金斯大学提出的，其特点是强调组织的基本结构和运作方式。它认为非营利组织具有组织性、非营利性、独立性、自治性、志愿性和公共利益性六个特征。这一定义方式包容性强，得到国内外学者的普遍推崇。

上述定义方式各有侧重。参考国内外学者对非营利组织的定义，本书将非营利组织定义为：各种社会力量或个人自愿组成的、以社会公益为目的、不以营利为目的、依法成立且能够独立运行的社会组织。

2. 非营利组织的特征

从组织的基本结构和运作方式考察，非营利组织具有以下特征：

（1）组织性　非营利组织必须是具有一定制度化的正式组织，有常规的组织机构和管理体制，并开展经常性的活动。纯粹的非正式的、临时积聚在一起的人不能被认为是非营利领域的一部分。非营利组织必须具有根据国家法律注册的合法身份，这样才能使非营利组织对外以法人身份订立合同，并使组织的管理者能对组织的承诺负责。

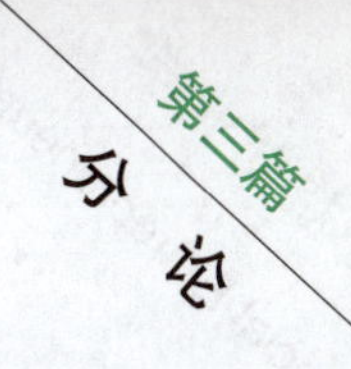

（2）民间性　非营利组织不是政府的组成部分，必须与政府组织分离，不承担政府职能，其决策层也不是由政府官员主导的董事会。但这不意味着非营利组织不能接受政府的资金支持、不让政府官员参与活动，而是强调其独立的决策权，不为政府所控制。

（3）非利润分配性　非营利组织成立的目的不是为其拥有者谋求利润，某些组织也许会在某段时期积累一定的利润，但其所得必须继续用于组织的使命，不能在其所有者或管理者中进行分配，这是非营利组织与追求利润最大化的营利组织的最大区别。

（4）自治性　非营利组织实行自我管理，自己控制自己的活动，有不受外部控制的内部治理程序，既不受制于政府，也不受制于其他营利性或非营利性组织。

（5）志愿性　非营利组织的活动以志愿为基础，无论是在实际开展活动中，还是在管理组织事务中，均有显著程度的志愿参与，特别是形成由志愿者组成的董事会和广泛使用志愿工作人员。当然这并不意味着其成员都是或大部分是志愿人员，或者其收入全部或大部分来自志愿者的捐款，而是指只要这种参与是志愿的即可。

（6）公共利益性　非营利组织以公共利益为目标取向，以共同价值观为思想基础，通过有组织的活动参与公共事务管理，提供公共产品和服务。

8.1.2　非营利组织的类型

非营利组织涵盖了政府组织和营利性组织之间的广大领域，并且不同国家对非营利组织的理解和认识存在较大差异，目前世界上还未形成一个统一的标准。因此，可以从许多不同的角度对非营利组织进行分类。

1. 联合国国际标准产业分类体系（ISIC 体系）

联合国国际标准产业分类体系（International Standard Industrial Classification of All Economic Activities，简称 ISIC 体系）将非营利组织划分为 3 大类，15 小类，其具体内容分别为：①教育：小学教育，中学教育，成人教育及其他；②健康与社会工作：医疗保健，兽医，社会工作；③其他社区社会与个人服务活动：

环境卫生，商会与专业组织，工会，其他会员组织，娱乐机构，新闻机构，图书馆、博物馆及文化机构，运动与休闲。

2. 免税团体分类体系（NTEE 体系）

免税团体分类体系（National Taxonomy Exempt Entities，简称 NTEE 体系）由美国慈善统计中心设计，包括 25 大类非营利组织，主要为：教育；保健；精神保健；特殊病症保健；医学研究；犯罪与法律；就业；食品与营养；住房与收容；公共安全与灾难防御；休闲与运动；青少年辅导；社会服务；文化艺术；环境保护；与动物有关的组织；国际问题；民权与推促；社区改造；慈善事业；科学研究；社会科学研究；其他公益活动；宗教相关活动；互惠组织。

NTEE 体系涵盖面非常宽，但此体系是根据美国情况设计的，无法适用于其他国家。

3. 非营利组织国际分类体系（ICNPO 体系）

非营利组织国际分类体系（the International Classification of Nonprofit Organization，简称 ICNPO 体系）由约翰·霍普金斯大学非营利组织比较研究中心提出，根据经济活动的领域，将非营利组织分为 12 个大类，24 个小类，具体内容为：①文化与休闲：文化与艺术，休闲，服务性俱乐部；②教育与研究：中小学教育，高等教育，其他教育，研究；③卫生：医院与康复，诊所，精神卫生与危机防范，其他保健服务；④社会服务：社会服务，紧急情况救助，社会救济；⑤环境：环境保护，动物保护；⑥发展与住房：经济、社会、社区发展，住房，就业与职业培训；⑦法律、推促与政治：民权与推促组织，治安与法律服务，政治组织；⑧慈善中介与志愿行为鼓动；⑨国际性活动；⑩宗教活动和组织；⑪商会、专业协会、工会；⑫其他。ICNPO 体系是国际上比较流行的非营利组织分类体系。

4. 其他分类

其他一些分类方法比较简单，如根据非营利组织的规模，将其分为大、中、小三类；根据其活动领域，分为政治型、经济型和社会工作型组织；按照法人形式，分为社团法人和财团法人；按照组织性质，分为公益组织、共益组织或互益

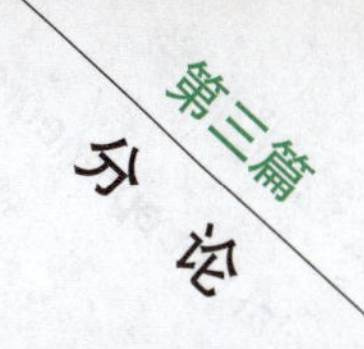

组织；按照资产来源方式，分为官办组织、合作组织、民办组织；按照活动领域，分为环保组织、人权组织、扶贫组织、妇女组织；等等。

透视

美国非营利组织

非营利组织是美国社会经济发展中不可忽视的重要组成部分。据美国国家慈善统计中心（NCCS）、基金会中心和美国劳工部的统计数据，截至2012年6月，在美国财政部国内收入署（IRS）获得免税资格的非营利组织（NPO）有超过156万个。其中，公共慈善机构有超过96万个，私人基金会有超过9万个，其他类型非营利组织有超过49万个。2010年，美国公共慈善机构的总收入达到1.51万亿美元，总支出达到1.45万亿美元；非营利组织创造了美国GDP总额的5.5%；非营利组织的工资总额占全美工资总额的9.2%。2011年，美国的个人捐赠总额达到2177.9亿美元，美国基金会的支出总额达到469亿美元。

资料来源：综合网络资源改写

8.1.3 非营利组织的兴起及作用

1. 非营利组织的兴起

非营利组织仅在一个世纪内就转变为全球蓬勃发展且前景看好的新兴事业，主要有如下原因。

（1）保障公民结社权利的需要　结社自由是公民的宪法权利，也是民主社会的重要标志，对结社自由的有效法律保护可以促使社会更加多元化、更具活力，可以促进社会和经济发展中的合作伙伴关系。此外，各国政府为了履行所承担的国际人权公约中的义务，也需要通过法律形式规范和保障非营利组织的地位、权利和行为。所以，尽管结社自由未能从功能和运行角度为非营利组织参与公共治理并成为公共服务提供主体之一提供充分的说服力，其仍被视为非营利组织产生的基础性权利，也是非营利组织以结社形式得以存在的最直接根据。

（2）弥补政府失灵的需要　公共物品具有非排他性和非竞争性，因而公共物品应由政府供给，但人们对公共物品质和量的需求是不同的，政府无法做到一一满足。因此，政府倾向于提供的公共物品满足人们的平均需要水平即可，但这会造成部分人不能通过政府提供的公共物品满足需求。非营利组织能够提供对政府公共物品起补充作用的公共物品，来满足这些人的需求，这从合法性视角诠释了非营利组织存在的原因。

（3）社会多元化的需要　社会多元化在客观上可理解为，一个社会必然存在不同阶级和阶层、不同职业群体、不同民族、不同信仰；在主观上可理解为，人们经常具有不同的意志和兴趣、不同的层次和需求，表现为社会成员不同的声音、行为和关注热点。社会成员主观和客观的多元需求需要相应的表达渠道，若缺少这样的渠道，将会使合理的要求和情绪转变为消极的社会力量。非营利组织的存在则正好丰富了这种表达渠道。

（4）提高社会效益和完善市场经济体制的需要　在完善的法律规范下，非营利组织可以成为政府的助手和伙伴。例如，在向社会提供服务、公共物品方面，非营利组织可以更加直接、有效、低成本，因为非营利组织在个人资源基础上，投入时间和精力去解决公共问题。

此外，非营利组织可以对市场经济给予间接支持，如由非营利组织开办的学校、医院、托儿所等机构，会成为人们信任的服务提供者，这极大利于建设体制稳定、公众信任、尊重法规的社会，有效补充市场机制的不足。

2. 非营利组织的作用

克莱姆（Kramer）认为，非营利组织发挥的社会功能或扮演的社会角色主要有5种：先驱者、价值维护者、社会教育者、改革与倡导者、服务提供者，如图8－1所示。

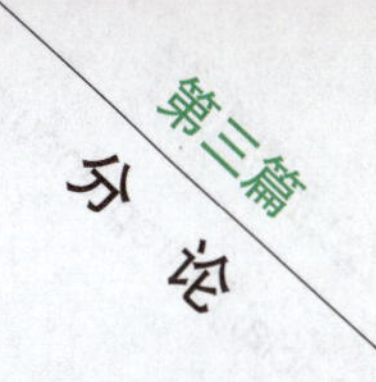

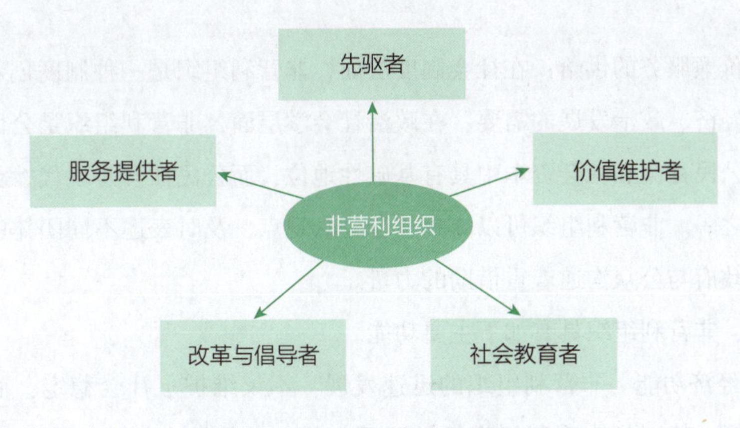

图 8－1　非营利组织扮演的社会角色

（1）先驱者　非营利组织具有弹性、功能自发性和民主代表性等特质，能够敏感捕捉社会大众的需求，凭借组织多样性、人才多样化与运作灵活性，把捕捉到的需求发展成具有创新性的构想，并付诸规划与行动，引领社会革新。

（2）价值维护者　非营利组织通过有效运作，倡导并积极参与改革行动以改善社会，主动关怀少数弱势群体，激励民众对社会的关心和参与，提供社会大众化人格教育与再社会化的机会，有助于民主社会理念及各种正面价值观的维护。

（3）社会教育者　非营利组织通过举办活动，专业的训练课程、研讨会，出版刊物及提供咨询等方式，担负起传递各种信息的责任，借以提供新的观念，促使大众了解社会问题，改革社会大众或决策者对社会的刻板印象或漠视态度，补充正规学校教育体系的不足，并间接影响政府政策的制定。

（4）改革与倡导者　非营利组织往往从社会各层面的实际参与中，实际了解政府政策的偏斜，洞察社会的脉动和需求，并运用服务经验展开游说，促成社会态度的变迁，并促进政策对法规的制定或修正。

（5）服务提供者　非营利组织经常选择提供那些政府没有做、不想做或不愿意直接做的，但却十分符合社会大众需要的非私人化服务。其多种类、多样化的服务供给，发挥了对现有公共服务的弥补功能。

非营利组织作为一项在市场体制和国家体制之外的重大组织创新和制度创新的产物，以其独特的性质和特有的优势，在现代社会中彰显了重要的发展意义。在满足社会需求层面，非营利组织可以作为政府和市场的替代，提供部分公共产品和私人产品，引入竞争机制，使政府、私人部门和非营利部门相互竞争，增加了优质和价廉服务的供给；在社会制度层面，非营利组织是一种制度创新，是现代社会、经济、政治发展的需要；在政治社会学层面，非营利组织是公民社会的主体，在公民社会和社会资本中具有基础性地位，而公民社会是现代社会结构的三大支柱之一。非营利组织可以高效整合公众观点，及时表述不同团体的利益需求，成为政府与公众沟通着重借助的力量。

因此，非营利组织具有如下主要功能。

（1）经济功能　非营利组织的迅速发展，不仅维护了社会稳定，而且促进了经济发展，特别是非营利组织发动民间力量，动员社会闲置或未能利用的资源，降低交易成本，增加资源的透明度和合理性，开拓就业机会，弥补了政府用于社会发展方面的资金不足。同时，非营利组织可以比政府更有效、低成本地提供部分公共产品，如医疗保健、文化教育、社会保障等，非营利组织以“利润非分配性”的优势，在信息不对称时可以提供比追逐利润的企业更好的产品，以满足消费者的需求。

（2）社会功能　非营利组织的服务对象主要是社会中的弱势群体，优先关注的是被市场与国家所忽视的贫穷民众。非营利组织通过生产各种公共物品来增进社会福利，帮助社会的边缘和弱势群体。另外，大多数非营利组织与公民接触密切，他们经常深入基层，及时了解弱势群体的需求，可以作为有效的利益表达渠道和协调机制，促进民主政治的建设，提升公民的政治参与能力和水平，促进政府决策的科学化、民主化。可以说，非营利组织的发展，可以维护弱势群体的利益，促进社会公平，保证社会稳定，维护良好的社会价值观，并营造良好的社会道德氛围。

（3）政治功能　一方面，非营利组织能够很好地制约政府权力，促使政府增加责任感和透明度，保持廉洁和效率，是政府职能或工作的重要补充。另一方面，政府的大包大揽会致使公民对国家给予完全的政治与经济预期，但国家不可能是全能的，则预期与现实的差距就必然出现，从而会导致公民对政府合法性的怀疑。要克服政府合法性的危机，出路就在于让自发的、非政治化的社会有机体健康发展起来，非营利组织在此方面就扮演了政府的政治合作者角色。整体而言，非营利组织在政治生活中既制约政府权力，又支持政府的合法性，是政府的政治合作者。

透视

我国非营利组织的发展

20 世纪二三十年代，中国民间社会活跃程度达到鼎盛，各种政治、经济、公益等的民间组织层出不穷。1932 年10 月，时任国民政府颁布了旨在从行政上加强对民间组织规范管理的《修正民众团体组织方案》，这大约是中国历史上第一个与民间结社有关的专门法规。中华人民共和国成立以后，不久便开始了公有化、国有化的进程，社会团体也发生了类似的转型。1950 年《社会团体登记暂行办法》和 1951 年《社会团体登记暂行办法实施细则》颁布后，党和政府对原有社会团体进行了清理整顿，取缔了一部分“反动团体”、宗教团体，新形成的社会团体格局在中国共产党领导下，明显带有统一战线的性质，成为“党和政府联结人民群众的纽带”。另外一些政治团体确立为政党组织，即“民主党派”。改革开放以来中国非营利组织得到了极大的发展，大体可以分为三个阶段。

第一阶段，1978—1989 年。在第一阶段，中国的社团获得了迅猛的发展，主要表现为社团的数量急剧膨胀。据民政部统计，到 1989 年年初，全国性社团已发展到1600 多个，地方性社团猛增到 20 多万个。

第二阶段，1989 年底—1998 年。1989 年 10 月 25 日，国务院发布了《社会团体登记管理条例》，建立了社团的“双重管理体制”，政府的社团管理政策的基调是以“限制”为主。1992 年得到确认登记的全国性社团有 1200 个，减少了400 多个，得到确认登记的地方性社团有 18 万个，减少了 2 万多个。

第三阶段，1998 年至今。1998 年 10 月，新的《社会团体登记管理条例》颁发，同时发布《民办非企业单位登记管理暂行条例》，开始对民办非营利的实体性机构进行民间组织的登记。这一时期，民间组织发展的最大特点是逐步走上规范化、法制化，但同时，也因为条例规定的严格审批制度，加之出台、修改、登记确认等实施过程，使得民间组织的范围、数量在短时期内发生较大的波动。

资料来源：本案例系作者综合整理相关材料

8.2 非营利组织的创设

8.2.1 非营利组织的法律形式

1. 社会团体

(1) 社会团体的含义　社会团体是指由公民自愿组成，为实现会员共同意愿，按照其章程开展活动的非营利性社会组织。社会团体的定义包含这样几个方面的内容。

1) 社会团体由多数会员组成。社会团体是人的集合体，以人为基础，其成员的联合是其基本属性，仅仅一个人是无法组成社会团体的。我国要求社会团体必须有 50 个以上的个人会员，或者 30 个以上的单位会员，或者在既有个人会员又有单位会员时，会员总数有 50 个以上。

2) 社会团体的宗旨是实现会员的共同意愿。社会团体是由其成员为了共同的目的自愿结合组成，社会团体的章程由会员大会制定、修改，决定社会团体重大事务的最高权力机关是会员大会，由其决定社会团体的宗旨、业务范围、重大活动、管理机构的组成、解散等问题。

3) 社会团体的目的是非营利性。但这并不意味着社会团体不能进行任何收费或者可以赚取利润的活动，只是表示社会团体社会取得的财产不能分配给会员，而且针对不同性质的收益所得在税法上应有不同的待遇。

国内对社会团体的分类基本可以分为学术性分类和法定性分类两种。学术性分类，即从学术上而非从法律上对社会团体进行分类，如按社会团体的民间化程度，将我国社会团体分为官办、半官办和民办三大类。法定性分类，即根据 1989 年 12 月 30 日民政部《关于（社会团体登记管理条例）有关问题的通知》的规定，我国社会团体根据其性质和任务分为学术性社会团体、行业性社会团体、专业性社会团体和联合性社会团体四大类。但这样的分类，并无法律上的实质意义。

(2) 社会团体与社会团体法人　社会团体法人是以人的集合为基础而成

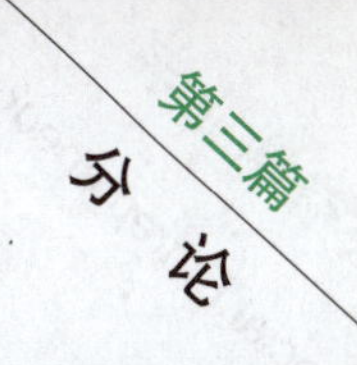

立的法人，公司、合作社、各种协会等社会团体都是典型的社会团体法人，社会团体并不等同于社会团体法人。社会团体的出现早于社会团体法人。社会团体法人的概念和制度的最终形成是自然人共同出资、联合经营不断发展、商业组织不断演化的结果。在公司形式的社团法人产生之前，从事商业活动主要是独资企业和合伙企业，随着具有独立法人地位、实行成员有限责任的社会团体法人有限责任公司的出现，社会团体法人的概念和制度也最终形成。

社会团体只是社会团体法人的一种表现形式。社会团体法人有营利性社会团体法人，如有限责任公司等，也有非营利性社会团体法人（公益性社会团体法人），社会团体只能是非营利性社会团体法人。当然，社会团体并非一定要取得法人资格。我国1989年《社会团体登记管理条例》第12条规定，社会团体可分为有法人资格的社会团体和无法人资格的社会团体，1998年《社会团体登记管理条例》对此做了修改，规定社会团体必须取得法人资格。但就在该《条例》的第3条第3款第3项又规定“机关、团体、企事业单位内部经本单位批准成立、在本单位内部活动的团体，可以不按照《条例》的规定登记”，也就意味着这些团体是合法成立并且可以不用取得法人资格的。

2. 基金会

(1) 基金会的含义　基金会是指利用自然人、法人或者其他组织捐赠的财产，以从事公益事业为目的，按照本条例的规定成立的非营利性法人。基金会分为面向公众募捐的基金会（以下简称公募基金会）和不得面向公众募捐的基金会（以下简称非公募基金会）。公募基金会按照募捐的地域范围，分为全国性公募基金会和地方性公募基金会。

1988年发布的《基金会管理办法》将基金会界定为一种特殊的社会团体，2004年发布的《基金会管理条例》则回避了基金会的法人属性问题，只对它的“非营利性”做出界定。与社会团体法人相比，基金会更符合财团法人的特征，我国法律将基金会界定为社会团体法人是很独特的。

透视

现代慈善基金会的发展

在19世纪工业革命的最初几十年里，社会贫民数量剧增，以募捐济贫为目标的慈善组织纷纷建立。1869年，伦敦成立了“慈善组织会社”。1877年，纽约也建立了美国第一个慈善组织会社。其后，以有效济贫、协调各救济机构为目标的慈善组织会社运动风行英国、美国。这些蓬勃发展的慈善团体标志着慈善工作走上了组织建制的道路，慈善不再仅仅是建立在简单的利它主义基础之上，而是一种对解决社会问题的科学方式的探讨。

19世纪末20世纪初至20世纪90年代。现代资本主义大工业的兴起，给私人慈善注入了来自大公司大富豪的新的动力。19世纪末，一部分成功的企业家和商业家沿用传统的慈善信托的方式，通过个别委托人向慈善机构捐赠。但是这种委托的方式是保密的，只建立在个别信任的基础上，只算委托人与受委托人之间具有法律效力的契约，却不是一个组织。在19世纪的最后10年，一批受慈善思想影响的工业巨头，开始考虑吸收慈善传统和历史悠久的慈善信托法律框架，创造一种公司形式的慈善基金会。他们的努力在20年后获得了重要成果，1910年，洛克菲勒基金会获得了联邦许可证，1911年，卡内基基金会创立。将公司的组织形式用于慈善机构的设立，不仅在当时而且已经被历史所证明，这的确是一个伟大的制度创新。以服务人类为使命，现代基金会实现了组织的宗旨和组织形式的社会化，从而确立了现代非营利组织的现代慈善精神或社会公益精神。现代基金会的诞生，标志着世界慈善与社会公益史翻开了崭新的一页。

资料来源：《NPO发展阶段界分》，中国社会科学院社会学所

（2）我国基金会与财团法人　从我国《基金会管理条例》的规定看，基金会以公益为目的，组织结构、财产管理方法等都由章程加以规定，而章程则由举办者拟定，显然基金会的性质属于财团法人。

第一，制度的功能和目的相似。对于我国现行法的基金会制度的目的，有代表性的观点是，基金会制度可以吸引个人和社会组织资源捐赠资金，在资助和推

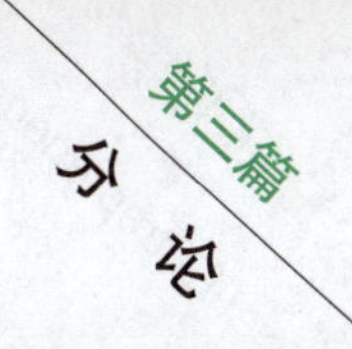

动教育、科技等社会公益事业方面有不可替代的作用。与财团法人制度相比，两者讨论的出发点有一定的差异，但这并非实质性的。财团法人制度固然主要从实现捐助人意愿的角度出发，但是同时也是因为法律制定者认为财团法人对社会有益，才在法律上承认它，并且进而通过在税收等方面给予优惠来特别加以鼓励。当然，上述观念上的差异意味着对当事人意愿尊重程度的不同，从而会带来具体制度上的一些差异。

第二，与财团法人相同，基金会没有会员。基金会的设立人将财产权转移给基金会后并不成为基金会的会员，无权组成社员大会对基金会进行控制。基金会的设立人对基金会成立后的影响体现在捐助章程上，捐助章程是基金会经许可登记后营运及运作的依据。捐助章程，通常应记载如下事项：①目的、名称；②捐助财产之种类、总额及保管运用方法；③业务项目；④董事及设有监察人的，其姓名、住所、名额、资格、产生方式、任期及选（解）聘事项；⑤董事会之组织、职权及决议方式，设有监察人的，其职权；⑥期间（定有存续期间的）；⑦利益冲突回避之规定；⑧解散后剩余财产之归属等。

3. 社会服务机构

社会服务机构，指自然人、法人或者其他组织为了提供社会服务，主要利用非国有资产设立的非营利性法人。典型的社会服务机构包括民办学校、民办医院、民办养老机构，也包括环境、助残等其他领域的组织。社会服务机构的特征主要有：①不以营利为目的；②有明确的社会服务范围；③有规范的名称、章程；④有与开展服务相适应的合法财产；⑤有与其业务活动相适应的组织机构、场所、工作人员；⑥有独立承担民事责任的能力；⑦法律、行政法规规定的其他条件。

8.2.2 非营利组织主管机关

我国非营利组织的管理机关分为业务主管部门和登记管理机关。

1. 业务主管单位

非营利组织的成立首先需要向业务主管单位提出筹备申请并经其审查同意。

社会团体的业务主管单位，是国务院有关部门和县级以上地方各级人民政府有关部门，以及国务院或者县级以上地方各级人民政府授权的组织。业务主管单位负责社会团体的筹备申请、变更登记、注销登记前的审查，监督、指导社会团体依法成立并根据章程开展活动、负责年度检查的初审等行政管理事务。社会团体业务主管单位的确定，主要根据社团活动范围以及业务范围来确定。①根据地域范围确定。全国性的社会团体由中央级的业务主管单位主管，地方性的社会团体则由地方的业务主管单位管理。②根据业务范围来确定。例如，司法行政机关主管法学社会团体，建设部主管建设方面的社会团体。③根据委托来确定。社会团体的业务主管部门主要是指各级政府的职能工作部门和党的工作部门，有的社会团体业务主管部门不便由政府工作部门或党的工作部门承担时，经民政部门与有关业务部门协商同意后，也可委托有能力进行资格审查和业务指导的其他单位承担这一职责。例如民政部、国家科委委托中国科学技术协会管理全国性自然科学、技术科学和科普性社会团体，民政部、国务院侨办委托全国侨联管理华侨类社会团体。受到委托而作为业务主管单位的组织范围非常广泛，有事业单位、社会团体以及企业。

社会服务机构的业务主管单位根据行业、业务范围及地域来确定。

对于基金会的业务主管单位，相关法律有明确规定。国务院有关部门或者国务院授权的组织作为基金会的主管单位的管理范围是：全国性公募基金会；拟由非内地居民担任法定代表人的基金会；原始基金超过2000万元，发起人向国务院民政部门提出设立申请的非公募基金会；境外基金会在中国内地设立的代表机构。此范围之外的基金会属省、自治区、直辖市人民政府有关部门或者省、自治区、直辖市人民政府授权的组织作为基金会的主管单位的管理范围。

由于业务主管单位的审查通过是成立非营利组织不可缺少的第一步，所以如果不能及时找到业务主管单位，将无法合法地成立非营利组织。因此，如果由于某种原因使得各个政府机关在管理非营利组织的权限上出现空隙，将导致非营利组织在申请成立时，由于没有对应业务主管部门而无法设立。

2. 登记管理机关

国务院民政部门和县级以上地方各级人民政府民政部门是本级人民政府的社

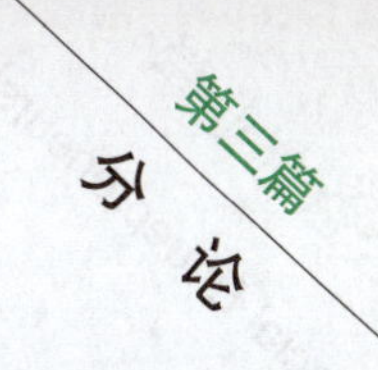

会团体登记管理机关。登记管理机关负责社会团体的成立记录、年度检查以及对社会团体的违法行为进行行政处罚等事务。全国性的社会团体，由国务院的登记管理机关负责登记管理；地方性的社会团体，由所在地人民政府的登记管理机关负责登记管理；跨行政区域的社会团体，由所跨行政区域的共同上一级人民政府的登记管理机关负责登记管理。社会服务机构的登记管理机关的确定原则与此相似。

基金会的登记管理制度，最初与一般社会团体略有不同。对基金会的登记管理，最初是三重管理体制，即归口管理部门、中国人民银行、民政部门的管理。

基金会的归口管理部门，是指与基金会资助领域相对应的各级政府职能部门和党的工作部门。例如，一个资助教育事业的全国性的基金会，其归口管理部门应当是教育部。基金会的归口管理部门的含义及确定方法与一般社会团体的业务主管单位基本相同。

中国人民银行负责基金会的成立、改变名称、合并、撤销时的审查，经其同意才可以向民政部办理相应的登记；每年接收基金会对财务收支和活动情况的报告；对于基金会的违法行为给予停止支付、冻结资金、责令整顿的行政处罚等。

民政部门是基金会的登记管理机关，其职责与一般社会团体的登记管理机关的职责基本相同。建立基金会，由其归口管理的部门报经人民银行审查批准，民政部门登记注册发给许可证，即基金会实际上需要接受归口管理部门、人民银行和民政部门的三重监督管理。1999 年，中国人民银行、民政部联合发文，中国人民银行将基金会的审批和监管职责全部移交民政部，从而形成目前由归口管理部门和民政部门对基金会进行双重管理的模式。《基金会管理条例》沿袭了这一做法。

8.2.3 非营利组织的登记管理制度

我国政府为了对各种类型的非营利组织进行统一登记管理实行的一项基本制度就是双重管理制度，它最初是在 20 世纪 80 年代后期进行社会团体归口管理的实践中提出来的，后来随着相关法律法规的颁布执行，在社会团体、基金会和社会服务机构的登记管理实践中加以贯彻，并逐步发展成为我国非营利组织登记管理的一项基本制度。

所谓双重管理，是指国家对非营利组织的登记注册及日常管理，实行登记管理籍贯和业务主管单位双重负责的体制。这种双重管理加强了政府在登记管理方面对非营利组织的监督、管理和限制，并通过分散责任回避了登记管理机关与非营利组织之间的直接冲突，使得非营利组织在通过登记注册成为合法组织之前，必须首先成为政府所属的一定职能机构所需要和能够控制的对象，并受其管理和控制。但要说明的是，这种管理体制在很大程度上限制了非营利组织的成立，不利于非营利组织的健康发展。

就登记管理制度而言，目前我国非营利组织主要实行分级管理和非竞争性原则。所谓分级管理原则，就是对非营利组织按照其开展活动的范围和级别，实行分级登记、分级管理的原则。所谓非竞争性原则，就是为了避免非营利组织之间展开竞争，禁止在同一行政区域内设立业务范围相同或者相似的非营利组织。

分级管理原则和非竞争性原则，都和传统的计划经济管理体制有关，在某种程度上，它们是计划经济体制在非营利组织管理上的复制。随着我国社会主义市场经济的进一步发展和完善，由计划经济体制衍生的非营利组织管理体制开始面临一系列的问题。较为突出的是非竞争性原则，它一方面通过人为手段保护已有的自上而下的非营利组织；另一方面限制自下而上的非营利组织的设立，造成法制上的障碍，不利于非营利组织的健康发展。

8.2.4 非营利组织的成立程序

社会团体、基金会、社会服务机构的成立条件分别由《社会团体登记管理条例》《基金会管理办法》和《社会服务机构登记管理暂行条例》等法规予以规范。

1. 社会团体的成立

（1）成立条件 《社会团体登记管理条例》是我国目前关于规定一般社会团体成立的最重要的法律，除此之外，还有国务院有关部委（主要是作为登记管理机关的民政部）为了按照该条例的规定行使职权而发布的大量规定。按我国现行法律的规定，成立社会团体应当具备六个条件。

1）会员人数。有 50 个以上的个人会员或者 30 个以上的单位会员；个人、单位会员混合组成的，会员总数不得少于 50 个人，这里的“个人”指中国公民。中国法律没有禁止外国公民或者无国籍人员在中国结社，但是需要根据其他法律规定执行。目前，关于外国人和外国团体结社的主要法律规定是 1989 年国务院发布的《外国商会管理暂行规定》。但是，外国人或者外国团体如果想在中国组成商会以外的其他社会团体，在目前还难以合法进行。这里所说的“单位”，包括国家机关以外的组织，并不要求具备法人资格。如合伙企业这样的无法人资格的企业，也可以成为单位会员。

2）名称和机构。社会团体的名称应当符合法律、法规的规定，不得违背社会道德风尚。社会团体的名称应当与其业务范围、成员分布、活动地域相一致，准确反映其特征。全国性的社会团体的名称冠以“中国”“全国”“中华”等字样的，应当按照国家有关规定经过批准，地方性的社会团体的名称不得冠以“中国”“全国”“中华”等字样。行政机关在决定名称是否规范方面有相当大的自由裁量权。

3）固定的住所。要求社会团体必须有固定的办公场所，以便开展活动和接受管理。不论是自己享有所有权的房屋，还是租赁或者借用的房屋，都可以作为“固定住所”。

4）专职工作人员。要求有与其业务活动相适应的专职工作人员，不可以全部为兼职。

5）资产和经费来源。全国性的社会团体要求有 10 万元以上的活动资金，地方性的社会团体和跨行政区域的社会团体有 3 万元以上的活动资金。一般来说，合法的资产和经费来源主要是会员缴纳的会费、捐赠、政府资助、开展有偿服务的收入、举办的经济实体所上交的利润等。

6）独立承担民事责任的能力。具备了前面几个条件，独立承担民事责任就有了基础。可以这样说，独立承担民事责任，是社团法人成立的核心条件。

（2）成立程序　我国社会团体的成立程序较为复杂，总的来说有这样几个必经程序。

1）向业务主管单位申请筹备。社会团体的成立首先需要向业务主管单位提出筹备申请并经其审查同意。国务院的一些部委为了履行作为社会团体业务主管单位的职责，发布了一些行政规章。例如，原对外经济贸易部发布的《对外经济贸易社会团体管理办法》（1991 年），原广播电影电视部发布的《广播电影电视社会团体管理暂行办法》（1992 年），司法部发布的《专业法学社会团体审批办法》（1993 年）等。但是，业务主管单位的审查对登记管理机关并没有约束力，仅仅是一个初步审查。登记管理机关仍然享有全面审查社会团体的成立是否符合法律规定的权力，登记管理机关有权对所有已经经过审查的事项重新审查并独立做出决定。

2）向登记管理机关申请筹备。申请成立社会团体，经业务主管单位审查同意后，发起人应当向登记管理机关申请筹备。社会团体的发起人向登记管理机关申请筹备时，应当提交下列文件。

（a）筹备申请书。发起人要填写由民政部监制的《筹备成立社会团体申请表》，其内容主要有住所、活动资金数额、活动地域、经费来源、会员数量、宗旨、业务范围、筹备发起人情况、拟任负责人情况。

（b）业务主管单位的批准文件。

（c）验资报告、场所使用权证明。

（d）发起人和拟任负责人的基本情况、身份证明。

（e）章程草案。章程是社会团体自治文件，是由会员按照一定的程序共同决定的。社团法律规定了章程应当具备的内容，这些内容在章程草案中当然应当具备，即：名称、住所；宗旨、业务范围和活动地域；会员资格及其权利、义务；民主的组织管理制度，执行机构的产生程序；负责人的条件和产生、罢免的程序；资产管理和使用的原则；章程的修改程序；终止程序和终止后资产的处理；应当由章程规定的其他事项。

3）完成筹备工作，并向登记管理机关申请成立、登记筹备成立的社会团体，应当在登记管理机关批准筹备之日起 6 个月内，召开会员大会或者会员代表大会，通过章程，产生执行机构、负责人和法定代表人。筹备期间不得进行筹备以外的活动。

登记管理机关应当在收到各种申请文件后的 30 日内完成审查工作，做出准

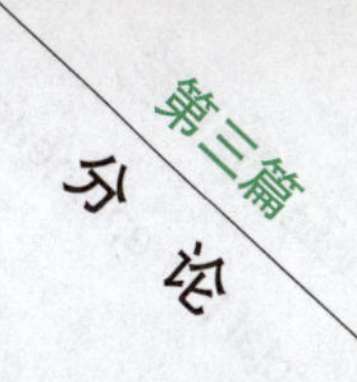

予或者不予登记的决定。对于符合《条例》要求的社会团体，准予登记，发给《社会团体法人登记证书》。从登记之日起，社会团体取得法人资格。登记管理机关决定不予登记时，应当将不予登记的决定通知申请人。

2. 基金会的成立条件及程序

（1）成立条件 《基金会管理条例》规定的基金会成立条件与1988年《基金会管理办法》相比，有了一些变化。

1）为特定的公益目的而设立。

2）必要的资金。全国性公募基金会的原始基金不低于800万元人民币，地方性公募基金会的原始基金不低于400万元人民币，非公募基金会的原始基金不低于200万元人民币；原始基金必须为到账货币资金。

3）有规范的名称、章程、组织机构以及与其开展活动相适应的专职工作人员。

4）有固定的住所。

5）能够独立承担民事责任。

（2）成立程序 根据《基金会管理条例》的规定，基金会成立程序是。

1）向业务主管单位申请设立，取得业务主管单位同意设立的文件。

2）申请人向登记管理机关申请设立，提交的文件有：申请书；章程草案；验资证明和住所证明；理事名单、身份证明以及拟任理事长、副理事长、秘书长简历；业务主管单位同意设立的文件。

3）登记管理机关应当自收到上述所列全部有效文件之日起60日内，做出准予或者不予登记的决定。准予登记的，发给《基金会法人登记证书》；不予登记的，应当书面说明理由。

3. 社会服务机构的成立条件及程序

（1）成立条件 申请登记社会服务机构，应当具备下列条件。

1）不以营利为目的。

2）有明确的社会服务范围。

3）有规范的名称、章程。

4）有与开展服务相适应的合法财产。

5）有与其业务活动相适应的组织机构、场所、工作人员。

6）有独立承担民事责任的能力。

7）法律、行政法规规定的其他条件。

8）社会服务机构注册资金不得低于 3 万元人民币。在省级以下地方人民政府民政部门申请登记的，注册资金具体标准由省级人民政府制定。

（2）成立程序　申请登记社会服务机构，需具备以下六项资料。

1）登记申请书。

2）业务主管单位的批准文件。

3）场所使用权证明。

4）验资报告。

5）拟任负责人的基本情况、身份证明。

6）章程草案。社会服务机构的章程应当包括下列事项：名称、住所；宗旨和业务范围；组织管理制度；法定代表人或者负责人的产生、罢免的程序；资产管理和使用的原则；章程的修改程序；终止程序和终止后资产的处理；需要由章程规定的其他事项。

登记管理机关应当自收到成立登记申请的全部有效文件之日起 60 日内做出准予登记或者不予登记的决定。

准予登记的社会服务机构，由登记管理机关登记社会服务机构的名称、住所，宗旨和业务范围、法定代表人或者负责人、开办资金、业务主管单位，并根据其依法承担民事责任的不同方式，分别发给《社会服务机构（法人）登记证书》《社会服务机构（合伙）登记证书》《社会服务机构（个体）登记证书》。

8.3　非营利组织的管理

8.3.1　非营利组织的战略管理

1. 非营利组织战略管理概述

战略管理是对组织的活动和发展实行的总体性管理，是组织制定和实施战略

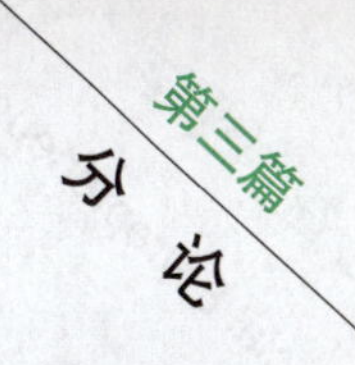

的一系列管理决策与行为，其核心是战略规划。非营利组织由于面临的外部环境日益复杂，内容管理过程中也不断涌现出许多新问题，因而战略管理作为一种先进的管理方式也开始被越来越多的非营利组织所采用。非营利组织战略管理的最终目标就是要通过管理手段使组织在激烈的市场竞争中立于不败之地，更好地服务于社会，也可以说是组织为了实现预定的目标所做出的全局性和高层次性的统筹安排。

2. 非营利组织战略管理的特征

尽管在方法上，非营利组织的战略管理借鉴了不少企业战略管理的概念和工具，但相较于以营利为目的的商业企业而言，非营利组织的战略管理具有以下几方面的特征。

（1）系统性　非营利组织的战略管理包括环境分析、战略规划的制定、战略规划的实施与战略评估四个阶段，在此过程中涉及人力资源管理、财务分析、信息管理等，是一种全程性管理。这一系列管理活动是总体规划的有机组成部分，这就使得战略管理具有综合性和系统性特征。非营利组织的战略管理是根据其组织发展的需要制定的，更重视宗旨、使命和价值观，强调如何实现宗旨。宗旨在战略管理中具有关键的地位，它规定了非营利组织要实现的目标及实现目标的手段。因此，非营利组织的战略具有系统性等特征。

（2）未来导向性　非营利组织的战略管理是组织未来较长时间内的发展规划，虽然战略规划的制定要以当前外部环境和内部条件为依据，同时要对当前开展的活动进行指导，但这一切都为非营利组织的长远发展打下了坚实的基础。非营利组织战略的目的在于为未来提供总体的规划和蓝图，尽可能从长远的目标出发，在未来和现实之间搭建一座沟通的桥梁，必须不断地探索未来的发展道路。

（3）稳定性　非营利组织的规划一旦确定，便具有相对的稳定性，组织的所有活动都必须围绕这一规划进行，不能随意改变。尽管组织活动的环境会不断发生变化，组织必须根据变化的形势适时调整战略内容，但战略规划的总体方针与指导思想不能改变，战略管理的内容也不能时常改变，否则将会导致组织动作的摇摆不定，给组织带来消极影响。

3. 非营利组织战略管理的过程

对于战略管理的过程，在理论上人们有不同的划分。我们主要从以下五个阶段分析非营利组织战略管理的过程。

（1）准备阶段　准备阶段是战略管理的开始，这一阶段的主要任务是决定是否要进行战略规划。一般而言，只有具备如下条件才可进行战略规划：非营利组织的财务或人事管理基本稳定、战略管理的启动得到了高层管理人员的支持、可进行组织协调工作。如果确定进行，则可依次进入下一步骤，筹建战略管理委员会，并确定大致的规划程序与进度安排，最后进行战略规划动员。

（2）环境分析　环境分析的主要任务在于运用系统的思考去识别影响组织的外部系统，进而掌握非营利组织内部的劣势与优势，了解外部的机会和威胁。环境包括一般环境和具体环境。一般环境指社会的或宏观环境层的力量。具体环境指对非营利组织的决策、管理发生直接影响的力量或因素，包括组织内部的环境。

（3）战略规划　战略规划是在环境分析的基础上拟定战略的过程，也是将战略意图转化为战略决策的过程。拟定一个有效战略，首先要进行组织的自我评价，并就环境进行评估。其次，要确保计划工作的组织结构完整，保证战略的一致性。最后，要识别组织的优势和劣势，制定应变战略。

（4）战略实施　战略实施是将战略构想转化为现实绩效的过程。战略计划要付诸实施，必须采取一定的步骤去执行。第一，要把战略传达给所有从事决策工作的主管人员，保证制定决策的人充分了解组织的战略。第二，必须拟定战略实施计划并传达下去。第三，确保行动计划反映重大目标且战略能对其做出贡献。第四，要定期检查战略，并考虑拟定应变战略和计划。第五，使组织结构符合计划工作的要求。第六，不断地指导计划和战略的实施，创造一种推动计划工作的组织气氛。

（5）战略评估　战略评估是监控战略实施，并对战略实施的绩效进行系统性评估的过程，从战略管理整体来看，它着重于建立一种反馈机制，包括检查战略基础、衡量战略绩效、调整战略方案等。

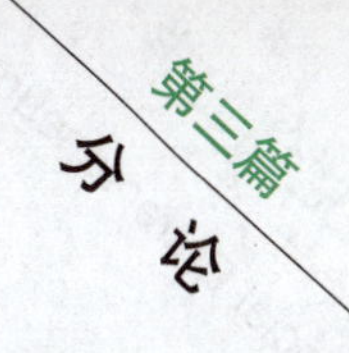

4. 非营利组织战略管理的评价

非营利组织战略评价包括三项基本活动：考察潜在的战略基础；度量绩效，将预期结果与实际结果进行比较；采取纠正措施，以保证行动与计划的一致。各种战略评价活动之间的关系，可参见图 8－2[1]。

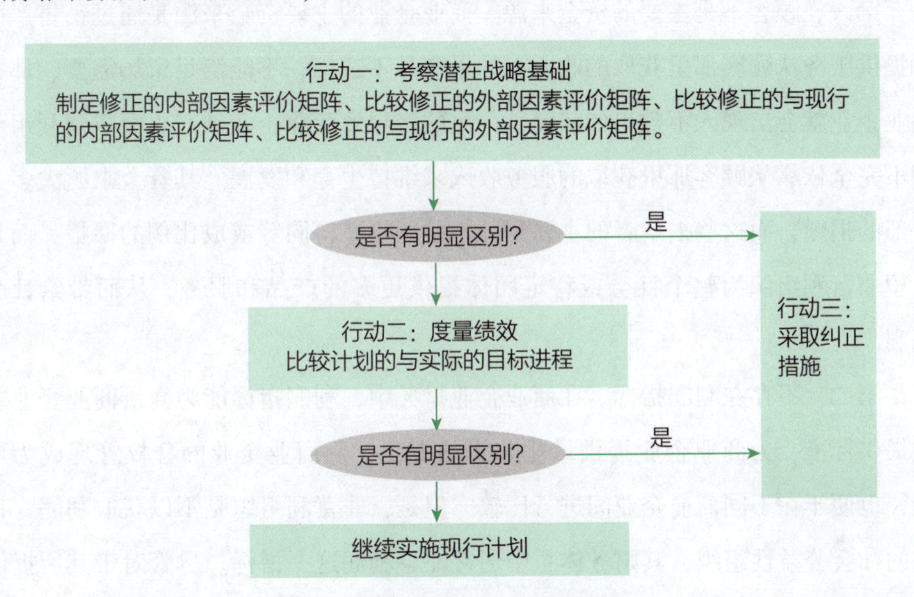

图 8－2　各种评价活动之间的关系

8.3.2 非营利组织的财务管理

1. 非营利组织财务管理的概念及特征

（1）非营利组织财务管理的概念　非营利组织财务管理是指各非营利组织在开展业务活动中的资金运动。非营利组织财务管理是非营利组织有关资金的筹措、分配、使用等财务活动所进行的计划、组织、协调、控制等工作的总称。

（2）非营利组织财务管理的目标及特征　非营利组织财务管理的目标取决于非营利组织本身的目标。在市场经济社会中，非营利组织为完成某一具体的社会使命需要有足够的资金支持，资金的获得和有效使用需要进行科学的财务管

---

[1] Richard Rumelt. The Evaluation of Business Strategy, in W. F. Glueck, ed. [J]. Business Policy and Strategic Management, 1980, 307.

理。与非营利组织的社会使命相适应，非营利组织财务管理目标可以描述为：努力获取并有效使用资金，使之最大限度实现组织的社会使命，其财务活动就包括筹集资金并运用所筹资金为社会公众服务。因此，与商业企业相比，非营利组织财务管理的特征也有所不同，具体体现在以下几个方面。

第一，顾客不是主要的资金来源。商业企业的主要资金来源是通过销售产品和提供服务从顾客那里获取的收入，如果产品不适销，不能满足市场需要，那么商业企业就会出现入不敷出的状况，严重的将导致商业企业破产。而非营利组织则不完全依靠从顾客那里获取的服务收入来维持生存和发展。其资金来源大多为外部的捐赠，而这些捐赠者的主要目的不是期望获得同等或成比例的回报，而是希望非营利组织为整个社会或特定团体提供更多的产品和服务，从而带给社会福利。

第二，不存在利润指标。在商业企业财务中，利润指标能为衡量商业企业绩效提供标准，为商业企业提供量化分析的方法，使商业企业的分权管理成为可能，也便于在不同商业企业间进行比较。但是，非营利组织是不以获取利润为目的的社会公益性组织，其财务体系中通常缺少利润这一指标。尽管对于其所提供的社会服务也会收取一定的费用，但该收费水平与营利组织相比相当低，有些甚至是免费的。另外，由于非营利组织的最终目标是完成社会使命而非产生利润，所以尽管在运作的过程中也会产生收益来提供活动的资金或维持组织的生存，但即使有收益，也不能将收益分配给创设人、会员、干部、董事或员工。

第三，责权利不是十分明确。对商业企业而言，内部管理通常可以划分为众多责任中心，每一个中心也都有明确的职责及相应的权力，在对其职责履行进行考核评价的基础上，给予相应的利益。非营利组织由于缺乏利润等具体的量化衡量指标体系，使得非营利组织的管理人员经常难以就各种目标的相对重要程度达成一致，从而难以对各部门的职责履行情况进行考核评价，因而对于各部门的责权利也就无法十分明确。

第四，非营利组织的所有权形式特殊。对于商业企业而言，商业企业的股东投资创办了商业企业，成为商业企业的所有者拥有商业企业资财的权益。而对于非营利组织而言，资财的权益属于组织本身所有而不是个人所有。这就使非营利组织不能对其资财权益进行转让、出售，且在某些情况下还必须按照资财提供者的要求来运作、管理和处置资财。总的来说，非营利组织资金的提供者对于组织的财产并不享有所有权。

（3）非营利组织财务管理的原则 非营利组织财务管理原则是非营利组织财务活动应遵循的基本规范，是对非营利组织财务运作提出的基本要求，也是评价非营利组织财务运作质量的标准，它反映着非营利组织财务运作活动的内在要求。非营利组织财务管理应遵循以下的原则。

1）依法理财，严格监督。依法理财是非营利组织财务管理应遵循的最基本原则。非营利组织的活动经费主要靠政府资助、商业企业辅助和民间捐赠，客观上决定了非营利组织各类资金的收支活动具有更强的规范性和程序性。

2）勤俭节约。勤俭节约是非营利组织财务管理必须长期遵循的基本原则。在一定时期之内，非营利组织的社会资金供给是有限度的，各类非营利组织所能取得的活动经费也是有限度的，但非营利组织的事业活动则非常广泛。所以，非营利组织财务管理必须坚持勤俭节约的方针，将勤俭节约措施落实到资金筹集、分配和使用的每一个环节，优化资源配置，调整支出结构，提高资金使用效益，防止因效益问题而造成的资金浪费，使有限的人力、物力、财力发挥更大的作用，提升非营利组织的事业成果。

3）以收定支、量力而行。在非营利组织中，各项事业发展和资金不足的矛盾是长期存在的。因此，非营利组织资金不仅要在数量上保持收入与支出相对平衡，还要在每一时点上保持收入与支出的相对平衡。另外，非营利组织必须尊重客观经济规律，从组织财务状况的实际出发，去办那些经过努力可以办到的事，而不能凭主观意志勉强去办难以做好的事情。最后，非营利组织要尽力而为，在财力许可的范围内，充分发挥人的主观能动性，努力挖掘资金潜力，区分轻重缓急，合理安排资金使用，使有限的资金发挥最大的效益，尽力办好可办之事。

4）社会效益和经济效益并重。非营利组织以生产精神产品和从事社会公益活动为主，它的一切活动都必须把社会效益放在第一位，通过提供公益产品和服务来增进社会福利。在讲求社会效益的同时，非营利组织财务管理还必须讲求经济效益。既要避免片面强调社会效益而忽视经济效益，又要反对单纯追求经济效益而忽视社会效益，要把社会效益和经济效益有机地结合起来。

5）兼顾国家、集体、个人三者的利益。非营利组织财务管理中的资金运作所体现的经济关系，实质上是一种物质利益关系，这种物质利益关系体现在国家、集体和个人三个方面。因此，非营利组织财务管理要认真贯彻社会主义物质利益原则，正确处理好国家、集体、个人三者之间的利益关系。在实际工作中，对三者的利益都必须充分考虑，相互兼顾，既要防止单纯强调集体、个人利益，忽视国家利益的现象，又要防止单纯强调国家利益，忽视集体、个人利益的现象。

2. 非营利组织财务管理的主要内容

（1）预算管理，通过单位预算的编制、审批和执行，对非营利组织的各项财务收集计划所进行的管理。

（2）收入管理，对非营利组织的收入项目、范围、标准等进行的管理。

（3）支出管理，对非营利组织的支出项目、范围、标准等进行的管理。

（4）资产管理，对非营利组织的各种资产、债权及其他有形和无形的财产权利进行的管理。

（5）负债管理，对非营利组织的借入款项、应付款项、暂存款项、应缴款项等进行的管理。

（6）财务分析，通过运用各种方法，对一定时期内非营利组织财务活动进行的研究、分析和评价。

（7）财务监督，主要是依据政府有关方针、政策和财务制度对非营利组织各项财务活动进行检查和督促。

3. 非营利组织的收入与支出管理

对于一般商业企业而言，利润最大化或股东财富最大化的财务管理目标，决定了商业企业财务管理的主要内容是筹资与投资的管理。然而，非营利组织获取并有效使用资金以最大限度地实现组织的社会使命的财务目标，以及区别于营利组织的财务特征，决定了非营利组织财务管理的主要内容是收入与支出的管理。

(1) 收入管理　非营利组织收入是指非营利组织开展业务活动及其他活动依法取得的非偿还性资金，来源广泛。收入管理应当按收入来源区分为非自创收入与自创收入进行管理：①非自创收入是指非营利组织接受的政府拨款和社会捐赠，这是非营利组织收入的重要来源。非自创收入的管理需要做好与政府合作、寻找商业企业合作伙伴、面向社会公众募捐等工作。②自创收入是指非营利组织通过提供产品或劳务而向消费者直接收取的收入以及通过投资而从受资方取得的收益。扩大自创收入并加强其管理，应当是我国非营利组织发展的方向。自创收入主要包括业务收入、经营收入和投资收益。业务收入是指非营利组织为实现其社会使命而开展业务活动所取得的收入，这是自创收入的基本形式。需要注意的是，非营利组织是为实现其社会使命而运作，因此，对于为实现其社会使命所提供的服务，其收费应当是低水平甚至是免费的，而不能按照市场经济价值规律来收费。经营收入是指非营利组织在其实现社会使命的业务活动之外开展经营活动取得的收入。

非营利组织从事合法的经营来支持其非营利性的活动，需要符合下列条件：①利润或收入不可分配给其创立人、会员、干部、董事或员工；②其主要目的并非单纯从事经济活动，而是实现其非营利宗旨。投资收入是非营利组织所获取的资金，在运用于实现其社会使命的具体项目之前，通过资本运作方式进行投资，获取投资收益，以实现资金的保值与增值。非营利组织进行投资时，必须认真研究投资项目的收益及其风险，优化投资组合，在不提高风险的前提下使收益最高，或者在一定的收益条件下使风险降至最低。

(2) 支出管理　非营利组织支出是指非营利组织为组织自身的生存发展和开展业务活动以实现其社会使命而发生的各种资金耗费。这里的支出与商业企业的投资不同，投资是为了获得经济上的利益，投资的管理必须从经济效益出发，而非营利组织支出所注重的是社会效益。

对于非营利组织的支出管理，应当按支出的用途分为项目及活动支出与行政支出，分别进行管理：①项目及活动支出是非营利组织为了实现其社会使命而发生的支出。项目及活动支出的管理应当从社会效益出发，通过规划与监督，保证最大限度地实现组织的社会使命。行政支出是非营利组织为了自身的生存与发展而发生的支出。②行政支出的管理应当厉行节约，尽可能控制行政支出占总支出的比重。当然，也并非行政支出所占的比重越低越好。任何一个组织开展活动都会有一定的行政开支，并且非营利组织也应当注重自身的能力建设，包括对员工的培训。只有非营利组织的能力得到提高，资金才能被更为有效地使用。

透视

谁为非营利组织提供资助

一些非营利组织能够不断发展的重要原因是能够获得广泛的资金支持。而这得益于其关注的问题是各个收入阶层的人们共同关心的问题，并为他们提供沟通交流的平台和途径，因而能够得到广泛的社会认同。公众普遍关心的问题主要集中在环境、国际和医疗研究领域。这种组织与那些由于宗教信仰、政治倾向和体育爱好不同而结成的来表达其主张的非营利组织有明显的不同，寻求社会认同的非营利组织试图通过特殊的筹款活动将志愿者明确地组织在一起。在美国，成立于1982 年的 Susan G. Komen 乳腺癌基金会便是这类非营利组织中的一个代表。Komen 基金会通过 125 个分支机构致力于消除危害人体健康的乳腺癌，他们的主要方式包括资助研究机构、社区的教育和医疗，提醒妇女早期诊断的重要性等。该基金会的愿景与广大妇女产生强烈的共鸣，在1997—2007 年，Komen 基金会每年都募集到上亿美元的资金，尽管平均每人的捐助只有 33 美元。Komen 基金会每年都会组织 120 场左右的跑步比赛，通过这些活动吸引了大约100 万名志愿者，扩大了自身的影响，从而使其筹资范围更加广泛。

资料来源：http: //www. douban. com/group/topic/5967213/

8.3.3 非营利组织的人力资源管理

1. 非营利组织人力资源管理的含义与特征

(1) 非营利组织人力资源管理的含义　人力资源是一个社会具有智力劳动能力和体力劳动能力的人的总和，构成要素包括人力资源的数量和人力资源的质量。非营利组织人力资源管理是指非营利组织为实现其组织目标和组织成员的自身发展，通过相关的法规、制度、方法和手段，对其成员进行规划、选拔、任用、激励、培训、考核等一系列管理活动的总和。

(2) 非营利组织人力资源管理的特征　由于非营利组织的结构、目标同政府组织、营利组织的先天差别，决定了其人力资源管理必然存在显著差异。主要有以下几点。

1）素质要求的特殊性。由于非营利组织是为社会公益服务的独立机构，具有较高的社会使命感。所以，对非营利组织的成员素质应该有特殊要求，即非营利组织的人力资源，其政治觉悟和道德品质要求高于社会整体人力资源的平均水平。非营利组织内的领导、计划、经营、管理等活动应该有很高的自愿参与成分，成员之间要有很强的团队合作精神，成员个人要有很高的道德自律水平。

2）培训过程的特殊性。由于对非营利组织人力资源素质的要求不同于一般组织的人力资源，因此，在其获取、使用与管理中也必然有所区别。除了一般意义上的技能培训与岗位培训外，更需侧重使命感、责任感、道德感等方面的培训。

3）激励方式的特殊性。与营利组织相比，非营利组织的成员个人与组织之间缺乏责任相关性和直接的经济利益相关性，因此，在对成员的约束和激励过程中，目标激励、人本管理、文化建设及柔性管理显得更为重要。一方面，要通过倡导组织文化、设定组织目标将每个人凝聚起来，以组织行为带动和约束个体行为，呼唤起个体成员的责任感和使命感，并用群众的认同感使其感到自身价值；另一方面，要贯彻人本管理理念，实行柔性管理。在非营利组织中，管理层应该提出目标、准则，去引导、说服、鼓励员工，激发其内在的积极性，而不是热衷于制度、结构和模式。

4）绩效评价的特殊性。非营利组织的人力资源绩效评价与一般组织也有所不同，其绩效评价不一定与物质激励直接挂钩。在绩效评价过程中，定性的方法一般要多于定量的方法。对于员工贡献的评价，不着重看短期收益，而是要看重长远贡献。

2. 非营利组织人力资源管理的职能

非营利组织人力资源管理的职能包括人力资源规划、人力资源获取、人力资源开发、人力资源激励等等。

（1）非营利组织人力资源规划　非营利组织人力资源规划主要包括职务分析、人力资源计划两个方面。职务分析的成果体现为职务说明和任职资格。职务分析的程序包括：①准备阶段；②调查阶段；③分析阶段；④完成阶段。非营利组织人力资源计划主要是非营利组织内外部环境分析与组织目标规划，具体包括：非营利组织现有人力资源状况分析、非营利组织人力资源预测、人力资源计划的编制、人力资源计划的评估。

（2）非营利组织人力资源获取　非营利组织人力资源获取即通过招聘、选拔和录用等环节，配备组织所需的、与工作岗位相适应的合格人员的过程。高层管理人员主要是通过选任和委任方式产生的。除高层管理人员之外的其他成员则主要通过聘任方式获取。

（3）非营利组织人力资源开发　非营利组织在使用人力资源的同时，还要对人力资源进行不断的开发和培育，使人力资源适应社会发展和组织本身发展的需要。人力资源开发包括人员培训和人力资源绩效考评两个方面。

（4）非营利组织人力资源激励　为了实现留住人才的目标，人力资源管理需要建立和完善人才保障、激励机制。其中，薪酬管理是激励机制的核心。在非营利组织中，薪酬主要包括：工资、福利和奖金三种形式。薪酬管理的目的是：维持和激发职员的劳动能力；吸引和留住组织所需要的人才；激励职员积极学习知识、提高技能以及高效地工作；控制和节约组织的运作成本。薪酬管理的基本原则包括：竞争性原则、公平性原则、按绩效付酬的原则等。

3. 非营利组织人力资源管理存在的问题及其开发完善

（1）非营利组织人力资源管理存在的问题

1）非营利组织人力资源开发利用不充分。一方面，许多非营利组织缺乏专门的人才培训机制，人力资源水平进步不明显，很多非营利组织要么忽视了对员工的培训，要么由于资金缺乏、工作繁重、人力不足等原因，未能提供员工培训的机会，使得非营利组织内部缺乏活力、缺乏创新意识。另一方面，缺乏对志愿者的有效管理。非营利组织的人员包含大量的志愿者，其规模大约占非营利组织总人数的1/3，非营利组织要有效利用这些志愿者资源，就必须有一套完整而明确的志愿者管理规划，从招聘、培训、激励、评估、保障等方面进行一系列的管理。

2）人才短缺、资金缺乏、法律支持不足。第一，专职以及专业人才短缺是非营利组织人力资源管理面临的主要问题之一。非营利组织自身的特殊性对员工提出了较高的素质要求，增加了非营利组织招聘合适员工的难度。非营利组织使用的是社会公共资源，提供的是社会公共物品，其运作过程和开展的各种活动都要向社会公开，保持透明度并接受社会监督。所以，工作人员的行为不仅要对组织负责，还要受组织以外的社会监督，这些都要求非营利组织的员工不仅要有较强的业务素质而且要有较高的道德素质和很强的奉献精神。第二，国内的非营利组织都有着官民二重性特征，主要是通过会员交纳一定的会费及社会捐助来获取组织经费，除了官办型以及半官方民间型的组织能得到一定的政府资金支持，大多数非营利组织往往得不到政府的资金支持。第三，非营利组织的社会公信力较低，绝大多数国家或地区还没有形成一个有利于非营利组织发展的完整的法律体系。

3）非营利组织人力资源流失现象严重。非营利组织的工作性质决定了必须是具有使命感并对报酬不计较的人才能胜任。但经济社会的发展使得物质基础对非营利组织成员必然产生一定的影响。传统的精神激励已不再能使员工在钱少事多的工作压力下有长期的工作打算。

（2）加强非营利组织人力资源开发与管理　非营利组织能力包括一个非营利组织的活动能力、管理能力、创新能力、扩张能力和可持续发展能力。能力不足的基本原因是人才不足，尤其是创新人才的不足。所以，必须通过战略人力资源管理和开发来改善非营利组织的服务质量，增强其灵活性和竞争力。人力资源开发的实质是启发、挖掘人力资源的内在潜能，充分调动人力资源的积极性和创造性，从而提高组织的绩效水平。人力资源的开发活动一般包括以下两个方面。

1）组织开发。组织架构组成方式对组织成员的行为方式有着决定性的影响，因此在逻辑上，组织开发是人力资源系统开发的第一步。组织应当培育一个良好的组织文化氛围，在理念和思想上达成与成员双方的认同，增强组织的凝聚力；应培养成员以团队形式开展工作的能力，通过团队中多种人才的通力合作，提高工作效率和服务水平；还应构建组织“扁平化”，以使得组织对信息的把握和处理更准确、迅速，促进成员之间平等互助式团队工作的开展，成员的潜能能够得到充分的发挥和运用。

2）组织成员的职业开发。为了提高组织的工作质量和水平，实现组织成员的利益需求和职业抱负，组织可以采用教育培训等措施，提升并挖掘成员的职业能力，帮助成员进行职业生涯的规划，将组织目标和成员的个人需要和职业抱负进行整合。职业开发包括的内容如下：提升组织成员个人职业素养、帮助组织成员进行职业选择，促进其职业生涯发展、将组织的职业需求与个人的职业需求相匹配。

非营利组织在进行人力资源开发时，应侧重于以下两方面的内容：第一，非营利组织人力资源开发旨在提高组织成员的能力，要求组织的管理层、受训者和培训人员都投入其中，使组织上下能够全体合作，从而更从容、主动地应对变革；第二，需克服非营利组织工作人员必须不计报酬或少计报酬的片面观点，按照市场原则决定的工资水平来聘用专业人士和服务人员加入非营利组织工作，并以社会责任感和自我成就感激励非营利组织的工作人员在发展非营利组织工作中做出贡献。

8.3.4 非营利组织的营销管理

1. 非营利组织营销的意义与导向

(1) 非营利组织营销的意义　非营利组织的非营利性并不排斥适当地向商业企业借鉴关于市场运作的方法。市场仅仅是一种手段，商业企业可以运用市场，非营利组织同样也可以运用市场。经验表明，营销可以帮助非营利组织更好地运作，其意义在于以下几方面。

1）确认公众需求。通过营销，分析并确认公众的需求，据以提供正确的公共服务和引导公众健康需求。

2）提高自身形象。通过营销，非营利组织把自身的组织宗旨和其他信息传达给公众，从而提高其在公众中的形象，并刺激公众给予回应。

3）确定组织目标。通过营销，确定组织目标，并拓宽非营利组织资源的获取途径，使任务的完成更为顺利。

4）吸引公众关注。通过营销，引起公众的注目，吸引非营利组织需要的各种关注和支持，从而使非营利组织在社会上产生更大的影响力。

（2）非营利组织营销的导向　对任何机构而言，营销的一个最基本问题就是导向问题。从总体上讲，对非营利组织而言，大体有五种导向模式，即生产导向、产品导向、推销导向、营销导向和社会营销导向。

1）生产导向。以生产为导向的组织将注意力主要集中于增加产量和降低成本上，通过大量生产和压缩成本以形成规模经济。因此，组织在市场上的表现就是，生产什么就销售什么。在这种经营理念的指导下，非营利组织以生产为中心带动和促进自身的发展，很少或根本不考虑顾客的需求。

2）产品导向。产品导向是生产导向的另一种表现形式，只是侧重点有所不同。以产品为导向的组织奉行“只要有产品质量，就一定会赢得市场”这一信念，往往根据自己的产品来确定组织的任务。在这种观念指导下，非营利组织总是致力于生产优质产品，并不断地改进产品，而忽视了一个重要的法则，即质量的评价标准应该来自于市场，而非组织自身的各项考核指标。

3）推销导向。推销导向认为，组织的主要任务是刺激潜在的顾客，使其对现有产品产生兴趣，从而购买本组织的产品。在此观念指导下，非营利组织加大了广告的预算及推销力度，试图以高密度的宣传方式说服公众来接受其产品。这种行为意在试图改变消费者的行为，而不是适应消费者的行为，把“推销”变成“营销”的同义词。

4）营销导向。营销导向认为，实现组织目标的关键在于确定目标市场的需要和欲望，并且用比竞争对手更有效的方式来满足目标市场的需求。这种观念强调组织要以顾客需求为中心，即把满足顾客需求作为组织一切经营活动的中心和最高准则，并将此贯彻到组织生产经营的全部过程中。按照这种导向，非营利组织考虑问题的逻辑顺序不再是从产品出发，而是从顾客出发，根据目标市场的特定需求来组织产品并实施销售，即决定交易成败的关键不取决于非营利性组织，而是取决于顾客。

5）社会营销导向。社会营销导向强调，组织在满足目标市场需要的同时，更需要注重消费者的长远利益和社会的长期福利。这一观念将营销提升到更高的层次，是对营销导向的重要补充和完善。社会营销观念要求管理者在营销活动中必须处理好非营利组织与顾客、社会的关系，广泛开发关系营销的活动，并采取所谓的“事业关联营销”的手段来获得成功。

2. 非营利组织营销的特点

非营利组织营销与营利组织营销有着很多相似的方法，如都需要进行营销环境分析、制定4P策略等，但是，由于非营利组织不仅要谋求自己组织的利益，更重要的是要谋求目标群体的利益，为整个社会造福，因此，非营利组织营销又呈现出与营利组织营销明显不同的特点。主要有以下几点。

（1）以服务营销为主　非营利组织提供的产品主要是服务，而服务与有形产品是有一定区别的，它具有无形性、相关性、易变性和时间性等特征。因此，非营利组织营销具有明显的服务营销特点。它不仅以财务指标作为评判依据，还要考虑“使生活变得更好”“提高人们的居住环境舒适度”“改变人们的不良观念”等社会指标，这就要求非营利组织需要拓展思路，以更开阔的眼光来审视营销的效果。

（2）目标多元化　营利组织的目标是利润最大化，非营利组织也追求利润最大化，但与营利性组织的最大差异是，利润不是非营利组织追求的首要目标，非营利组织最主要的目标是实现组织的使命，造福整个社会，追求经济效益、社会效益、生态效益的最佳整合，同时要尽可能地增加收入，使组织生存、发展、壮大。多元化的目标，增加了非营利组织营销目标的实现程度。对此，非营利组织的管理者必须善于从中选择较为重要的目标，更加认真、努力地用市场营销理论指导实践，使组织在营销活动中，合理配置资源，满足社会公众的需要，实现组织目标。

（3）公共关系地位突出　与营利组织不同的是，营销对象和利益相关者的多样化使非营利组织不仅要对顾客、捐助者营销，还要妥善处理与其他各种利益相关者的关系。正是由于非营利组织营销对象和利益相关者的多样化，公共关系在营销中显得尤其重要，非营利组织需要充分运用好公共关系这一营销手段，并以此来获得良好的外界资源和强大的竞争力。

（4）严格的公众监督　由于非营利组织能够获得政府、社会公众的无偿资助，且享有税收政策的优惠，所以其经营活动必须服从或服务于公众利益，因此，它开展营销活动时往往要接受更严格的公众监督，它的一举一动也常常会引起大众媒体、捐助者和顾客的关注。也正因如此，非营利组织所受到的公众压力远远大于营利组织，有时还会带来负面影响。

3. 非营利组织的营销策略

任何一个组织，不论是商业企业、政府，还是非营利机构，都有自己的顾客，满足顾客的需求是一个组织存在和发展的依据，市场营销正是以顾客为中心的管理哲学。非营利组织也应该收集市场调研资料，进行市场细分，正确地定位、适当安排营销组合。

（1）市场细分　差异化营销，有针对性地对目标顾客实施营销策划，是市场营销成功的关键。市场细分是非营利组织选择目标市场之前必须要进行的工作。各非营利组织根据所收集的市场调研资料，确定市场细分的变量，进行市场细分，选择目标市场。这样，便于组织针对目标市场开发满足顾客需求的产品和服务，并调整市场营销组合的其他变量，使组织有限的资源发挥更大的作用。

（2）选择目标市场　细分市场的目的在于选择目标市场。在进行目标选择之前，为了更好地满足顾客的需要，非营利组织需要进行正确的定位。定位是指非营利组织设计自己的形象和价值，从而在目标顾客心中确定与众不同的地位。非营利组织在综合考虑目标市场、目前处境、竞争对手优势与劣势后，就可以实施定位，考虑成为市场领导者、市场挑战者、市场追随者或市场补缺者，并分别采取相应的行动策略。在进行目标市场定位时，非营利组织应努力做到以下几点：①确定差别优势；②把握时机，争取速度；③随机应变，灵活主动；④注意发挥整体效益，运用好整合营销策略；⑤正确处理好正位竞争与错位竞争的关系。

（3）产品策略　非营利组织可提供的产品大多趋向于服务或所供应的综合

利益。非营利组织提供的服务要优于商业企业，因为它关系到消费者的长远利益，甚至是国家的长远利益。产品的质量体现在服务中，因此，提供的服务质量要以公众的标准来进行衡量，由于服务的无形性，故消费者购买服务完全基于对提供者的信任。非营利组织要向目标客户群体充分展示产品的核心利益，增强公众的信心，通过使目标客户群体满意来维系其忠诚度。这就要求非营利组织在调查分析的基础上开发并创造出公众所接受的产品，通过由指导到引导的过程来满足公众的需求。

（4）定价策略　非营利组织所提供的产品绝大多数是服务性收费，因此，非营利组织的价格策略也就是服务收费策略。通常，服务产品的定价方法有以下几种。

1）全成本定价。对于许多非营利组织来说，大量的产品是以全成本定价的。

2）全成本附加定价。一些非营利组织必须把价格定到高于其全部成本并有一定的剩余额。对于这些组织来说，这部分剩余额扮演了一个极其重要的角色，它可以满足组织固定资产的更新或工资成本的供应。

3）补贴价格。对于那些顾客不能或不愿意支付全成本价或全成本附加价来购买的服务，非营利组织可以采取价格补贴方式予以鼓励。

4）处罚价格。非营利组织为了阻止顾客使用某一类型的服务而以高于全成本的价格收费。之所以要阻止顾客使用这种服务，或者是因为提供这种服务的装备不行，或者是因为提供这种服务对组织或它的其他服务会产生一定的负面效应。

（5）渠道策略　非营利组织应将自己的产品和服务以最便捷的方式提供给目标群体，但大多数非营利组织都相对缺少资源，靠组织或机构自身无法完成渠道计划，因此，它们必须求助于人，以获得其他机构的支持与协助。非营利组织要善于利用渠道分担成本，尽可能采取发展中介机构的一些有效措施，提供时空上的便利性，使少量的资源能够充分发挥效用。非营利组织或机构要与渠道成员相互协调好，使双方都感到各自对社会负有的共同责任。

（6）传播策略　大多数非营利组织是利用传播来影响其目标群体行为的，它们选择公众乐于接受的媒体形式（广告、宣传、销售促进和人员推销）为目

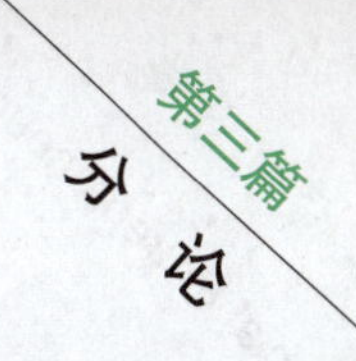

标客户群体提供利益的有关方面信息。在向目标客户群体进行传播的同时，还可以争取谋求外界支持，通过获得协助以达到影响公众消费心理并进而影响其行为的目的。例如，由于广告招商机构赞助社会福利事业可以提高其知名度，在公众心中树立更好的形象，非营利组织最易于获得协助的促销传播方式是广告。

8.3.5 非营利组织的绩效管理

1. 非营利组织绩效管理的含义及特点

（1）非营利组织绩效管理的含义　非营利组织绩效管理是管理非营利组织内员工绩效的系统，员工参与到绩效管理过程中，通过组织与员工的不断沟通，将员工个人工作目标与组织的目标联系在一起，使员工不断纠正工作中的偏差，根据组织的目标不断改进自己的业绩，双方在绩效评估内容和标准上达成共识。通过绩效计划、绩效实施与管理、绩效评估和绩效反馈不断改善员工业绩。非营利组织绩效管理的思想精髓是以人为本，重视员工的发展，以达到实现组织目标和员工个人价值“双赢”的目的。

（2）非营利组织绩效管理的特点　首先，非营利组织绩效管理是一个系统，它包括绩效的界定、绩效的衡量以及绩效信息的反馈过程。其次，非营利组织绩效管理是将员工工作活动与组织目标联系在一起的过程。组织的绩效最终要通过员工的工作绩效来实现，员工工作绩效改善的根本目的是保证组织目标的实现。再次，非营利组织绩效管理是组织与员工不断沟通的过程。绩效管理通过管理者和员工持续不断的沟通，从而保证员工的工作过程以及工作结果始终与组织目标相一致。

2. 非营利组织绩效管理的一般过程

绩效管理是一个完整的系统，绩效管理过程通常被看作一个循环。这个循环的周期通常分为四个步骤，即绩效计划、绩效实施与管理、绩效评估与绩效反馈。

（1）绩效计划　绩效计划是绩效管理流程中的第一个环节，发生在新绩效期间的开始之时。绩效计划的程序一般包括：准备阶段、沟通阶段和对绩效计划的审定和确定阶段。

第一阶段：准备阶段。这一阶段主要包括准备制订绩效计划所必需的信息和确定绩效计划沟通的方式两方面。

第二阶段：沟通阶段。沟通是人与人之间传达信息和思想的过程，它是协调工作的基础。因此，本阶段是绩效计划的核心，在这个阶段，需要管理者与员工对本次绩效期间内的工作目标和计划达成共识。

第三阶段：审定和确定阶段。在进行了周密的准备，并且与员工进行沟通之后，绩效计划就初步形成了。但为了使绩效计划合理，最终完成还需要对其进行审定和确定。

（2）绩效实施与管理　制订了绩效计划之后，被评估者就得按照计划开展工作，在工作过程中，管理者要对被评估者的工作进行指导、监督和反馈，对发现的问题和偏差及时予以解决，并对绩效计划进行调整。随着内外环境的变化，绩效计划也要根据实际情况不断改变。

（3）绩效评估　绩效评估就是评定者对于评定任务有关的绩效信息进行收集、组织、贮存、提取、整合并予以实际判定。绩效评估是绩效管理过程的一个主要环节，是组织与员工之间的互动过程。绩效评估能及时为人力资源管理提供信息，因此，实施绩效评估一直被认为是组织内人力资源管理中最难，也是最强有力的方法之一。绩效评估的主要方法有以下几种。

第一种：自我评定。让员工做自我鉴定，有利于评估对象总结经验教训，克服缺点，调动其积极性，并取得评估对象的信任和支持，减少其防卫心理，从而促进评估成功。

第二种：同级评定。让组织内同事之间相互评议，有利于沟通思想，增进相互了解，达到互相帮助，增强团结的目的。同时，可以了解同事们对评估对象的意见和看法，特别能获得协调与社交能力及素质水平方面的信息，但应防备因同事忌妒心理而出现不必要的偏差。

第三种：下级对上级的评定。这是评估各级领导的一种方法，让群众对各级领导人进行民主评议，有利于加强领导与群众的联系，同时能反映领导者的素质和有关能力。如采取书面形式应无记名，以利于反映真实看法。该角度对各级领

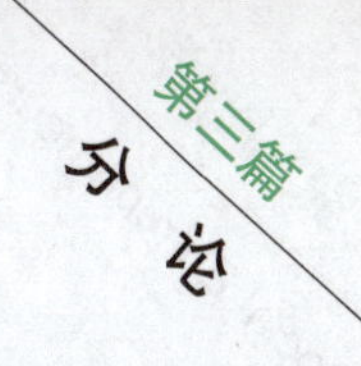

导有较大鞭策和促进作用。

第四种：上级对下级的评定。该方法以直接领导的评定为主，领导者以直接观察和日常考核资料为依据，评估下属人员。此法简单易行，但应注意听取本人意见。

第五种：组织评定。由组织人事部门对各类人员进行评估。组织评估应以上述几种评估结果为依据，使估计尽量做到客观、公正和公平。

（4）绩效反馈　绩效反馈是绩效管理过程的最后一个环节，也是绩效管理是否能取得成效的关键环节。作为一个完整的绩效管理系统，当绩效评估完成之后，需要对评估结果进行细致的分析，并且将评估结果及时反馈给被评估者，从而起到有效的检测及控制作用，达到改善和提高绩效水平的目的。但在实际工作中，许多管理者往往回避绩效管理的反馈过程。这样，不仅使员工发现不了工作中存在的问题，而且会挫伤员工工作的积极性。

那么，有效的绩效反馈有哪些条件呢？首先，管理者要具有良好的沟通能力，并且需要做好充分的准备，这是保证绩效反馈取得良好效果的前提；其次，要让员工积极参与到绩效管理的整个过程中，并且给他们以充分发表个人意见的机会，使员工感到他们是绩效管理的参与者，而不仅仅是被评估者、旁观者，从而消除他们对绩效管理的抵触情绪；另外，如果在绩效管理中引入奖励机制，员工对绩效反馈会更加积极，能改善员工工作业绩和提高员工工作效率。

8.3.6　非营利组织的危机管理

1. 非营利组织危机管理的概述

（1）非营利组织危机管理的含义　不同于危机治理，危机管理是一种有计划的、连续的、动态的管理过程，即针对潜在的或当前的危机，在事前、事中、事后，有效采取应对措施，将危机带来的伤害减至最低或使之消亡。非营利组织的危机管理是为了避免或减轻危机情境带来的严重威胁而从事的长期规划及不断学习与适应的动态过程。危机一般具有阶段性、不确定性、复杂性与符合性、空间性与时间性、过程的动态性与持续性、双面效果性等特点。对于非营利组织而言，其一般会面临以下五个方面的危机：资产危机、收入危机、责任危机、人员危机、信誉危机。

（2）非营利组织危机管理的原则　非营利组织的使命是公益性的，其经费主要来自慈善基金、捐款、政府补助或服务收入等；而服务的对象主要是弱势群体，所以非营利组织往往被外界期许为爱心机构。社会大众对非营利组织的道德标准要求相当高，尤其是那些主要依赖社会大众捐款的组织，如果非营利组织在经营管理的过程中，面临如善款被挪用、安置的服务对象被虐待等危机事件时，若处理不当，这些危机可能会影响到非营利组织的存在价值，会使得组织成员自我价值错乱，服务对象身心重创，甚至使非营利组织面临倒闭的严重后果。

由此，对非营利组织的危机管理尤为重要。在非营利组织的危机管理中，也必须遵循一定的原则，在实践中逐步改进，这样才能使非营利组织不断地在服务社会时获得自身的良性发展。

1）预防第一原则。危机具有很大的破坏性，一旦危机发生就会造成组织巨大的损失和社会冲击，由此，非营利组织要采取超前的行动，及早发现引发危机的线索和原因，积极采取措施，将危机扼制在萌芽状态。

2）制度保障原则。非营利组织危机管理的知识是需要学习的，技能是需要训练的，但比这些更重要的是日常危机管理制度的建立。只有制度才能让非营利组织以不变应万变，在危机来临时有条不紊地应对。

3）快速反应原则。危机具有很大的危害性，甚至是灾难性。危机发生后，非营利组织应快速做出反应，以最快的速度启动危机应急方案，迅速调动人力、财力和物力来实施救助行动，遏制危机影响范围的进一步扩大，尽力降低危机造成的损失。

4）真诚坦率原则。真诚坦率原则就是危机管理的透明性原则。当危机爆发后，非营利组织要高度重视，做好信息的传递与发布，并在组织内外部进行积极、坦诚、有效的沟通，充分体现出非营利组织在危机应对中的社会责任感，从而为妥善处理危机创造良好的氛围和环境，达到维护和重塑形象的目的。

（3）非营利组织危机管理的目标　危机对于非营利组织而言，既是机遇又是挑战，关键在于如何管理危机。非营利组织进行危机管理的目标如下。

1）最大化资产价值。有效的危机管理可以避免设备、车辆等不动产的损坏、遗失；通过定期的资料检查、备份，避免数据库的损坏；通过妥善保管，避免书籍、文件等智力资产的损失、损坏；通过科学、稳妥的投资确保资金的增值。做到以上几方面进而也就实现了资产价值的最大化。

2）最大化人员安全。有效的危机管理通过改善工作条件，预见服务过程中可能出现的事故，确定行为界限，确保志愿者与专职员工的安全。通过改进设备、提高服务人员素质，确保服务对象与一般公众的安全。

3）最大化组织信誉。有效的危机管理，通过提高服务的质量提升组织声誉和社会地位。同时，在危机发生的情况下，积极的应对态度与良好的公关能力也可以化危机为机遇，改善组织的外在形象，进而增加公众的信任度，实现组织信誉的最大化。

4）广泛化收入来源。有效的危机管理通过提升组织的社会地位，确保组织目标的实现，可以获得更多的国家补贴和捐赠收入。有效的危机管理通过提升运营管理的效率，提升服务的质量，也可以增加服务所得。同时，良好的信誉还可以吸引营利机构的投资。

5）最大化社会福利。非营利组织是为了实现特定的社会目标而成立的，有效的危机管理预警系统可以利用非营利组织在社会服务和管理中所具有的创新优势及贴近基层的优势，首先发现社会中存在的问题。有效的危机管理系统可以发挥非营利组织的灵活效率优势，及时解决问题，实现社会福利的最大化。

整体而言，危机管理有两个首要的、基本的目标，一是阻止危机的发生，二是减少损失。非营利组织危机管理并不仅仅是找出问题，更重要的是要寻找使组织更具效率的途径以解决问题。

2. 非营利组织危机管理的过程

危机管理是一种主动、积极地对危机事件进行的计划性、系统性和持续性的管理过程，旨在危机事件所处的时间、空间范围内将其发生的概率和产生的负面影响降低到最低程度。根据危机发生的阶段性，可以将非营利组织危机管理分为三个阶段：危机爆发前、危机爆发时和危机解决后，如图 8－3 所示。

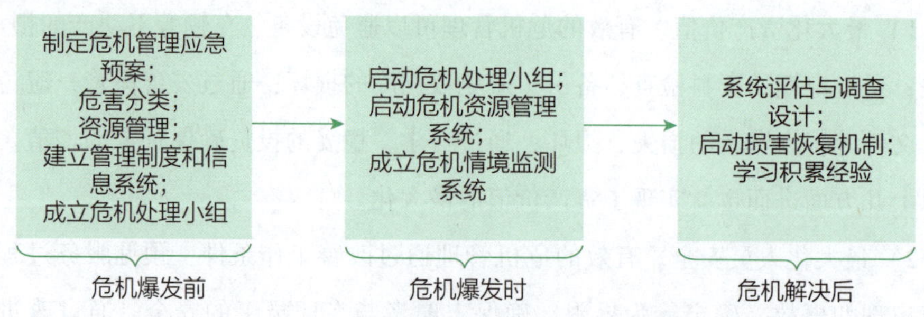

图 8－3　非营利组织危机管理的主要过程

阶段 1：危机爆发前的阶段——预防。危机预防，主要指在危机还未发生时，即危机还处于潜伏期时，通过采取各种有效措施，消除可能导致危机的各种隐患，从而避免危机的发生；同时，制定危机管理应急预案，以应对将发生的危机事件。在此阶段上，非营利组织主要的工作是建立危机预警系统，制定危机管理应急预案。非营利组织运用一定的监测手段和沟通网络建立危机预警系统，敏锐地监测危机发生的先兆，通过健全的危机报告程序将信息及时传达到非营利组织管理层、决策层。同时，非营利组织根据可能出现的不同种类的危机事件，由不同的部门制定相应的危机管理应急预案。

阶段 2：危机爆发时的阶段——应变。一般意义上的危机处理，即指此阶段。在此阶段非营利组织要妥当处理，临危不乱。因此，当危机发生时，非营利组织要按照危机处置计划去执行，启动危机处理小组，采取各项应变措施，并将危机予以围堵与封锁，防止危机的扩大，同时，非营利组织要注意避免二次伤害的发生，以免造成更大的损失。在此阶段上，非营利组织的执行机构大致可分为三项：危机处理小组、危机资源管理系统和危机情境监测系统。

阶段 3：危机解决后的阶段——恢复重建。在危机解决后，非营利组织首先要对危机管理系统进行评估和调查工作，以确认危机发生的真正成因。其次是恢复机制的设计与启动。在危机处理告一段落后，非营利组织应重视善后工作，如适当的规划处理、相关人员的安抚照顾及组织形象再造等工作，又如使组织成员了解危机对组织所造成的严重影响，来获得成员的认同与谅解，进而恢复或超越在危机来临前的服务水平。最后则是从教训中学习、积累经验，不断优化危机处置计划。危机管理并不是应付完危机就算完成任务，更重要的是强调学习的过程。爆发危机后，管理者最主要的工作是要从危机事件中学习、吸取经验教训，这样才可以促进非营利组织的再成长，并将此学习反馈到危机前的准备工作中，增加危机处理能力，以利于危机管理活动的再推动。

总之，危机事件虽然必定会给非营利组织带来严重损害，但未必会造成大灾难。如果处置得当，这对非营利组织的长远发展可能会是转机。非营利组织要将危机转为契机，就必须防患未然，做好危机前的预防和准备工作。

复习思考题

1. 如何理解非营利组织这个概念？
2. 在我国设立非营利组织，可以采取哪些法律形式？
3. 在我国设立社会团体，其成立条件和基本程序是怎样的？
4. 在我国设立基金会，其成立条件和基本程序是怎样的？
5. 在我国设立社会服务机构，其成立条件和基本程序是怎样的？
6. 为什么要重视非营利组织的战略管理？
7. 请概述非营利组织绩效管理的含义和特征。

案例分析

美国联合劝募会丑闻

美国联合劝募会（United Way of America）是美国最大的一家慈善组织和联合劝募系统（United Way System）在美国的领导机构。美国联合劝募会通过全国范围内的公共关系网、广告和政府宣传，支持1 400家在社区基础上建立的联合劝募会（United Way）的会员组织。联合劝募会通过捐赠人捐献部分工资的方式来筹集捐款，并将其发放给全美各地提供社会服务的会员组织。联合劝募系统每年共募集50亿美元，用以资助42 000家这类地方服务性组织。

1970年，威廉姆·阿拉蒙尼（William Aramony）出任美国联合劝募会的首席执行官（CEO），开始全面主持组织的各项工作。正是在他的亲自管理下，美国联合劝募会取得了上述斐然的成绩。然而在22年后的1992年，阿拉蒙尼和美国联合劝募会的首席财务官（CFO）托马斯·默隆却因挪用慈善捐款谋取私利而被迫辞职。在任职期间，他们两人都不正当地出于个人目的而动用了美国联合劝募会的公款。例如，阿拉蒙尼被控用慈善捐款购买了一套私人公寓，并用捐款支付其私人轿车司机的工资。默隆则利用职务之便，从一笔属于组织的年度固定收入中敛取了12万美元，装入私囊；他还间接参与了阿拉蒙尼对组织的各种欺骗行为，利用慈善捐款帮助其达到私人的目的。阿拉蒙尼对默隆的"慷慨解囊"从不推辞。他安然享用着这笔不义之财，将其中的许多钱都花在了女人身上。

当阿拉蒙尼东窗事发，美国联合劝募会的董事会要求他下台时，他曾理直气壮地表示拒绝，并声称自己没有做错任何事，不接受任何其他人的命令和支配。然而最终，他的强硬态度还是缓和了下来。他被迫引咎辞职，因为媒体对此事的密切关注和大量报道给联合劝募会的工作和声誉投下了巨大的阴影。阿拉蒙尼只为自己在花钱理财和管理方面"不够审慎和决策敏感度不高"而道歉。他不以为然的态度触犯了众怒。联合劝募会芝加哥分会的董事长和首席执行官布莱恩·赫塞提对此气愤地评论道："我没听出他有悔过之意。我压根就没有听到他的道歉。我想，除非他真诚道歉，否则无论他做什么，问题都不会得到解决。即使他不明白这件事对联合劝募会乃至其他许多公益组织的恶劣影响，他也必须坦白地认个错。我们的国家和社会是宽容的。"

资料来源：综合网络资源改写

思考题

1. 什么原因导致了美国联合劝募会丑闻的发生？
2. 组织内部应建立什么样的机制来制约高级主管的行为？
3. 作为政府，应该从哪些方面对非营利组织进行引导和监控？

系列实训之8

- **实训目标**

1. 理解非营利组织的概念。

2. 了解非营利组织设立的程序。

3. 掌握非营利组织的绩效管理方法。

- **实训内容与要求**

1. 模拟设立一个关爱农村留守儿童的机构。

2. 请设计制作一份该机构人员的绩效管理方案。

第9章　志愿公益活动创业管理

内容提要

志愿公益活动是指志愿者在不为任何物质报酬的情况下，自愿贡献个人的时间、精力、金钱等，从事社会公益和社会服务事业，为改进社会并推动社会进步而开展的服务活动。志愿公益活动具有非营利性、公益性、志愿性、目标性和不确定性等特点，根据不同标准可以分为不同的类型。

志愿公益活动策划是开展志愿公益活动的基础，一个完整的志愿公益活动策划包含“5W”和“1H”。志愿公益活动实施后，公益组织应根据具体情况选择合适的评估主体，通过评估总结经验与教训，从而提高活动的绩效，或为今后其他活动的实施提供借鉴。

学习目的与要求

掌握志愿公益活动的概念和特征，了解志愿公益活动的类型，掌握志愿公益活动的策划原则，了解志愿公益活动策划的步骤和基本内容，了解志愿公益活动的实施过程与评估方法。

开篇案例

张佳鑫与夕阳再晨

张佳鑫，1990年10月出生，北京邮电大学博士，曾荣获第十届中国青年志愿者优秀个人、“中国好人榜”身边好人、北京榜样十大榜样人物、北京市高校优秀共产党员、北京市首批五星级志愿者、北京市海淀区五四青年奖章等荣誉。他发起的“夕阳再晨”公益助老品牌，利用“互联网+公益创业”思维，搭建起覆盖16个城市25万老人的公益服务平台，五年来带动北京、上海、山西、南京、河南、四川、湖南等地50余所高校志愿者帮助老年人快速融入信息化社会，荣获全国敬老文明称号、中国青年志愿服务大赛全国金奖等荣誉。张佳鑫还发起“高校正能量联盟”，带动全国26个省（自治区）的102所高校的206个公益团队每月开展“指尖的公益”“文明旅游”等公益项目，并荣获全国“创青春”公益创业类金奖。

“夕阳再晨”创立之初，张佳鑫和自己的团队一起卖过雪糕、明信片、芦荟胶、洗发水，和团队一起联系社区，通过义卖和与企业合作等多种方式保证了活动的持续性。六年来，他已经在“夕阳再晨”项目中累计工作时间达5000多小时。

现在，张佳鑫带领的“夕阳再晨”团队已经带动起北京、上海、四川等地的50余所高校开展项目，并成功开发百余讲课堂讲义，十余套夕阳再晨科技助老教学套餐，以及总字数超过37.8万字、总页数1036页的夕阳再晨系列出版图书——《手机里的大世界》《爸妈微信e时代》《助老志愿服务工作方法》，教学光盘及flash教学动画。承接“教育部银龄发展工程”以来，已组织过17次活动，直接服务教育部老干部260人次，优异的服务质量得到教育部离退休干部局的高度评价。“夕阳再晨”“蓟门新语”社区服务站荣获北京市首批学雷锋示范服务站金奖，“夕阳再晨”荣获全国敬老文明号、中国青年志愿服务大赛全国金奖、北京市“最美义工”榜样团体等荣誉。

资料来源：根据夕阳再晨项目负责人张佳鑫相关新闻报道整理改写

9.1 志愿公益活动概述

9.1.1 志愿公益活动的含义

提及志愿公益活动，人们首先会想到献爱心、志愿服务、不求回报等。基于不同的背景，人们对志愿公益活动有不同的理解。有人认为，参与志愿公益活动是一种无偿服务，也有人认为，志愿公益活动应以自愿提供服务为基础。但一般认为：志愿公益活动是指志愿者在不为任何物质报酬的情况下，自愿贡献个人的时间、精力、金钱等，从事社会公益和社会服务事业，为改进社会并推动社会进步而开展的服务活动。

国外的志愿公益活动萌芽于19世纪初，最早是以宗教性的慈善服务为起源，主要服务于贫民、孤儿、残疾人等。第二次世界大战后得到进一步规范，成为一种由政府或私人社团所举办的社会性服务工作，并逐渐步入了组织化、规范化和系统化的轨道，已经成为许多西方国家加强公民道德教育和维护社会稳定的有效形式。

在我国的传统文化中，“仁爱、互助、奉献、慈善”的思想为我国志愿公益活动的发展奠定了深厚的基础。我国的志愿公益活动大部分是在政府的协助指导下开展的，例如社区服务志愿者、青年志愿者。此外，还有一些民间志愿组织，如“自然之友”等，虽然与政府机构保持一定的联系，但是有较高的自主性。目前，我国较为知名的志愿公益活动主要有“保护母亲河——中国青年志愿者绿色行动营计划”“中国青年志愿者扶贫接力计划”“希望工程”“春蕾计划”“母亲水窖”工程等等。

9.1.2 志愿公益活动的特点

一般而言，志愿公益活动具有以下几个方面的特点。

1. 非营利性

非营利性是非营利组织区别于商业组织的根本属性，也是志愿公益活动的首要特点。在市场经济条件下，商业组织的主要经营活动都是以获取利润为目的的，志愿公益组织存在的根本宗旨则是社会公益事业，因此，志愿公益活动也围绕这个目标进行，不以营利为目的，不进行利润分配和分红，并且不以任何形式将组织的财产转变为私人财产。

2. 公益性

志愿公益活动的内在驱动力不是利润，也不是权力，而是以志愿精神为背景的利他主义和互助主义。志愿公益活动是为社会公益服务的，旨在增进社群和社会福利、改善社会问题、提高生活质量、保证人类世代可持续发展等。例如“自

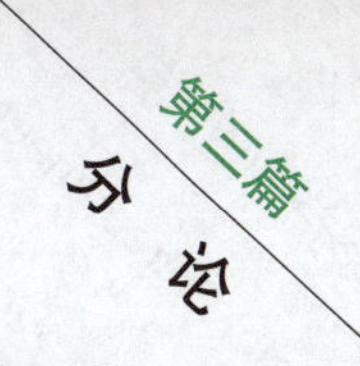

然之友”，是一家非营利性的民间环保组织，致力于推动公众参与环境保护，其宗旨是通过推动群众性环境教育、提高全社会的环境保护意识、倡导绿色文明、促进中国的环保事业来争取中华民族得以全面持续发展。

3. 志愿性

志愿者与志愿组织成员的参加与资源的集中是自愿和志愿性的，是出于主动承担对他人、社会的责任。强调这一特性，不仅是因为志愿公益活动本身就是一种高于法定义务的奉献行为，只能出自行为者的自觉承担，还因为它表达了公民自主参与社会事务的诉求和对社会民主价值的承诺，志愿公益活动不应该只是通过组织而被动开展。通过与人们相关的职业单位或行政性系统来发动组织，难以保证志愿公益活动的自愿性，因为这既偏离志愿行为的真正精神，也难以使志愿公益活动持之以恒。

4. 目标性

在实施之前，志愿公益活动应确立一个明确的服务社会或某些群体的目标，有相应的期望结果或产出，从而使得活动有计划地实施，并且具备参照标准。同时，由于一个国家或一个地区的社会经济发展是一项复杂的系统工程，社会经济发展战略具有多维目标，因而一个志愿公益活动的目标往往不是一个而是多个，并且多个目标在次序上有关联性，在重要程度上也存在着差异性。例如，一个志愿公益性的扫盲活动需要完成编写教材、确定教师、授课、学习、测验等一系列相互关联的目标。

5. 不确定性

志愿公益活动具有一定的不确定性。志愿公益活动以独特的任务、任务所需时间估计、各类资源、资源的有效性以及相关的经济、政策环境为假设条件，以资源的相关成本估计为基础。这种假定和预算的组合产生了一定的不确定性，并且可能会影响到志愿公益活动目标的实现。缺乏长期稳定的社会支持和物质保障，筹集资金和财务管理的能力有限，社会民众对志愿者参与的价值和意义接受不够普遍，社会经济环境的变化，等等，都会影响志愿公益活动的完成情况。例如：某基金会根据组织当时的自然条件和市场情况策划了一个扶贫养殖项目，然而，当农民养殖的家畜长大后，当地市场发生了大幅波动，家畜价格下跌，通过养殖项目帮助农民脱贫致富的目标因而难以实现。

9.1.3 志愿公益活动的类型

世界各国的志愿公益活动形形色色，千差万别。根据不同的分类标准，我们可以把志愿公益活动分为不同类型，如表 9－1 所示，下面重点介绍几种类型。

表 9－1 志愿公益活动的类型

分类标准	类 型
持续时间	长期活动、短期活动
实施主体	正式活动、非正式活动
提供方式	信息、宣传、教育等
实施领域	慈善、环保、社会服务、大型活动等
规模	特大型、大型、中型、小型
复杂程度	复杂型、简单型
活动来源国别	国内活动、国际活动

1. 短期志愿公益活动与长期志愿公益活动

根据志愿公益活动持续时间的长短，可以将志愿公益活动分为短期与长期两种。一般而言，人们利用业余时间，兼职参与某项志愿公益服务，或虽全日参与某项志愿公益服务，但持续时间少于半年，例如大学生暑期三下乡活动、志愿者社区服务活动、“迎奥运”志愿公益活动等，我们都称之为短期的志愿公益活动。全日并且持续参与志愿公益服务半年以上的公益活动可以称之为长期志愿公益活动，如大学生志愿服务西部支教计划、中国红十字基金会发起的“红十字天使计划”等。

2. 正式志愿公益活动与非正式志愿公益活动

根据志愿公益活动的形式，可以将其分为正式与非正式两种。政府、非营利组织发起的志愿公益活动，一般要求签订合约，履行管理章程，明确项目计划书，参加志愿者培训活动和提供基本津贴等，通常比较正式。而很多情况下，志

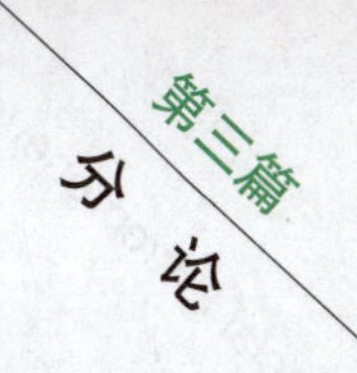

愿公益活动的发起与实施没有这么正式，志愿者个人、群体或民间非正式组织（未登记的）临时发起的帮助服务活动，服务内容比较简单，是社区服务中比较常见的形式。

3. 志愿公益活动提供方式

中国公益性非营利组织的活动方式主要是提供服务（59.4%）、交流（58.7%）、宣传（58.6%）；其次是调查研究（46.4%）；再次是收集资料、提供信息（41.0%）和提供政策建议、提案（38.5%）；而义演义卖活动（6.6%）、设置经营实体（7.2%）和进行商业性活动（7.4%）等方式最少。从这一数据中可以看出，中国公益性非营利组织所起的最重要作用在于提供信息、宣传与教育服务。事实上，这也是非营利组织的特色和其与政府、企业的差异所在。由于非营利组织掌握的资源非常有限，有的甚至完全依赖于志愿者，因此它不可能像政府、企业一样以提供物质服务为主，而是更多地以提供信息、教育与宣传服务为主，即使是国际非营利组织也是如此。

4. 志愿公益活动领域

随着社会经济的发展，现代志愿服务涉及范围日益广泛，采用形式多样，在文体教育、大型活动、社区服务、公共卫生、环境保护、抢险救灾、扶贫开发等公共领域有着突出的贡献。根据志愿服务的内容，我国志愿服务主要分为以下五类：

（1）大型活动志愿服务　大型活动志愿服务是指志愿者为了大型体育赛事、会议等活动顺利举办而提供的公共服务，如2008年北京奥运会志愿服务。此类志愿服务往往对志愿者有一些特殊要求，如熟练掌握英语、有足够时间参与服务等。

（2）社区志愿服务　社区志愿服务是指那些为了解决社区问题和促进社区进步，自愿贡献时间、才智或钱物，且不图报酬的行为。此类志愿服务主要为老年人、残疾人、特困家庭等提供社会福利服务，实现社区救助、社会优抚、文教卫生发展及社区环境建设等目标。

（3）城市志愿服务　城市志愿服务是指志愿者为方便城市公共管理、便利民众而提供的服务，主要集中在交通协管、便民指路、治安咨询等方面。例如，春运期间，志愿者在火车站及车站周边广场等范围内，为旅客提供便民服务。

（4）应急志愿服务　应急志愿服务是指在灾害、险情发生后，志愿者向灾害地区民众提供物资支援、救助危难人员、协助灾后重建等服务。例如，2008年汶川大地震发生后，全国各地涌现的大量志愿者，为抗震救灾做出了突出贡献。

（5）其他志愿服务　其他志愿服务包括大学生志愿服务西部计划、民间环境保护志愿活动等一系列目的鲜明、宗旨明确的志愿服务。这些志愿服务致力于扶贫救困、环境保护、农村发展等方面，切实地帮助公共环境改善、社会福利完善。

透视

服务学习

服务学习源自于美国的社区学院，是一种强调满足确定的社区需要的学习，它包含一种批判性反思的成分，把学生的社区服务经历同课程的教与学联系起来。服务学习处于志愿者与实习职位之间，在这种服务学习的模式中，服务学习有“课程联合”的倾向，即学生将学习到的东西运用于实践，让学生得到服务和理论观念之间的联系的证明。此外，学生还能从社区支援服务中认识到他们所学到的能对他们的社区产生或大或小的影响。这一切都能提高学生的学术水平，培养学生对社会的责任感，拓展学生的推理能力、解决问题能力、演讲能力、职业技能、计算机能力，等等。

此外，作为一种实践教学模式，服务学习还有一个特殊的作用：作为志愿者，大学生进行活动旨在强调所提供的服务，其服务对象是主要受益人；作为实习生，学生通过活动获得能加强特殊领域学习的经历，或者确定未来职业计划，这时学生是主要受益人。学生既是服务的提供者，又是服务的受益者，他们在提供服务的同时进行学习，在进行学习的同时也在提供服务，两者同等。

韩国大学中的“服务学习”课程要求学生在规定的时间里到一个社区去服务，达到一定的时间才给学分，没有这个学分不能毕业。从现状来看，在我国的教育体制中建立这样的机制非常迫切。志愿公益服务作为一项社会化活动，光凭志愿者的主观能动性是远远不够的，必须加以机制建设来保障。

资料来源：唐亚阳，汪忠，等. 公益创业学概论[M]. 长沙：湖南大学出版社，2009.

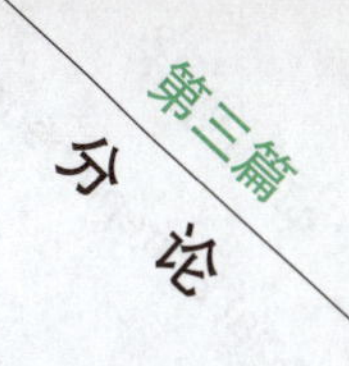

9.2 志愿公益活动策划

志愿公益活动往往以具体的项目为依托来展开，志愿公益活动的策划影响着志愿公益活动的进展。不管是何种形式的组织，在开展志愿公益活动之前都需要面对一系列问题，即："如何策划设计一个志愿公益活动？需要坚持哪些原则？""具体的志愿公益活动策划方案包括哪些内容？"等。

9.2.1 志愿公益活动策划原则

志愿公益活动策划的目的在于，在活动开始之前为其提供尽可能详细的文件证明。实践证明，在项目策划上投入的时间将会大大节约项目实施时间，从而提高项目本身的效率和成功的可能性。根据志愿公益活动的特点，在志愿公益活动的策划过程中，应该遵循以下基本原则。

1. 目标导向原则

目标是每一个组织在未来特定时间内完成任务程度的标志。志愿公益活动的开展必须在一个明确的目标指引下完成。因此在策划之前，活动主办方应清楚此次策划是为了解决什么问题，问题的难易程度如何，并对服务对象进行定位。

2. 社会价值优先原则

社会价值优先原则是志愿公益活动策划选题的最基本原则，指在策划志愿公益活动时，应注重社会实践应用价值，不能以策划者主观意志和条件为转移。志愿公益活动是一项目的性、针对性很强的活动，选题策划作为志愿公益活动的起点，必须符合志愿公益活动自身发展的需要，也必须符合实践应用的需要，有效地解决具体问题。

3. 科学性原则

志愿公益活动策划的科学性原则是指策划的志愿公益活动必须符合相关社会科学理论以及已经由实践证明过的社会科学规律，要有明确的指导思想和理论依据。因而，这就要求志愿公益活动策划有一定的理论和实践基础。

从实践中直接选定的志愿公益活动，首先，要有可靠的事实依据，具有比较强的针对性和普遍性，减少受特殊的、个别的或偶然现象的影响或干扰，使之更容易透过现象揭示科学的本质规律；其次，志愿公益活动选题要具体、明确、范围不可求大，以避免活动范围界定模糊不清，缺乏针对性；最后，志愿公益活动选题指导思想要正确、科学，能纳入理论体系，经得起推敲。

4. 创新性原则

志愿公益活动策划产生的活动方案想要有生命力，则必须要有新意、独创性和突破性，这在很大程度上也体现了志愿公益活动策划创新的必要性和迫切性。在志愿公益活动策划中，坚持创新性原则就是要遵循演化规律，把继承与创新相结合，要尊重前人的成果，特别是经历史实践检验过的真理，在此基础上实现新的突破。

5. 可行性原则

志愿公益活动策划的可行性原则指，确定志愿公益活动具备保证其能正常开展、取得预期成效的现实条件。现实条件可分为主客观两个方面，主观的现实条件主要是指策划者的创造能力与水平，如个人的知识结构、理论修养、实践经验和能力、责任心、价值观等。客观的现实条件包括保证活动顺利开展的资料、场地、设备、时间、人员配置、经费等。

综上所述，志愿公益活动策划的五项基本原则，不仅有其独立的指导意义，彼此之间也紧密相关、相辅相成、缺一不可，志愿组织在进行志愿公益活动策划时应予以综合考虑，争取获得最佳的策划效果。

9.2.2 志愿公益活动策划的步骤和内容

志愿公益活动策划是开展志愿公益活动的基础，使人们可以明确每项活动如何进行，同时也是活动管理者进行决策的依据。

一个完整的志愿公益活动策划包含“5W”和“1H”，分别为：What（what to do）——做什么？活动的内容是什么？Who（who to do）——谁来做？参与活动的相关人员有哪些？Why（why to do）——为什么做？进行该活动的原因是什么？When（when to do）——何时做？活动开始和结束时间都是什么？Where

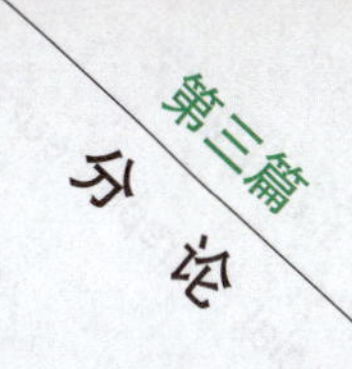

（where to do）——活动的实施地点在哪里？How（how to do）——如何做？活动开展手段和措施是什么？

志愿公益活动的策划一般包括以下几个步骤。

1. 调查分析资料

这一阶段的工作是在活动策划之前进行的，是为志愿公益活动策划做准备。调查与分析是志愿公益活动策划的第一步，也是非常关键的一步，主要是了解当前相关的活动状况、所处社会环境，并根据组织优缺点来自我定位，明晰目前的公益服务需求。如果少了这一过程，那么之后的策划、实施甚至评估都可能犯方向性的错误。

2. 界定活动范围、确定活动目标

在调查分析相关资料之后，志愿公益活动策划的下一步是界定活动范围，明确活动要做什么，以及不能做什么。正确地界定活动范围非常重要，活动范围过大或过小都会影响活动效率和资源利用率，如活动费用增加、完成时间延长等。

每个好的志愿公益活动定义都包含以下内容。

（1）活动要解决的问题是什么？

（2）活动要达成什么样的目标？

（3）为了完成活动目标需要怎么做？

（4）如何对活动结果进行评估？

（5）是否存在影响活动的风险或障碍？如果有，如何解决？

3. 确定活动的可行性

在策划志愿公益活动的时候，活动策划人员已经进行了初步的分析和论证，但还需要对活动进行进一步分析。可行性分析是决策、项目策划书和项目实施的依据，如果在最初的估算中，活动成功概率较小，那么它就无法得到各方的支持，从而不能得以顺利实施。

衡量一个志愿公益活动能否成功，主要有以下五个标准。

（1）时间——活动能否按时完成。

（2）成本——活动有没有超过预算成本。

（3）范围——活动是否达到了预期的志愿服务的目标或目标群。

（4）质量——活动在多大程度上达到了志愿活动主体和客体的期望。

（5）资源——活动是否妥善利用了内部和外部的资源。

4. 制定、修改活动策划方案

完成志愿公益活动的可行性分析后，就需要制定一份策划方案。志愿公益活动策划方案是直接向资助方提交的正式文件，其格式和内容与创业计划书相似，主要包含以下要素：封面和目录；策划书的主体部分（活动背景和依据、活动内容、执行计划、可能遇到的困难及拟解决办法、预算等）；活动参与人员；合作者；预期成果。

（1）封面和目录　志愿公益活动名称一般在活动策划书的封面，此外，封面还应包含活动实施机构名称、地址、活动负责人及联系方式、活动策划书提交日期等。

目录是正文的索引，一般按照章节顺序逐一排列每章大标题、每节小标题以及章节对应的页码，可以用计算机自动生成，显示至二级或者三级标题为宜。

（2）策划书的主体部分　策划书的主体部分通常包括以下五方面内容。

活动背景和依据。主要阐述需求出现的历史、发展与现状，市场需求与供给分析，目前环境下能够支持该活动开展的理论和实践依据等。另外，活动意义主要是说明该活动的开展能够给受益人群带来怎样的变化，以及对社会的发展有何推动作用。

活动内容。包含活动的目标，以及如何实现目标等。

执行计划。主要介绍活动的进度安排，整个活动历时多久，主要分几个阶段，每个阶段要完成哪些内容等。

可能遇到的困难及拟解决办法。无论一个计划多么完美，都不能完全避免风险。活动组织者要对开展活动可能遇到的风险进行预估，并拟定解决办法，尽量地规避风险，或者为应对风险做好准备，从而在风险来临之时能够快速反应、减少损失。

预算。预算要与活动目标保持匹配，具有可量化性。一般情况下，活动预算包括：设备费或设备租赁费、交通费、食宿费、资料费、管理费和其他费用等。

(3) 活动参与人员　志愿公益活动参与人员应包括参与活动组织的主要负责人及其团队的相关信息，如专长、在活动中的职责、过往相关经历等。

(4) 合作者　一般而言，志愿公益活动的开展离不开相关合作者的大力支持。活动合作者要根据活动类型进行选择，例如，政府组织的志愿服务西部活动，如果希望能够得到大学生的志愿参加，就要寻求高校进行合作。

(5) 预期成果　预期成果即开展活动所期望能获得的成果，主要包括：活动进展情况、经费使用、结余情况等。一般情况下，活动结束之后，组织负责人会有一份活动成果报告，对活动的整个进行过程做出说明，为下一次活动的开展提供借鉴。

透视

志愿者爱心公益策划书

一、活动背景

在中国农村，有这样一个群体，他们的父母为了生计外出打工，为国家经济发展和社会稳定做贡献，但是作为子女的他们却被留在了农村家里，一年难得跟父母见几次面。同样，在内地城市也有这么一批儿童，他们的父母双双在外奔波，需要父疼母爱的他们集中起来就变成了一个特殊的弱势群体——留守儿童。根据权威调查，中国农村目前留守儿童数量超过了5800万人。57.2%的留守儿童是父母一方外出，42.8%的留守儿童是父母同时外出。留守儿童中的79.7%由爷爷、奶奶或外公、外婆抚养，13%的留守儿童被托付给亲戚、朋友，7.3%的留守儿童为不确定或无人监护。

调查显示，由于父母均外出打工，与留守儿童聚少离多，远远不能尽其作为监护人的义务。而占绝对大比例的隔代教育又有诸多不尽人意之处，这种状况容易导致留守儿童“亲情饥渴”，心理健康、性格等方面出现偏差，学习受到影响。主要表现在内心封闭、情感冷漠、自卑懦弱、行为孤僻、缺乏爱心和交流的主动性，还有的脾气暴躁、冲动易怒，常常将无端小事升级为打架斗殴。由于留守儿童特殊的生活和教育环境，由此引发的生活、教育、情感、心理等一系列问题日益凸显。

随着农村外出务工人员的增多，农村留守儿童问题已成为当前基础教育的一个重要问题。留守儿童缺少父母的爱，在对他们的管教上很容易出现“三多”和“三缺”问题：隔代监护多溺爱、寄养监护多偏爱、无人监护多失爱；生活上缺人照应、行为上缺人管教、学习上缺人辅导。留守儿童问题成为基础教育和社会存在的一个大问题。

以上分析尽管不尽全面，但是足以引起社会、家庭、学校的重视。于是，有这样一个组织走进了留守儿童这个弱势群体，它就是红十字会。留守儿童问题深深地牵动着红十字会的心。红十字会以发扬人道主义精神，保护人的生命和健康，促进人类和平进步事业为宗旨，以最易受损集体为服务对象，开展各种相关志愿活动。为了解决留守儿童存在的问题，红十字会做了大量的工作，派遣相关人员深入其中了解实际情况，调查留守儿童身边存在的问题以及策划解决问题的相关办法。红十字会从多方面入手，积极展开相关活动，尽最大努力帮助留守儿童。红十字会积极组织青年志愿者与留守儿童开展结对帮扶活动，组织留守儿童参观世园会、古城西安，让他们感受新时代的气息以及城市文化和城市生活；开展儿童趣味运动会以及儿童才艺比赛活动，让孩子们体味童年的快乐，享受生活的美好；到留守儿童们的家里送温暖，让他们体味爱的含义；组织厨艺大赛，培养孩子们的动手能力等相关活动。

二、活动目的

1. 关爱农村民工子女及留守儿童，为他们提供力所能及的帮助。

2. 号召社会各界关注农民工子女及留守儿童。

3. 为社会有爱心的人士提供志愿服务的机会。

4. 通过志愿活动，给贫困地区的孩子带去新知识、新思想、新理念，给他们送爱心、送关怀，从而对他们的人生观、价值观起到正确的引导作用。

5. 发扬红十字会的宗旨，从小培养孩子们的爱心、责任心，为他们将来做国家的合格接班人打好坚实的基础。

三、活动意义

1. 维护社会稳定、化解社会矛盾、促进社会和谐。

2. 给农村留守儿童带来关爱。

四、期望效果

在红十字会的统一组织下，倡导并组织青年志愿者及其他社会爱心人士对留守儿童提供全面的志愿服务，使他们得到关爱，接受心理方面的辅导，学习上进步、心理上健康、行为上端正，成为一个独立、自强、自信的人。同时，也给志愿者们提供一个锻炼自我的机会。向社会展示红十字会的宗旨和当代志愿者的风采，吸引更多的社会人士来关注留守儿童的成长问题。

五、活动优势分析

1. 从人力资源上分析：此次活动由西安红十字会主办，招募社会上的青年志愿者及爱心人士参加，人手充足，活动可行。

2. 从物力资源上分析：招募社会上的志愿者，经费不需要很多，赠予留守儿童们的礼品可以通过有能力的个人或者企业厂家爱心捐赠，物质支出可接受，活动可行。

3. 从社会现状上分析：留守儿童的问题越来越严重，社会上给予的关注越来越多，媒体的报道以及大众的参与将会使这次活动顺利达到预期目的，活动可行。

六、活动主题

手拉手关爱留守儿童，心连心呵护祖国花朵。

七、活动口号

情寄留守，爱暖童心。

八、相关组织

主办单位：西安红十字会。

承办单位：长安花公益联盟。

支持媒体：西安晚报、华商报、安徽房产网、三秦都市报、陕西电视台、西安电视台、西部网、大秦网、172 校园活动网、大学生精英论坛。

九、活动宣传

1. 每次活动的策划都有相关老师指导修改，形成规范的指导性文件，以投稿的方式提供给相关部门，以便对活动提出相关建议，使我们的行动有实际意义。

2. 在留守儿童学校进行展板或者集会宣传，与当地学校校长做好联系工作。

3. 尽可能地使用各种媒体形式，将我们的活动进行全面的宣传，引起社会的广泛关注。

4. 借助各种媒体的力量发布征集志愿者的信息，以吸纳更多有能力的爱心人士投身于关注留守儿童的活动中来。

十、活动前期准备

1. 与心理健康中心的相关专家取得联系，请老师就“留守儿童心理成长问题”对参加活动的志愿者们进行活动前的指导。

2. 志愿者们做好与座谈会相关的材料准备，对参加活动的留守儿童的情况进行全面了解。

3. 每个志愿者分配 1～2 名留守儿童，负责照顾他们的生活起居和心理成长。

十一、活动内容——西安世博园一日游

（一）活动名称：西安世博园一日游。

（二）活动时间：周六或周日（一天）。

（三）活动地点：西安世博园。

（四）活动人员：15 名志愿者、30 名留守儿童。

（五）活动流程

1. 前期准备

（1）尽可能地使用多种媒体宣传此次活动，征集志愿者，组织报名，通过考核确定成员，择优录取。

（2）制作证件，写介绍信，便于活动开展。

（3）联系世博园相关负责人，准备好留守儿童的世博园门票，准备好前往当地的车队，以及招待儿童们吃饭的场所。

（4）与当地的留守儿童家庭取得联系，确定此次活动参加的儿童人数以及儿童的相关情况。

（5）物资准备：西安世博园门票，留守儿童 30 张，志愿者 15 张，共 45 张。

2. 活动过程

（1）第一天早上派出车队以及 5 名志愿者去当地将参加此次活动的 30 名留守儿童接来西安。

（2）上午儿童们来到西安后，由 15 名志愿者以每位负责两位留守儿童的分工

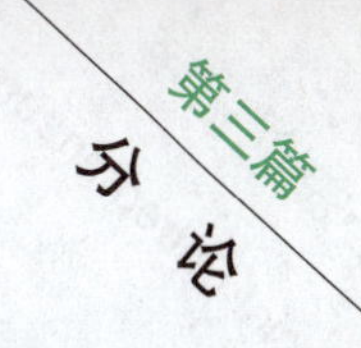

带领他们参观西安世博园。

（3）派出专业的讲解员为儿童们讲解世博园，扩大留守儿童们的视野。

（4）下午逛完世博园，由志愿者带领留守儿童们去事先确定的地方吃饭。

（5）派出5名志愿者跟随车队将留守儿童们送回家。

3. 活动结束

志愿者们与留守儿童们拍照留念。

资料来源：http://www.fanganw.com/a99a13218a1

9.3 志愿公益活动的实施与评估

9.3.1 志愿公益活动的实施

一个活动的完成往往需要大量的人力资源，由于志愿公益活动通常只持续一段时间，社会组织的管理者不会为了一个特定活动而聘用大量员工，因此，招募志愿者便成了志愿公益活动实施中的重要环节。而能否招到合适的志愿者，如何使志愿者纳入活动运作中，是一个活动成功与否的另一关键因素。

1. 志愿者招募

（1）志愿者工作描述　志愿者工作描述是指对某一活动中志愿者所要服务的岗位及这些岗位所要从事的工作进行一系列描述，包括工作的名称、需要承担的义务、与岗位相关的酬劳安排、与其他岗位的关系以及岗位所需的资格，例如技能、知识、经验、个人态度等。

（2）志愿者招募　志愿者招募是为了吸引潜在的、适合工作岗位的志愿者。招募的类型主要有社会招募与学校招募。前者有范围广、影响大、招募人数众多等优点，但也存在鱼龙混杂、招募成本高、培训难度大等诸多弊端，这些不足可以通过在学校进行招募得以补充。

2. 志愿者的人员确定与人员培训

（1）人员确定　活动小组是从志愿者队伍中挑选合格者成立的活动团队，在活动负责人的直接领导下开展活动，活动小组具有以下几个特征。

1）目的性。活动小组要完成某项特定任务，一般只承担与既定目标密切关联的任务。

2）临时性。活动小组一般都是临时的，一个活动完成后小组就自行解散。

3）团队性。活动小组是按照团队作业模式开展工作的，它不同于一般运营组织中的部门、机构的作业模式，尤其强调团队精神，这是活动运作成功的精神保障和关键之所在。

4）灵活性。这是活动小组不同于其他组织的一方面。团队成员并不是固定的，会根据活动内容的变化，在人员数量和构成上随时做出调整。

(2) 人员培训　对于较为复杂的工作，还需要对志愿者进行专门的培训。这样既有利于志愿者专业技能的提升，也有利于组织工作效率的提高。

现代社会的发展对各行各业工作人员的素质要求越来越高，在扎实的本专业基础理论和专业应用技能之外，人的非专业素质成为衡量人能力的关键。公益志愿活动所需人才的非专业能力主要有思维能力、书面表达能力和口头表达能力。在此基础上，加上良好的心态就形成了非专业能力体系，如图 9－1 所示。

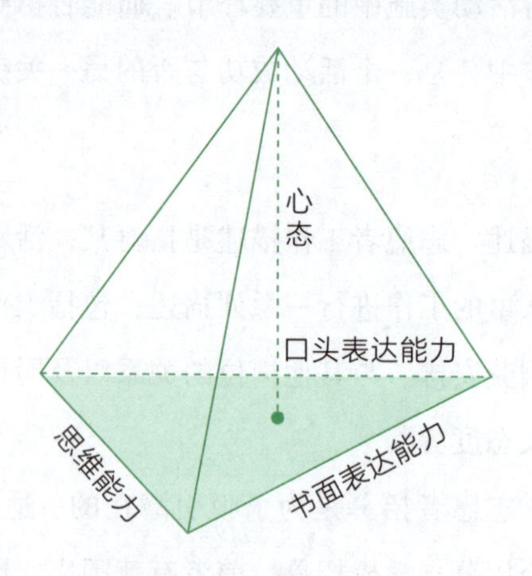

图 9－1　非专业能力体系

要培养符合志愿公益活动所需的志愿者，就要打破专业界限，构筑新型培训平台。在具体的培养过程中，应该为志愿者开展创新类、实用写作类和口头表达方式训练类培训。在这一体系中，创造力开发是核心，实用写作和口头表达方式训练是提升能力的台阶。

透视

“牵手上海”志愿者队伍的管理

“牵手上海”成立于2004年，是全球“牵手组织”的上海分支机构。“牵手上海”在社区组织需求和志愿者自身需求之间找到了结合点，做到了两方面的兼顾，它致力于志愿者队伍的能力建设，并为合作伙伴提供良好的志愿者服务。

“牵手上海”起初主要与儿童医院、养老院等社区组织合作，共同设计志愿者服务项目，从而让志愿者有组织地参与进来。它的志愿者大多是来自外企的职业人士。由于工作出色，它赢得了越来越多的社区组织和志愿者的信任，逐渐壮大起来。特别是2007年有了全职人员以后，“牵手上海”发展迅速，已经有多家社区组织和外企成为其合作伙伴。目前，该组织共有4名全职工作人员，两名实习生和30多名项目协调员，其中大部分是中国人，还有外籍人士。通过“牵手上海”参与志愿者服务的已达上千人。

“牵手上海”是通过什么方式解决志愿者流失这一公益组织的“常见病”的？又是怎样把“牵手组织”的志愿者管理经验用到中国的实际情况中的呢？

1. 从志愿者招募开始，明确志愿者的服务内容

以下是一则刊登在“牵手上海”网页上的关于致康园志愿者的招募启事。

事件信息：致康园和“牵手上海”已经合作了3年，我们每周都要去看望居住在致康园的孩子们，在注册时，请务必说明您希望在华庭旅店集合还是在致康脑瘫儿童中心见面。

志愿者活动详情：协助致康园的老师上康复课；用餐时间帮助老师给孩子喂饭；教孩子们上艺术、英语或者数学课。

如果你用心，而且努力做一个好的志愿者，你就会为孩子们创造一片不同的天地。我们希望有兴趣访问致康园的志愿者能够确定自己能否有一个长期、固定的计划，我们提倡在常规的而非随机的基础上做一名志愿者。因为对孩子们而言，一个来去频繁的流动志愿者队伍，会对他们的情感造成负面影响，所以志愿者应当充分考虑自己的时间安排。

在这则招募启事中，明确说明了志愿者的服务内容，最后特别提出，希望志愿者能够提供长期的、固定的且有计划的志愿服务。

2. 项目设计从志愿者能力出发，同时明确志愿者职责

在中国，志愿者的理念远未深入人心。因此，在寻找合作伙伴时，“幸手上海”首先考察该组织是否以开放的心态接受志愿者服务。他们希望同乐于接纳志愿者的组织合作，接下来就看其是否存在志愿者服务需求。满足这两点，“牵手上海”才考虑与其成为合作伙伴。

面对合作伙伴的需求，“牵手上海”从来不会大包大揽。他们很清楚志愿者自身的能力和条件。在设计项目时，他们会明确哪些是志愿者力所能及的，哪些是志愿者做不到的。例如，在儿童医院项目中，“牵手上海”向医院建议开放儿童活动室，让志愿者与孩子们一起玩耍，因为志愿者活动存在许多不稳定因素，所以他们会与志愿者明确活动中的每一个环节，从开门到锁门，以及如何保持活动室的干净，以保证孩子的安全。

3. “牵手上海”的志愿者管理

“牵手上海”的每个项目都有四五名志愿者担任协调员，每个协调员与其他几名志愿者组成小组，并由协调员担任组长，带小组成员参与活动。不同的项目对于协调员性格、能力方面的要求不同，但共同的一个要求就是协调员必须长期、固定地参与。每个项目一个月内至少举行一两次活动，大部分都是每周有一次活动，且每次活动的人数都是固定的。因此，尽管志愿者是流动的，但是每个项目都有固定的协调员，而且持续地、有规律地开展活动，目的是让社区组织对志愿者活动有一个常规的印象，从而形成习惯。

项目培训的对象是除协调员以外的志愿者，每个月都有一场培训是针对第一次参与活动的志愿者，告诉他们每次活动与谁联系、如何开始等。其次，“牵手上海”努力规范项目的操作流程，使每一个环节都尽可能简单、清晰。最后，为做好这两方面的工作，“牵手上海”对人员设置进行了调整。在项目的管理上设立教育和健康两个方面的主管，并设立培训主管，专门负责培训工作。经过一段时间的探索，志愿者的服务逐渐走向专业化。

为保证更好地把握项目的实施，以及志愿者的服务情况，目前，“牵手上海”正着手从内部完善评估机制，通过问卷调查和访谈等形式，对志愿者和项目做评估，分析其中的优势和弱势。

资料来源：http: /www. npi. org. cn/uploads/magazines/anliji. pdf

9.3.2 志愿公益活动的评估

1. 志愿公益活动为什么需要评估

一般而言，评估是评估主体对评估对象价值的评价和判断活动。对志愿公益组织进行评估既有激励作用又有约束功能。

当前，我国各类民间志愿组织实施的志愿公益活动名目繁多，既有基金会、协会、学会、促进会、民办非企业单位开展的志愿公益活动，也有未登记或转登记的草根组织开展的志愿公益活动；既有扶贫类、教育类、妇女儿童类、残疾人口类志愿公益活动，也有环保类志愿公益活动。客观地说，这些志愿公益活动的实施对于缓解贫困、促进社会稳定与发展起了很大的作用。但是，不同民间组织实施的活动质量参差不齐，有的活动作用明显，有的则效果很差。

志愿公益活动实施的好坏不仅关系到有关组织的生存与发展，而且也关系到整个公益部门的社会公信度和公民社会的发展。近年来，志愿公益活动效率低下、打着志愿公益活动的旗号为个人谋取私利等现象时有发生。这一方面与我国志愿公益活动实施的外部环境有关，另一方面也与民间组织内部管理制度不健全、管理不规范有关。解决这一问题的有效途径之一就是加强志愿公益活动的评估，通过评估促进民间组织的责任感与学习积极性提升，提高志愿公益活动的绩效。

2. 志愿公益活动评估主体

志愿公益活动评估的动力来自于外部和内部。外部动力主要来源于捐赠者。捐赠者，特别是大额资金的捐赠者希望通过评估对活动的实施情况进行监督；内部动力主要来自公益组织自身，民间组织希望通过评估对社会有个交代，从而树立组织的形象，同时通过评估进一步改进和完善工作，达到活动设定的目标。

如果评估动力来自于外部，评估主体往往是独立的第三方或捐赠者代表，即外部专家，但有时捐赠者也会要求执行机构提交自我评估报告；如果评估动力来自于内部，评估主体则通常是民间组织内部的管理人员，但民间组织也会聘请外部专家进行评估，或者外部专家与内部管理人员一起进行评估。

根据评估者的来源，评估可以大致分为自我评估和外部专家评估两种类型。自我评估，即志愿公益活动的实施者进行的内部自我评估；外部专家评估则是指捐赠者或实施机构聘请高校、科研单位或独立评估机构的外部专家进行的评估。

自我评估与外部专家评估各有利弊，如表9－2所示。公益组织应该根据具体的情况选择合适的评估主体，通过评估总结经验与教训，从而提高活动的绩效或为今后其他活动的实施提供借鉴。

表9－2　自我评估与外部专家评估的区别

评估主体 / 比较因素	自我评估	外部专家评估
评估结果	缺乏客观公正性、可信度低	公正客观、易为公众接受
评估方式	不够专业、日常事务多	评估专业，但对活动具体过程不够了解，时间仓促
评估成本	低，且能随时进行	比较高
评估结果的执行	容易	难以操作执行

3. 志愿公益活动的评估时期

一些志愿公益组织的活动管理人员认为，只有当活动结束之后，才有必要进行评估。但事实上，评估不仅包括事后评估，也包括事前评估和中期评估。

事前评估是指活动开始实施之前所进行的评估，也称预评估，实际上是对活动可行性分析的评估。一方面，事前评估的结果可以决定活动是否实施；另一方面，事前评估取得的数据可以作为基准线，在活动完成后进行前后对比。目前，我国的民间组织对事前评估工作极不重视，大多数志愿公益活动都没有进行认真的事前评估工作，导致一些活动从一开始就存在很大的风险，甚至可能失败，而且在志愿公益活动执行过程中或结束后进行评估时也缺乏可对比的数据，从而难以反映志愿公益活动准确的绩效。

中期评估，也称过程评估，是指在活动开始后到完成前之间的任何一个时点进行的评估。它的目的在于检查活动的设计合理性和事前评估的质量，或评估实施过程中的重大变更及其影响，或诊断实施过程中的困难、问题，寻求对策与出路。其核心在于，通过中期评估反映活动实施过程和实施方法是否与既定目标保持一致、是否有助于实现既定目标。

事后评估是在活动结束后，根据原目标和实际实施情况进行的全面、系统的评估。事后评估一般更容易为人理解和接受，因此，目前民间组织对事后评估工作相对更重视一些。

事前评估与事后评估除评估时点不同以外，在评估目的、依据、主体等方面也有所差异。事前评估的目的是确定活动是否可以立项，它是站在活动的起点，应用预测方法分析评价活动未来的效果和社会影响，以确定是否值得与可行；事后评估的目的是为了回顾总结，同时又对后续活动进行前景预测。事前评估的依据主要是历史资料和经验性资料，以及相关的行业标准等；事后评估的依据主要是活动的实际数据。此外，事前评估的主体主要是民间组织自身；事后评估的主体往往是外部专家，如独立的中介评估机构人员等。

4. 志愿公益活动的评估内容

志愿公益活动评估的主要内容包括：活动策划评估、活动进程评估、活动成果评估、活动实施评估、活动管理评估、活动目标实现评估等。志愿公益活动进行评估后最终形成活动评估报告，评估报告的主要内容包括：摘要、活动概况、活动内外部影响因素、活动描述和分析、经验教训、最终结论和意见、评价意见说明、参考资料等。

现有评估方法一般针对活动绩效，活动绩效主要可以通过以下几个方面来衡量。

（1）一致性　活动的一致性包括三个方面：实施的活动是否与志愿组织的使命相一致；实施的活动是否与目标群体的需求或认知价值相一致；实施的活动是否是对目标群体需求的及时回应。

（2）有效性　组织开展志愿公益活动，会以恰当的方式获得它所期望的结果和影响，并使之产生“效率”和“效果”。效率包括活动的单位成本或成本效益如何、是否有利于技术和知识的扩散、是否节约时间等；效果是指活动的实际结果达到或者实现预期目标的程度，包括绝对量和相对比例两个方面。

（3）满意度　满意度是指被服务者感受到的服务质量达到其期望的程度，

包括提供的服务是否达到行业的标准、服务态度是否热情有礼、民间组织及其工作人员（包括志愿者）是否值得信赖、是否能够尊重被服务者的隐私等。一般来说，如果志愿公益活动的目的是为某个目标群体提供服务，并且目标群体可以判断他们所获得福利的质量和价值，那么满意度可以用来作为一个评价维度。

（4）社会影响　社会影响是指从为社会提供服务的角度，评价活动结果对社会和经济生活产生的长远影响，如对就业、民族关系、生态环境等问题的影响。通常志愿公益活动的社会影响比较难测量，因为其中往往还包括许多非活动影响因素，如宏观经济形势的好转、整个地区社会经济的发展等。

（5）可持续性　持续性是指活动结果的可重复性和可持续性，即活动完成后，该活动积极结果的持久性，包括静态持续性和动态持续性两个方面。静态持续性指在已完成的活动的推动下，相同的利益持续流向相同的目标群体。动态持续性指最初的目标群体或其他群体把活动的成果推广到不同的背景或变化的环境中。

复习思考题

1. 什么是志愿公益活动？志愿公益活动有什么特点？
2. 简述志愿公益活动的类型。
3. 如何确立志愿公益活动的实施方案？
4. 简述志愿公益活动评估的意义。
5. 自我评估与外部专家评估相比，有哪些优点？

案例分析

走进社区，关爱视力健康——“弘扬志愿 真爱光明”项目

一、项目背景

近年来，北京市视力不良检出率居高不下，视力不良防控工作成为卫生工作的重点。门头沟爱眼协会以往活动调查数据显示：85%的社区居民对眼健康常识存在

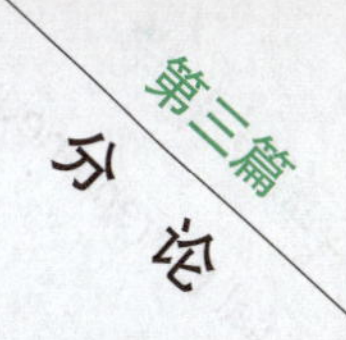

误区，并且根据视力问卷调查的结果，绝大多数人对视力问题的认识还只停留在表面，没有真正地认识和了解视力健康问题的实质，从而不能采取及时、科学、有效的方法来应对。部分不良商家，为了利益而夸大宣传，打着“降度镜”“摘掉眼镜不是梦”等旗号误导家长及学生，延误孩子们的视力健康发展。

二、项目内容

验光师带上设备走进社区，为社区居民检查视力情况，让居民了解自身视力健康情况，如有问题能及时发现。为居民开展爱眼护眼知识讲座（内容包括儿童视力健康知识、老花眼常识等），宣传科学用眼知识，让居民间形成爱眼护眼的氛围，从而以点带面整体提高大峪街道百姓的爱眼护眼意识。在活动开展过程中，针对居民们普遍存在的视力健康误区进行解答，减少不良商家利用不正当宣传坑害百姓利益的事情发生。

三、项目设计来源

门头沟爱眼协会会长的女儿，因为年龄限制，没能赶上3岁幼儿园的视力检查，在4岁的时候才检查出疑似弱视，耽误了一年多的宝贵治疗时期。放眼当时的整个门头沟区，都没有一家健康机构，而其他区县的视力健康机构对于治疗的说法不一，宣传口号不一，运用的仪器与手法不一，让人很难分辨其真假。对于一个父亲来说，绝对不能拿女儿的健康去试验哪家机构的治疗更有效，并且弱视的最佳治疗年龄只有3~6岁。他走遍了各大医院，结识了很多眼科的权威专家，每天刻苦学习视光学知识，终于从“门外汉”变成了“平民专家”。

近年来，门头沟区的视力不良率节节攀升，而且呈现低龄化与严重化的趋势，儿童青少年弱视要及早发现并治疗，远视、近视可以进行防控，中老年人则面临着老花眼及各种眼病的威胁。协会走进社区，来到居民身边开展讲座，期望社区居民了解视力健康知识，提高保护视力的意识，提早发现视力问题。

目前，门头沟区的视力健康机构日渐增多，门头沟爱眼协会也有义务去整合行业规范，有责任向百姓宣传如何正确地验光与检查，避免百姓被夸大宣传的商家所蒙蔽。有些社区的中老年人抱着“岁数这么大了，肯定视力不好”的心理，不愿走出去检查。既然他们不愿“走出去”，那协会就“走进来”，走到居民身边，将知识带到他们身边，把知识宣传手册发到他们手中，让他们也能把爱眼护眼知识带给身边的人，把爱眼护眼的意识传播出去，从而做到以点带面，在大峪街道建立良好的爱眼护眼氛围。

四、项目实施团队

协会的活动时间与地点全部由协会刘秘书长负责联络，下属协会干事负责每次的活动文字记录与照片等影像记录，检查结果由协会招募的志愿者进行录入。

门头沟爱眼协会在此前的活动中得到了北京同仁医院眼科、北京大学附属第一医院（北大医院）眼科、中国中医科学院眼科医院（石景山鲁谷眼科医院）、北京视光协会等著名眼科医疗机构的专家认可，协会的活动都由专业眼科医师提供技术与人员支持。协会已拥有6名资深验光师、6名专业康复训练师组成的专业团队，负责社区验光工作，并且有2名爱眼协会老师负责爱眼护眼知识讲解。

在项目实施过程中，门头沟爱眼协会组建起了6.6爱眼志愿服务队（现有志愿者上百名），并在其中成立了6.6爱眼志愿者小学生队伍（目前共32名志愿者），分别针对成人及在校学生招募志愿者，以不同的视角宣传爱眼护眼知识，协助协会的工作。

五、项目策划与实施

项目实施周期为2016年3月至2016年8月，共6个月。

自3月8日召开了“峪美家园”签约仪式后，“弘扬志愿 · 珍爱光明”项目即正式启动，利用接下来的一周时间与社区主任沟通确定好了3月及4月初的活动时间。协会此前做过很多类似的活动，但是如果一味地按部就班，毫无创新与提高，就是随波逐流，所以在4月6日月季园二区的活动后，召开了一次全体会议，针对此前的4次活动中可以得到改进的问题进行探讨并给出改进办法。

4月与5月是活动进行的平稳阶段，所有的活动都在按照计划顺利进行。6月份是活动最多、参加人数最多的一个月。由于天气原因，居民更愿意走出家门来参加活动，同时，月底也是学生们期末考试的时间。协会与社区积极协商，在7月定下了几场活动，与以往参加活动的居民多数为中老年人不同，此次定下的活动重点都是面向放假在家的儿童青少年，讲座内容也从老花眼讲座变成了儿童青少年近视防控讲座。寒暑假是儿童青少年近视度数加深的一个重要时间段，由于缺乏家长的监管，使得一个假期的时间内孩子的近视度数迅速升高1.00 ~2.00D，或者出游

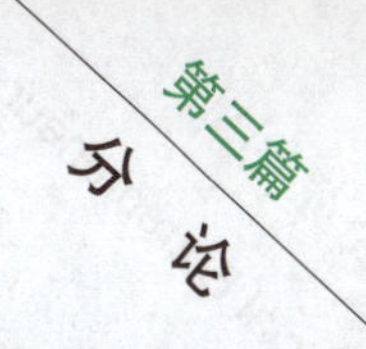

时没有注意，造成结膜炎、眼灼伤、眼外伤等等。这个讲座不仅要让儿童青少年增加爱眼护眼的意识，更要让家长起到监管作用，从平时的一点一滴养成科学用眼的习惯。

到了7月底，计划实施的25场活动已经全部实施完毕，但依然有社区、其他公益组织联系我们，希望我们去进行讲座及验光服务。虽然“弘扬志愿·珍爱光明”项目已到尾声，但是爱眼护眼的事业我们一定会坚持下去。

项目实施具体内容如下。

9点带上验光仪、插片箱、焦度计等设备到达社区并安排社区居民入座，先由爱眼老师讲解爱眼护眼专业知识讲座，并发放知识宣传手册、调查问卷等。

随后为居民进行验光，由验光师针对每个人的情况进行一对一的讲解。

六、项目实施效果

项目实施的6个月来，已实施29场活动，比预计的25场多出4场，项目实施区域为大峪街道。同时，还有很多其他街道的社区，以及爱之旅等同样热衷公益事业的组织与我们寻求合作。在合作的过程中，我们成长了很多，也进步了很多。在与爱之旅的合作中，为他们讲解爱眼护眼知识更加困难，他们的孩子大体分为三类，智力低下、自闭症和脑瘫，最小的刚满两岁。因此，更多的是要讲给他们的家长听，让他们能帮助孩子在平时做一做视力健康的保健，多给他们吃一些有益于视力健康的食品，这些孩子与外界很难沟通，听到警报也不能及时地给予反映，我们做的就是让他们起码可以看清楚，避免一些最基本的危险。

项目执行过程中我们走进了23个社区，每场活动直接受益人数达30人以上，间接受益人数达100人以上，讲座内容也从最初的眼视光知识宣传变成有针对性的老花眼知识讲座、儿童青少年近视防控讲座等，以应对不同人群的不同需求。在此过程中，协会在成长，协会的志愿者队伍也与协会在共同成长。目前我们正在扩大志愿者服务队的人数，计划于2016年年底至2017年年初举办一项大型全民参与类公益宣传活动。

资料来源：根据“恩派公益”网站资料改写

思考题

1. “弘扬志愿·真爱光明”志愿公益活动有效地利用了哪些资源？具体是怎样实施的？
2. “弘扬志愿·真爱光明”志愿公益活动是否成功？你评估的依据是什么？

系列实训之9

- **实训目标**

1. 对志愿公益活动有足够认识。
2. 学会制定志愿公益活动策划。

- **实训内容与要求**

1. 每组各选择一种志愿公益活动撰写活动策划：每组6~8人，选出组长，讨论活动内容和行动计划。
2. 利用课余时间进行相关调研，写出志愿公益活动策划书。
3. 课堂报告：各组陈述，交流体会。

参考文献

[1] 朱晓红. 公益创业理论与实践 [M]. 北京：知识产权出版社，2016.

[2] 比勒费尔德，郭超. 公益创业：一种以事实为基础创造社会价值的研究方法（引进版）[M]. 上海：上海财经大学出版社，2017.

[3] 福克曼，等. 社会创业与社会商业：理论与案例 [M]. 北京：社会科学文献出版社，2016.

[4] 莫光辉. 农民创业与贫困治理 [M]. 北京：社会科学文献出版社，2015.

[5] 奥斯特瓦德. 商业模式新生代（经典重译版）[M]. 北京：机械工业出版社，2016.

[6] 张国良，张付安，李文博. 创业学：战略与商业模式 [M]. 北京：清华大学出版社，2017.

[7] 李家华. 生涯规划与管理 [M]. 上海：上海交通大学出版社，2011.

[8] 董青春，董志霞. 大学生创业基础 [M]. 北京：经济管理出版社，2012.

[9] 巴林杰. 创业计划 [M]. 陈忠卫，译. 北京：机械工业出版社，2009.

[10] 李家华. 创业基础 [M]. 北京：北京师范大学出版社，2013.

[11] 李时椿. 创业管理 [M]. 北京：清华大学出版社，2013.

[12] 徐俊祥. 大学生创业基础知能训练教程 [M]. 北京：现代教育出版社，2014.

[13] 张玉利. 创业管理 [M]. 2 版. 北京：机械工业出版社，2011.

[14] 蒂尔，马斯特斯. 从 0 到 1：开启商业与未来 [M]. 高玉芳，译. 北京：中信出版社，2015.

[15] 盖奇. 合伙人章程 [M]. 姜文波，译. 北京：机械工业出版社，2015.

[16] 阿川，罗瑟尔. 卓越领导力：理论、应用与技能开发 [M]. 郑晓明，赵子倩，译. 北京：清华大学出版社，2010.

[17] 丁栋虹. 创业管理：企业家的视角 [M]. 北京：机械工业出版社，2012.

[18] 布鲁克斯. 社会创业 [M]. 李华晶，译. 北京：机械工业出版社，2009.

[19] 内克，格林，布拉什. 如何教创业——基于实践的百森教学法 [M]. 薛红志，李华晶，张慧玉，等译. 北京：机械工业出版社，2015.

[20] 瑞德，萨阿斯瓦斯，德鲁，等. 卓有成效的创业 [M]. 新华都商学院，译. 北京：北京师范大学出版社，2015.

[21] 孙洪义. 创新创业基础 [M]. 北京：机械工业出版社，2016.

[22] 王艳茹. 创业资源 [M]. 北京：清华大学出版社，2014.

[23] 张耀辉. 创业基础 [M]. 广州：暨南大学出版社，2013.

[24] 张玉利，陈寒松，李华晶. 创业管理 [M]. 4 版. 北京：机械工业出版社，2016.

[25] 郑炳章. 创业管理 [M]. 北京：现代教育出版社，2010.
[26] 莱斯. 精益创业：初创企业的成长思维 [M]. 吴彤，译. 北京：中信出版社，2012.
[27] 高杉尚孝. 麦肯锡问题分析与解决技巧 [M]. 郑舜珑，译. 北京：时代华文书局，2014.
[28] 龚焱. 精益创业方法论 [M]. 北京：机械工业出版社，2015.
[29] 李肖鸣，孙逸，宋柏红. 大学生创业基础 [M]. 3 版. 北京：清华大学出版社，2016.
[30] 孙继伟. 问题管理——高水准的问题分析与解决技巧 [M]. 北京：企业管理出版社，2014.
[31] 巴林格，爱尔兰. 创业管理：成功创建新企业 [M]. 杨俊，薛红志，译. 3 版. 北京：机械工业出版社，2010.
[32] 邓立治. 商业计划书原理与案例分析 [M]. 北京：机械工业出版社，2015.
[33] 王卫东，黄丽萍. 大学生创业基础 [M]. 北京：清华大学出版社，2015.
[34] 董青春，吴金秋. 大学生创业教程 [M]. 北京：北京航空航天大学出版社，2010.
[35] 姜曙光，汪忠，金来香. 大学生创业基础教程 [M]. 北京：化学工业出版社，2013.
[36] 李家华，郑旭红，张志宏. 创业有道 [M]. 北京：高等教育出版社，2011.
[37] 李时椿，常建坤. 创新与创业管理：过程、实践、技能 [M]. 南京：南京大学出版社，2011.
[38] 刘帆. 大学生 KAB 创业精讲 [M]. 北京：知识产权出版社，2013.
[39] 刘亚娟. 创业风险管理 [M]. 北京：中国劳动社会保障出版社，2011.
[40] 梅强. 创业基础 [M]. 北京：清华大学出版社，2012.
[41] 赫里斯. 创业管理 [M]. 蔡莉，译. 北京：机械工业出版社，2010.
[42] 赵淑敏. 创业融资 [M]. 北京：清华大学出版社，2009.
[43] 李家华. 创业基础 [M]. 2 版. 北京：清华大学出版社，2015.
[44] 吴晓义. 创业基础：理论、案例与实训 [M]. 北京：中国人民大学出版社，2014.
[45] 龚秀敏. 创业基础与能力训练 [M]. 北京：北京大学出版社，2016.
[46] 邓汉慧. 创业基础 [M]. 北京：北京大学出版社，2016.
[47] 王艳茹. 创业基础怎么教：原理、方法与技巧 [M] 北京：清华大学出版社，2017.
[48] 唐亚阳，陈伟，汪忠，等. 创业学 [M]. 长沙：湖南大学出版社，2016.
[49] 卓泽林. 美国高校社会创业教育刍议 [J]. 深圳大学学报（人文社会科学版），2018，35（3）：138－144.
[50] 吕静. 社会创业：大学生创业教育的新形式 [J]. 继续教育研究，2017（2）：19－22.
[51] 黄兆信，黄扬杰. 社会创业教育：内涵、历史与发展 [J]. 高等教育研究，2016，37（8）：69－74.
[52] 岳柳. 实践基地助力创业教育的可行性研究 [J]. 黑龙江高教研究，2017（3）：153－155.

[53] 陈波涌，刘青. 工作室创业教育模式：内涵、优势及展望 [J]. 大学教育科学，2017 (1)：98－103.

[54] 戴树根，赵金国. 经世致用思想对新时期高校创业教育的启迪 [J]. 湖南科技大学学报（社会科学版），2017，20 (1)：166－171.

[55] 张翠英. "大众创业" 背景下基于全程化的大学生创业教育 [J]. 继续教育研究，2016 (12)：26－28.

[56] 徐小洲，倪好. 社会创业教育：哈佛大学的经验与启示 [J]. 教育研究，2016 (1)：143－149.

[57] 邓军，邓雯雯，张佩霞. 高水平大学发展创新创业型成人教育面临的困境及对策 [J]. 大学教育科学，2016 (3)：35－38.

[58] 李新生. 众创时代的城市创业教育体系建设研究——基于创业型城市建设视角 [J]. 学术论坛，2016，38 (2)：149－154.

[59] 孟新，胡汉辉. 高校创业教育实践系统的构建及其实现评价 [J]. 南京农业大学学报（社会科学版），2016 (2)：144－151.

[60] 唐亚阳，杨超. 公益创业教育：大学生社会责任感培养的新抓手 [J]. 国家教育行政学院学报，2015 (10)：10－14.

[61] 郑晓芳，汪忠，袁丹. 青年社会创业现状及影响因素研究 [J]. 青年探索，2015 (5)：11－16.

[62] 严毛新. 从社会创业生态系统角度看高校创业教育的发展 [J]. 教育研究，2015 (5)：48－55.

[63] 李昀颖，王哲，蔡建国. 培养机会型大学生创业人才三方参与体系探索 [J]. 东南学术，2015 (3)：239－244.

[64] 倪好. 高校社会创业教育的基本内涵与实施模式 [J]. 高等工程教育研究，2015 (1).

[65] 石巧君，任梦莉. 创业教育对大学生自主创业意愿的影响——基于湖南地区高校的样本数据 [J]. 湖南农业大学学报（社会科学版），2015 (2)：97－102.

[66] 杨晓慧. 我国高校创业教育与创新型人才培养研究 [J]. 中国高教研究，2015 (1)：39－44.

[67] 高潮，王美英. 公益创业教育：思想政治教育的维度创新 [J]. 学校党建与思想教育，2014 (13)：27－30.

[68] 杨波，刘文彬，龚春红，等. 基于混合策略博弈模型的大学生创业政策分析 [J]. 大学教育科学，2014，4 (4)：110－113.

[69] 汪忠，廖宇，吴琳. 社会创业生态系统的结构与运行机制研究 [J]. 湖南大学学报（社会科学版），2014，28 (5)：61－65.

[70] 向辉，雷家骕. 大学生创业教育对其创业意向的影响研究 [J]. 清华大学教育研究，2014 (2)：120－124.

[71] 雷家骕. 创业教育探索的新角度与新视野 [J]. 河北学刊, 2014 (2): 256-256.
[72] 吴轩辕. 创业教育在现代职业教育体系构建中的功能 [J]. 教育探索, 2013 (12): 138-139.
[73] 杨晓慧. 创业教育的价值取向、知识结构与实施策略 [J]. 职教论坛, 2012 (34): 73-78.
[74] 唐亚阳, 邓英文, 汪忠. 高校公益创业教育: 概念、现实意义与体系构建 [J]. 大学教育科学, 2011 (5): 49-53.
[75] 王君毅. 基于和谐理念的高职创业教育课程改革 [J]. 职教论坛, 2011 (23): 27-28.
[76] 龚雨玲. 高职院校毕业生创业存在的问题与对策 [J]. 教育探索, 2011 (1): 152-153.
[77] 李细平. 中美大学生创业教育的比较与启示 [J]. 人民论坛, 2010 (35): 154-155.
[78] 李家华, 卢旭东. 把创新创业教育融入高校人才培养体系 [J]. 中国高等教育, 2010 (12): 9-11.
[79] 刘国权. 社会资本在大学生创业中的作用及其培育 [J]. 现代大学教育, 2010 (6): 88-93.
[80] 周宇飞. 大学生自主创业面临的困境及对策——基于面向农村创业视角 [J]. 湖南社会科学, 2010 (4): 180-182.
[81] 姚春梅, 刘春花, 朱强. 创业教育向创业型大学发展的四个维度 [J]. 学校党建与思想教育, 2010 (19): 63-64.
[82] 易红郡. 英国近现代大学精神的创新 [J]. 清华大学教育研究, 2015 (5): 31-40.
[83] 郭美兰, 汤勇, 孙倩. 内创业员工与独立创业者创业特质比较 [J]. 城市问题, 2015 (4): 64-71.
[84] 汤勇, 王福民, 宋娟. 个体社会网络与创业意向形成关系研究 [J]. 软科学, 2012, 26 (12): 32-35.
[85] 石巧君, 刘志成. 基于组织视角的创业网络构建研究 [J]. 求索, 2012 (11): 250-251.
[86] 易朝辉. 资源整合能力、创业导向与创业绩效的关系研究 [J]. 科学学研究, 2010, 28 (5): 757-762.
[87] 王世强. 美国社会企业法律形式的设立与启示 [J]. 太原理工大学学报 (社会科学版), 2013, 31 (1): 26-30.
[88] 肖建忠, 唐艳艳. 社会企业的企业家精神: 创业动机与策略 [J]. 华东经济管理, 2010 (4): 107-110.
[89] 虞维华. 发达国家非营利组织公共责任的概念转型分析 [J]. 学会, 2008 (7): 10-16.
[90] 张彪, 张士建. 非营利组织财务管理若干基本问题探讨 [J]. 云梦学刊, 2003, 24 (4).
[91] 熊正妩. 我国志愿者权益保护法律问题研究 [D]. 西南大学, 2012.
[92] 邓国胜, 王名. 中国 NGO 研究 2001——以个案为中心 [M]. 联合国区域发展中心.

2001：13.
[93] 侯玉兰. 社区志愿服务理论与实务［M］. 北京：中国社会出版社，2009.
[94] 杨团. 慈善蓝皮书：中国慈善发展报告（2018）［M］. 北京：社会科学文献出版社，2018.
[95] 吴东明，董西明主编. 非营利组织管理［M］. 北京：中国人民大学出版社，2003.
[96] 张远凤. 社会创业与管理［M］. 武汉：武汉大学出版社，2012.
[97] Kickul J, Gundry L, Mitra P, et al. Designing With Purpose: Advocating Innovation, Impact, Sustainability, and Scale in Social Entrepreneurship Education [J]. Entrepreneurship Education and Pedagogy, 2018, 1(2):205 - 221.
[98] Salamzadeh A, Azimi M A, Kirby D A. Social Entrepreneurship Education in Higher Education: Insights from a Developing Country. [J]. International Journal of Entrepreneurship & Small Business, 2013, 20(1):17 - 34.
[99] Debra McCarver, Len Jessup. Khmer Krafts: A Case Study of Integrating Social Entrepreneurship in Cambodia with Entrepreneurship Education in America[J]. Journal of Small Business & Entrepreneurship, 2010, 23(2):225 - 236.
[100] Jensen T L. A holistic person perspective in measuring entrepreneurship education impact-Social entrepreneurship education at the Humanities [J]. International Journal of Management Education, 2014, 12(3):349 - 364.
[101] Fowler A. NGDOs as a moment in history: Beyond aid social entrepreneurship or civic innovation[J]. Third World Quarterly. 2000, 21(4): 637 - 654.
[102] Mort G S, Weerawadena J. , Carnegie K. Social entrepreneurship: Towards conceptualization [J]. International Journal of Nonprofit and Voluntary Sector Marketing. 2003, 8(1): 76 - 88.
[103] Mair J. , Marti I. Social entrepreneurship research: A source of explanation, prediction and delight[J]. Journal of World Business. 2006,41: 36 - 44.
[104] Brock D D, Steiner S. Social Entrepreneurship Education: Is it Achieving the Desired Aims? [J]. Ssrn Electronic Journal, 2009.
[105] Pache A C, Chowdhury I. Social Entrepreneurs as Institutionally Embedded Entrepreneurs: Toward a New Model of Social Entrepreneurship Education[J]. Academy of Management Learning & Education, 2012, 11(3):494 - 510.
[106] Worsham E L, Dees J G. Reflections and Insights on Teaching Social Entrepreneurship: An Interview With Greg Dees[J]. Academy of Management Learning & Education, 2012, 11(3):442 - 452.
[107] Muammer Sarikaya, Eda Coskun. A New Approach in Preschool Education: Social Entrepreneurship Education [J]. Procedia-Social and Behavioral Sciences, 2015, 195: 888 - 894.